Dieses Reisebuch ist nicht nur für den Touristen, sondern auch für den wirklichen Wiener gedacht. Dabei ist es im Falle Wiens wohl noch schwieriger als im Falle vieler anderer Städte, auch nur das Allerwesentlichste auf so engem Raum zu vereinigen. Je größer die Auswahlmöglichkeit, desto gewisser die Sicherheit, daß fast jeder Leser etwas vermissen wird, was ihm besonders lieb und wichtig ist. Um so verblüffender für den Kenner, daß diese Sammlung durch die Konzeption, Auswahl und Vielfalt der Beiträge überzeugt. Nach den einführenden Kapiteln, die Wien und die Wiener betreffen sowie einen Rückblick auf die Geschichte und die Legende Wiens geben, führt der Herausgeber, von der inneren Stadt ausgehend, den Leser mit literarischen Zitaten durch die 23 Wiener Gemeindebezirke. Der im Anhang beigegebene Stadtplan gibt mehr oder weniger notwendige Orientierungshilfen.

Die »Kulturadressen«, mit Hinweisen auf Museen, Theater, Konzertsäle, Bibliotheken und Kaffeehäuser, machen dieses Buch zu einem praktischen Reisebegleiter.

Joseph Peter Strelka, gelernter Wiener, Professor an der State University of New York at Albany, richtet seit Jahrzehnten regelmäßig seine liebevollen wie kritischen Blicke auf Österreichs Hauptstadt und ihr literarisches Leben. Im Insel Verlag lieferbar: *Alt-Wiener Geschichten*. Herausgegeben von Joseph Peter Strelka. insel taschenbuch 784.

insel taschenbuch 1573
Wien

WIEN

Ein literarisches Porträt
Herausgegeben von
Joseph Peter Strelka
Mit farbigen Fotografien
Insel Verlag

insel taschenbuch 1573
Erste Auflage 1995
Originalausgabe
© Insel Verlag Frankfurt am Main und Leipzig 1995
Alle Rechte vorbehalten
Text- und Bildnachweise am Schluß des Bandes
Vertrieb durch den Suhrkamp Taschenbuch Verlag
Umschlag nach Entwürfen von Willy Fleckhaus
Satz: Fotosatz Otto Gutfreund, Darmstadt
Druck: Nomos Verlagsgesellschaft, Baden-Baden
Printed in Germany

1 2 3 4 5 6 – 00 99 98 97 96 95

WIEN UND DIE WIENER

Wien: übernational und kunstfreudig

In kaum einer Stadt Europas war nun der Drang zum Kulturellen so leidenschaftlich wie in Wien. Gerade weil die Monarchie, weil Österreich seit Jahrhunderten weder politisch ambitioniert noch in seinen militärischen Aktionen besonders erfolgreich gewesen, hatte sich der heimatliche Stolz am stärksten dem Wunsche einer künstlerischen Vorherrschaft zugewandt. Von dem alten Habsburgerreich, das einmal Europa beherrscht, waren längst wichtigste und wertvollste Provinzen abgefallen, deutsche und italienische, flandrische und wallonische, unversehrt in ihrem alten Glanz war die Hauptstadt geblieben, der Hort des Hofes, die Wahrerin einer tausendjährigen Tradition. Die Römer hatten die ersten Steine dieser Stadt aufgerichtet, als ein Castrum, als vorgeschobenen Posten, um die lateinische Zivilisation zu schützen gegen die Barbaren, und mehr als tausend Jahre später war der Ansturm der Osmanen gegen das Abendland an diesen Mauern zerschellt. Hier waren die Nibelungen gefahren, hier hat das unsterbliche Siebengestirn der Musik über die Welt geleuchtet, Gluck, Haydn und Mozart, Beethoven, Schubert, Brahms und Johann Strauß, hier waren alle Ströme europäischer Kultur zusammengeflossen; am Hof, im Adel, im Volk war das Deutsche dem Slavischen, dem Ungarischen, dem Spanischen, dem Italienischen, dem Französischen, dem Flandrischen im Blute verbunden, und es war das eigentliche Genie dieser Stadt der Musik, alle diese Kontraste harmonisch aufzulösen in ein Neues und Eigenartiges, in das Österreichische, in das Wienerische.

Musik machen, tanzen, Theater spielen, konversieren, sich geschmackvoll und gefällig benehmen wurde hier gepflegt als eine besondere Kunst. Nicht das Militärische, nicht das Politische, nicht das Kommerzielle hatte im Leben des einzelnen wie in dem der Gesamtheit das Übergewicht; der erste Blick eines Wiener Durchschnittsbürgers in die Zeitung galt allmorgendlich nicht den Diskussionen im Parlament oder den Weltgeschehnissen, sondern dem Repertoire des Theaters, das eine für andere Städte kaum begreifliche Wichtigkeit im öffentlichen Leben einnahm. Denn das kaiserliche Theater, das Burgtheater war für den Wiener, für den Österreicher mehr als eine bloße Bühne, auf der Schauspieler Theaterstücke spielten; es war der Mikrokosmos, der den Makrokosmos spiegelte, der bunte Widerschein, in dem sich die Gesellschaft selbst betrachtete, der einzig richtige ›cortigiano‹ des guten Geschmacks. [...]

Der Ministerpräsident, der reichste Magnat konnte in Wien durch die Straßen gehen, ohne daß jemand sich umwandte; aber ein Hofschauspieler, eine Opernsängerin erkannte jede Verkäuferin und jeder Fiaker; stolz erzählten wir Knaben es uns einander, wenn wir einen von ihnen (deren Bilder, deren Autographen jeder sammelte) im Vorübergehen gesehen. [...]   *Stefan Zweig*

Zur Geistigkeit und Sozialstruktur Wiens

Wenn irgendwo, so war in Wien Dekorativität legitim; nur daß es beiläufig jene Legitimation war, die der Etablierung und Instandhaltung eines Museums zukommt. In Erfüllung seiner Traditionspflicht verwechselte Wien Museumshaftigkeit mit Kultur und wurde (leider nicht auch im Architektonischen, wo es sich ärgster Verwüstungen schuldhaft machte) zum Museum seiner selbst. Weil wundersamerweise Haydn und Mozart, Beethoven und Schubert sich auf diesem Erdenfleck zusammengefunden hatten, hier schlecht behandelt wurden und nichtsdestoweniger komponiert haben, richtete sich Wien als musikalische Institution ein. Deutschland hat sich, trotz Weimar, niemals als dichterische Institution eingerichtet, und selbst Isar-Athen tat nichts dergleichen im Hinblick auf seine Malerei. Das Museale war Wien vorbehalten, und zwar als Verfallszeichen, als österreichisches Verfallszeichen. Denn Verfall im Elend führt zum Vegetieren, doch einer im Reichtum führt zum Museum. Das Museale ist Vegetieren im Reichtum, ist heiteres Vegetieren, und Österreich war damals noch ein reiches Land. [...]

Und gerade hierfür war Österreich als ein Land, das seine weltpolitische Mission teils verloren, teils vertan hatte, denkbar ungeeignet. Nach 1848 geriet die Stadt, selbst ihre Proletarierviertel nicht ausgenommen, immer tiefer ins Unrevolutionäre, ins Hedonistische, ins Skeptisch-Freundliche, Freundlich-Skeptische; Wien wurde zur Un-Weltstadt, und ohne darum zur Kleinstadt zu werden, suchte es kleinstädtische Ruhe, kleinstädtische Engsicht, kleinstädtische Freuden, den Reiz des Einst: es war noch Metropole, aber Barock-Metropole, und zwar eine, für die es keine Barock-Politik mehr gab. [...]

Der Bevölkerungsteil, bei dem solch ethisch-ästhetische Bindung an die Krone am deutlichsten zum Ausdruck gelangte, war das Wiener Bürgertum [...] Der Wiener Gewerbetreibende, der Wiener Industrielle, der Wiener »Hoflieferant«, der Wiener Universitätslehrer, der Wiener Richter und der Wiener Rechtsanwalt, sie alle waren der wohlberühmten Figur des österreichischen »Hofrates« verwandt, und gleichwie dem österreichischen Offizier, der ja auch vielfach ihren Kreisen entstammte, die Politik untersagt war, untersagten sie sich sie selber: ihre politische Überzeugung war »Österreichtreue« schlechthin. Und weil sie solcherart wahrhaft staatsethisch (wenn auch nicht politisch) dachten und wirkten, war ihnen die Staatsspitze, trotz de-

ren Abstraktheit, ein stets lebendig vorhandener Orientie-
rungspunkt, zu dem sie all ihre Werthaltungen hinprojizier-
ten, und von dem sie all ihre Werte bezogen. Sie waren eine
glückliche Mischung von ruhiger Arbeitsamkeit und leicht
hedonistischer Genießerfreude, nicht ganz ethisch, nicht
ganz ästhetisch, innerlich zwar gefestigt, dennoch in ihren
Bewertungen bestätigungsbedürftig. Ihrem Wesen nach
weder ganz individualistisch noch ganz kollektivistisch,
waren sie in erster Linie Publikum, also das der Hofthea-
ter sowie der Hofmuseen sowie der vom Hof protegierten
Konzerte und Kunstausstellungen; ihr Kunstverständnis
war hochentwickelt, ohne aber von der vorgeschriebenen
eklektischen Kunstlinie auch nur um eine Fingersbreite ab-
weichen zu können, und es war daher ausschließlich auf das
Virtuosenhafte gerichtet, auf den Schauspieler, nicht auf
das Stück, auf den Musiker, nicht auf die Musik. [...]

Hermann Broch

Von der Frühzeit der Wiener Walzerseligkeit
Ein Hoftänzel nach der Geigen

Es war 1940, da hielt in seinem Pariser Exil Stefan Zweig
einen Vortrag über die Musikalität der Stadt Wien und
sagte: »In einer Stadt, die dermaßen in Musik lebte, die so
wache Nerven für Rhythmus und Takt hatte, mußte auch
der Tanz aus einer geselligen Angelegenheit zur Kunst werden. Die Wiener tanzten leidenschaftlich gern; sie waren
Tanznarren, und das ging vom Hofball und Opernball bis
hinab in die Vorstadtlokale und Gesindebälle. Aber man
begnügte sich nicht damit, gern zu tanzen. Es war gesellschaftliche Verpflichtung in Wien, gut zu tanzen, und wenn
man von einem ganz unbedeutenden Burschen sagen

konnte, er ist ein famoser Tänzer, so hatte er damit schon eine gesellschaftliche Qualifikation. Er war in eine Sphäre der Kultur aufgerückt, weil man eben Tanz zur Kultur erhob. Und wieder umgekehrt, weil man Tanz als Kunst betrachtete, stieg er auf eine höhere Sphäre, und die sogenannte leichte Musik, die Tanzmusik, wurde zur vollkommenen Musik. Das Publikum tanzte viel und wollte nicht immer dieselben Walzer hören. Darum waren die Musiker genötigt, immer Neues zu bieten und sich gegenseitig zu überbieten. So formte sich neben der Reihe der hohen Musiker Gluck und Haydn und Mozart, Beethoven und Brahms, eine andere Linie von Schubert und Lanner und Johann Strauß Vater und Johann Strauß Sohn zu Lehár und den anderen großen und kleineren Meistern der Wiener Operette. Eine Kunst, die das Leben leichter, belebter, farbiger, übermütiger machen wollte, die ideale leichte Musik für die leichten Herzen der Wiener...«

Der Österreicher Stefan Zweig, der seine Heimat hatte verlassen müssen, verteidigte seine Vaterstadt Wien gegen alle Angriffe der Leichtlebigkeit und Leichtsinnigkeit und bekannte schließlich:

»Ich glaube, daß die guten Dinge des Lebens dazu bestimmt sind, genossen zu werden und daß es das höchste Recht des Menschen ist, unbekümmert zu leben, frei, neidlos und gutwillig, wie wir in Österreich gelebt haben. Ich glaube, daß ein Übermaß an Ambition in der Seele eines Menschen wie in der Seele eines Volkes kostbare Werte zerstört, und daß der alte Wahlspruch Wiens ›Leben und leben lassen‹ nicht nur humaner, sondern auch weiser ist, als alle strengen Maximen und kategorischen Imperative.«

Wien hat seit jeher seine Musikanten magisch angezogen und aufgenommen und sie schließlich auch die beschwingtesten Tanzweisen schreiben lassen.

Schon der Minnesang hatte neben dem Hof des Thüringer Landgrafen auf der Wartburg sein bedeutendstes Zentrum am Babenbergerhof in Wien. In Wien sang der Scholastiker der unglücklichen Liebe Reinmar von Hagenau, bekannte Walther von der Vogelweide, »singen und sagen« gelernt zu haben und nach Wien kam aus der Gegend von Landshut der aus altbayerischem niederen Dienstadel stammende Schöpfer der höfischen Dorfpoesie, Neidhart von Reuenthal.

Er kam, als das goldene Zeitalter unter Leopold VI., dem Glorreichen, seinen Aufschwung nahm.

Es liegt ein langer Zeitraum zwischen dem Babenberger Leopold VI. und dem Habsburger Maximilian I.

Es ist kaum anzunehmen, daß in dieser langen Periode nicht getanzt wurde. Nur fehlte der besondere Schwung, wie er an den Babenbergerhöfen war und es fehlte die ungeheure Begeisterung der späteren Bewohner Wiens am Tanz als sinnlichem Vergnügen.

Erst unter Maximilian I., dem letzten Ritter, gab es am Wiener Hof zeitweilig wieder erwähnenswerte Tanzereien. Denn nach dreitägigen Stechen, Rennen und Kämpfen fanden am vierten Tag jeweils Mummereien statt, wie der Kaiser diese Tanzbelustigungen in seinem Werk »Freydal« nannte. In diesem Vorwerk zum »Theuerdank« wurden die bei den Mummereien getragenen Kostüme originalgetreu wiedergegeben, hatte doch Maximilian den in der Neustadt tätigen Hofschneider angehalten, die Kostüme »in ain buch mallen lassen«. Nur scheint der letzte Ritter selbst kein begeisterter Tänzer gewesen zu sein, denn bei den Mummereien erschien er nie im Kostüm der Tänzer, sondern meist als Windlichtträger. So jedenfalls zeigen ihn die Bilder im »Freydal«.

Und ein Franzose, Charles Patin, schrieb 1673 die Worte:

»Wien ist eine Stadt des Vergnügens; wenn ich kein Franzose wäre, so käme es mir in den Sinn, ein Deutscher seyn zu wollen; eben so möchte ich, wenn ich nicht in Paris leben könnte, nirgend lieber leben als in Wien.«

Es war auch die Zeit, da der vornehmste Violinist des alten Wien, Johann Heinrich Schmelzer, eine Art Strauß, in den Schenken und den vornehmen Häusern spielte, ein Lebenskünstler eigener Prägung, der seinem Fürsterzbischof Liechtenstein Krapfen und Noten nach Kremsier schickte – um dafür Schmalz, Geld und Ruhm zu erhalten. Schmelzer (1623-1680) war tatsächlich der vornehmste Violinist seiner Zeit, der nicht nur das bayerisch-österreichische Element der Melodik, sondern darüber hinaus auch den Wiener Stil, die Wiener Mundart, erstmals bewußt in die Kunstmusik eingeführt hat und so zum Ahnherrn von Haydn, Schubert, Lanner und Strauß, zum Ahnherrn auch von Bruckner und Mahler geworden war. Mahler hat ja auch die Pülchermelodien und Gassenhauer in seiner Dritten symphoniefähig gemacht.

Die Jüngeren begeisterten sich um 1890 an den raschen Straßburgerschen, einer Zwitterart des heutigen Walzers und Cotillons im Dreiachteltakt, dem ersten fremden Tanz, der auch auf dem Land Verbreitung fand.

Die erste Spur des eigentlichen Walzers entwickelte sich durch Veredelung des Ländlers zum besonnenen Zweischrittwalzer, dem Langaus, der bald den Straßburger verdrängte und die langsamen und gemessenen französischen Tänze nicht wenig beeinträchtigte. Die Melodien zum Langaus nannte man Deutsche Tänze, bald nur noch »Deutsche«.

Der »Langaus« erforderte die größe Bravour. Dieser schändliche Tanz stellte dem Tänzer die Aufgabe, sich mit seiner Tänzerin im rasenden Walzer von einer Ecke des Saales nach der entgegengesetzten zu drehen, bis etwa ein Lungenflügel gelähmt wurde oder ein Blutschlag eintrat. Wenn es nur bei einer Tour in diesem riesigen Saal geblieben wäre! Aber sechs-, achtmal mußte der Kreis, ohne zu rasten, beschrieben werden. Dabei gab es Menschen, die sich anheischig machten, zwölfmal in einem Atem die Langaustour auszuführen! Der Langaustanz wurde endlich polizeilich untersagt; die Musikanten, die ihn spielten, die Ballunternehmer, die ihn duldeten, kamen in Arrest, die Tänzer ins Spital. *Karl E. Trauttmansdorff*

Harsche Kritik der Wiener

Er wählte daraus, was nach dem Titel irgendeine besondere Erbauung versprach, unter dem Namen »Humoresken« vorerst gewisse komische Intrigen, welche sich unter fortwährenden heiteren Zufällen ineinander verwickelten, um sich mehr oder minder sinnreich aufzulösen. Dann aber gewisse alte Wiener Romane, zum Beispiel: »Kaiser Josef und die Mucker«. Das waren historische Erzählungen, in welchen der sogenannte Wiener Freisinn einer alten, geduckten und knechtseligen Zeit alle seine gehorsamst versteckten Forderungen dort präsentierte, wo es nicht darauf ankam, sie wahr zu machen und vor Leuten, die nur die Macht hatten, an fremden Gesinnungen die eigenen zu wärmen. In lauter dreist erfundenen Begebenheiten zeigten sie Mut und Tugenden eines längst in den Nebel der Geschichte hinabgetauchten Mannes einem Publikum, das es von jeher gerne sah, wenn ein anderer sich mit Gesittung und Strenge abquälte. Da erschien der Kaiser Josef, als Sagenheld einer verschleierten Vergangenheit und als Träger aller Wünsche und Träume des Volkes, ihm wurde alles Gute, Edle, Schöne beigelegt, ohne daß man die Mühe hatte, seine erfundenen Wohltaten ernstlich zu verdienen, es genügte die bequeme poetische Zumutung: er hätte alles schon recht gemacht, wenn er nur gekonnt hätte, wie er wollte, wenn nicht die vermaledeiten »Mucker« gewesen wären, die er bekämpfte, verscheuchte, bezwang, und die immer wieder hervorkrochen. Für jeden niedergetretenen wuchsen zehn neue auf. »Mucker« brachten ihn ins frühe Grab. Die freimütigen Erfinder dieses Sagen-Kaisers wollten es freilich nicht wahr haben, daß es immer das ganze Volk ist und die ewige Gemeinheit der schnöden Welt, welche zu allen Zeiten ihre Helden hinwürgt, und daß wohl auch die braven Wiener zur Gänze, nicht einzelne Spukgestalten, sondern die gutmütigen, raunzenden, sentimental verlogenen, gefühlselig rohen, den Herrgott einen braven Mann sein lassenden, mit Worten begnügten, im Tun gleichgültigen Backhändelfriedhofsdiener, die im Lügenfett wollüstig schmorenden, allem Geistigen von Natur aus zuwideren Walzer- und Heurigenkarpfen, diese selbstgefällig ihre Ödigkeit angrinsenden, gemeinplatztriefenden Philisterfischmäuler von einst und jetzt die wahren Mucker bleiben, denen niemals ein Licht geboren wird, ohne daß sie es in ihre Finsternis und gemütlose Gemütlichkeit verschlucken und sich noch beklagen, daß sie es nicht angenehm verdauen können.   *Otto Stoessl*

Der Hausmeister

Wenn man in Wien erfahren will, wer in diesem oder jenem Hause wohne, wie der oder jener darin Wohnende hinsichtlich seiner pekuniären, ämtlichen oder anderweitigen Verhältnisse stehe, welches die Angelegenheiten dieser oder jener Partei seien, wie viele und welche Kundschaften etwa ein da wohnender Schneider habe, ob diese oder jene im Hause wohnende Frau oder Fräulein ihre schöne Taille dem Tailleur oder der Natur schulde, was für Anbeter die Frauen, Töchter und übrigen weiblichen Individuen sämtlicher Stockwerke begünstigen, wo die Lehrbuben der fünften und sechsten Etage Speck und Käse, und die Köchinnen Bast- und Strohwaschel holen, wer von den Parteien den Mietzins am pünktlichsten zahle usw., so gehe man nur dem am Haustore angebrachten Glockenzuge nach, und man wird finden, daß er in irgendeinem Winkel des Hofes über einem Fenster oder oberhalb einer Tür durch die Mauer verschwindet. Dies nun ist das Fenster oder die Türe zum Ministerium des Innern, zur allgemeinen Auskunftskanzlei, zum Major domus eines jeglichen Hauses, wenn auch nicht »Hausmeisterwohnung« darüber geschrieben stehen sollte. [...]

Der Hausmeister, der immer mit einem Fuße in seinem Geschäfte und mit dem andern im Wirtschaftshause steht, ist gewöhnlich aus der ehrsamen Zunft der Maurer und in der Regel ein gewaltiger Grobian, und wann der Wiener in einer echt wienerischen Hyperbel sagt: »der ist gröber als ein Hausmeister«, so ist das eben so viel, als wenn ein alter Römer sagte: »das liegt außerhalb der Säulen des Herkules«. Der Hausmeister ist im wahren Sinne des Wortes der Flegel des Hausherrn, mit dem er den Weizen (»Mietzins«) aus der Spreu (»Parteien«) klopft, wenn er nicht selbst herausfallen will; der Büttel, den er binnen acht Tagen zwanzigmal zur Partei schickt, die ihre Miete aus was immer für Ursachen nicht zur gehörigen Zeit bezahlen kann; er ist der Spion desselben, der schon früher, als eine Familie einzieht, ihre ganzen Verhältnisse nach innen und nach außen seinem Prinzipale referiert; der ihm täglich den Rapport abstattet, wenn irgendein Dienstbote Wasser auf die Treppe gegossen, oder ein loser Lehrbube durch sein ausgelassenes Stiegenherabtrappen die Grundfesten des Hauses erschüttert, oder eine verliebte Köchin im Zwielichte ihre Herzens-Affairen unter dem Haustor zu lange betreibt, und dadurch den guten Ruf des Hauses schmälert. [...]

In allem bisher Angeführten geht ihm treu an die Hand und unterstützt ihn auf das Tätigste seine liebe Ehehälfte, sein Sekretär und Geheimrat zugleich. Sie bereichert ihre Kunde über die Verhältnisse, die Gewohnheiten und Haushaltsgeheimnisse einer jeden Partei durch die Referate der Wasserweiber und unzufriedenen Dienstboten im Hause, die sie meisterhaft auszuforschen versteht. [...]

Ferner kundschaftet sie auch die Parteien aus, welche gern einziehen möchten, und die, wenn sie ihrem Gemahle oder der gesamten Hausmeisterei nicht zusagen, entweder das gewünschte Quartier gar nicht bekommen, oder wenn auch dies der Fall sein sollte, nicht lange im selben geduldet werden, was durchzusetzen bei der engen Verbindung, in der ein Hausmeister mit seinem Hausherrn steht, ihm nicht schwer wird. Überhaupt läßt der Hausherr den Hausmeister gerne nach seinem Willen schalten und walten, weil er dabei weit sicherer und sorgenloser sein kann, als wenn er in eigener Person sich um seine Mietleute bekümmerte. [...]

Der Wiener Hausmeister ist in jeder Hinsicht ein tätiger und arbeitsamer Mann, der durchaus keine Anstrengung scheut, wenn selbe nur etwas einträgt; er ist in dieser Beziehung mit dem Portier, der ihn zwar an Grobheit noch übertreffen soll, durchaus nicht zu vergleichen, und wenn er auch, wie man ihm häufig nachsagt, gerne die Bierhäuser besucht, so geschieht dies untertags zur Restauration seiner Kräfte, und abends, um sich zu erholen, zu zerstreuen und zu belehren. Da durchblättert er nämlich die Zeitung, durchliest den Artikel über Spanien und die Rubrik der Verstorbenen, erfährt die wichtigsten Tagesgespräche und Stadtgeschichten, erzählt von Schlachten, bei denen er gewesen, tischt seine Heldentaten auf, disputiert über Napoleon und die Franzosen, spricht von den Spaniern und Barcelona, schimpft über Espatero und das neu erfundene Wanzenvertilgungsmittel, und hält Vorlesungen über das

Rattenfangen, denn er ist ein ebenso guter Rattenfänger als großer Politiker. – Wenn es auch zuweilen geschieht, daß in seiner eigenen Wohnung Mäuse und Ratten ungestört leben und sich mehren, so macht dies seiner Kunst doch keinen Eintrag, weil es ihm hierin wie vielen ergeht, die das, was sie andern raten und lehren, gerade am allerwenigsten für sich anzuwenden pflegen. *Sylvester Wagner*

Von den Sehenswürdigkeiten Wiens

An Sehenswürdigkeiten, die bloß das Auge erfreuen, ist ja diese Stadt sonst überreich. Ihre Straßen sind mit Kultur gepflastert, während die Straßen anderer Städte bereits mit Asphalt gepflastert sind. Die Vergangenheit reicht in die Gegenwart hinein, und daraus erklärt sich die bekannte Wiener Unpünktlichkeit. Bahnzeit ist hier einige Minuten hinter der Stadtzeit zurück, aber Stadtzeit einige Jahrzehnte hinter der mitteleuropäischen Zeit. In der Vergangenheit sind wir den andern Völker weit voraus. Jedoch gerade diese bunte Mischung der Zeiten macht unser Stadtbild besonders anziehend. Wenn aus einem Nachtcafé das Volkslied dringt: »Kinder, wer kein Geld hat, der bleibt z'haus, heut komm ich erst morgen früh nach Haus«, so beweist dies an und für sich schon eine gewisse Schlamperei der Consecutio temporum. Aber nur ein paar Schritte hat man vom Nachtcafé ins Mittelalter, denn gerade gegenüber steht der Stephansdom, dem zur Linken ein Einspännerstandplatz und zur Rechten das Grab Neidharts von Reuenthal sich befindet. Ebenso bequem haben es die Besucher eines Champagnerlokals, die, ohne erst lange suchen zu müssen, gleich vor dem Ausgang das Denkmal Karls des Großen und Omnibusverkehr nach allen Richtungen haben. Wer »d'Grinzinger« verläßt, sieht sich einer Fürstengruft gegenüber.

Und wer auf dem Gassenstrich manchem ehrwürdigen Wahrzeichen von Wien begegnet ist, bleibt endlich auch vor jenem stehen, in das einst sämtliche wandernden Schlossergesellen ihren Nagel einschlugen, und findet ein Täfelchen daneben, auf dem die Worte zu lesen sind: »Die Sage vom Stock im Eisen ist beim Portier um zwanzig Heller zu haben.« [...]

Man wird zugeben, daß hierzulande ein moderner Zug durch die Historie geht. Die praktischen Einrichtungen dieser Stadt mögen nicht immer sehenswert sein, ihre Sehenswürdigkeiten sind durchaus praktisch eingerichtet. Aber es sind eben doch nur Sehenswürdigkeiten, und es gibt deren zu viele. Bedenkt man dazu, daß auch die Menschen dieses Landes einem mehr dekorativen als realen Zweck entsprechen, so bekommt man einen Begriff von der Schwierigkeit des hiesigen Lebens. Im deutschen Norden ist der Sinn für das Ornamentale gerade so weit entwickelt, daß kein Käse ohne Salat auf den Tisch kommt. Der Salat, mit dem die Österreicher sich als ganze servieren, ist ein Orden. Und es gibt hier Menschen, die ganz und gar eine Salatexistenz führen. Der Salat zum Selbstzweck erhoben, ist zum Beispiel ein Stationsvorstand, der von Hoheiten angesprochen wird. Er sieht schön aus, wird zu jedem Schnellzug gezeigt, findet jedoch keine praktische Verwendung. Der Vorstand der nächsten Station, der das ganze Jahr zu keiner Hoheit kommt, muß für nüchterne Betriebszwecke herhalten. In der Regel jedoch haben die Staatsbeamten dekorativen Wert, und zu ihrer Instandhaltung wird an den ästhetischen Sinn des Publikums appelliert, dessen Schutz sie empfohlen sind.

Karl Kraus

Beamtenstreik

Der Österreicher Ferdinand Hinbestellt erwacht eines Morgens. Ein schwerer Druck liegt auf seinem Herzen.

Er hat an diesem Tage:

a) einen wichtigen eingeschriebenen Brief abzusenden,
b) einen Postscheck zu beheben,
c) um Stundung der Einkommensteuer pro 1926 nachzusuchen,
d) sich einen neuen Paß zu beschaffen, da der alte abgelaufen ist.

Noch im Halbschlaf umschwirren sein Ohr die Worte: ». . . da gengan S' dritte Stiege, zweiter Stock, Abteilung 34, lassen S' sich's abstempeln, gehen dann hinüber, Hauptportal links, zweite Stiege vierter Stock, Abteilung 17. . . am Montag mit dem Herrn Referenten sprechen. . . Gesuch ans Landesgebührenzuschlagsbemessungsamt. . . Sittenzeugnis. . . Wann S' ein Siebenundachtz'ger sind, müssen S' in die Sechserabteilung. . . Impfschein. . . mir san net wegen Ihna da. . . Damit gengan S' jetzt Boerhavegasse Nr. 11 und da warten S', bis wir Ihna anrufen. . . Der Herr Referendarinspizient läßt sagen, Sie sollen am Nachmittag kommen. . . Nach halb drei keine eing'schriebenen Briefe mehr. . . zweite Stiege, erster Stock, 39. . .«

Ferdinand Hinbestellt steht auf, zieht sich das dickste Lodengewand an, Kniehose, Stulpen, den Wetterkragen, ein doppeltes Hemd. . .

»Wohin gehst, Ferdl?« fragt die Gattin.

»I geh zur Hauptfinanzlandesbezirkspolizeisteuerkommission. . .«

»Schreibst uns a Karten?«

»In drei, vier Täg bin i eh z'ruck. . .«

Frau Hinbestellt schnallt dem Gatten den Rucksack um, drückt ihm das zusammenklappbare Stockerl in die Hand, stopft ihm in den Rucksack eine Salami, eine Büchse Sardinen, zwei Orangen und eine Nummer der »Kronen-Zeitung«. Den Bergstock zur Seite stapft er hinaus.

Hauptpostamt, Abteilung für rekommandierte Briefe. Hinbestellt schnallt den Rucksack ab, breitet den Hockstuhl auf, zieht die »Kronen-Zeitung«, sein illustriertes Leibblatt, heraus. Dann nähert er sich dem Schalter.

»Bitt schön, es handelt sich um einen Brief...«

Jetzt wird, denkt er, der Beamte sagen: »Nach halb vier Schalter 6, dann Schalter 3, Briefmarken...«

Aber der Beamte sagt bloß: »Geben S' her!«

»Und nachher?«

»Was nachher? Die Sache ist erledigt!«

»Ist's nicht zu spät?«

»Nein.«

»Richtig frankiert?«

»Was wollen S' denn, i sag Ihnen doch: erledigt!«

Hinbestellt kann sich nicht enthalten, leise, fast schuldbewußt zu fragen: »Ja, wieso?«

Der Beamte raunt ihm bedeutsam ins Ohr:

»Sie wissen net? Lesen S' keine Zeitungen?«

Hinbestellt hat keine Zeitungen gelesen. Die »Kronen-Zeitung« liegt noch unentfaltet.

Aber was ist, was hat er angestellt, der arme Hinbestellt? Er packt Rucksack und Sessel zusammen, marschiert zum Paßamt. Über einer Tür steht in großen Lettern: »Paßbureau«.

»Ich bitt schön«, sagt Hinbestellt zu dem hier sitzenden Beamten – es ist nur einer hier, wahrscheinlich der Diener – »an wen muß ich mich denn wenden behufs Erteilung zwecks Auskunft betreffs Erlaubnis rücksichtlich Ansuchens zur Ausstellung eines neuen Passes?«

»Wie reden S' denn?... Geben S' den alten Paß her, hier kriegen S' gleich den neuen!«

23

»Per Post?«

»Nein hier direkt von mir, in drei Minuten.«

Dem Hinbestellt fällt die Salami aus dem Rucksack. Er findet in dieser befremdenden Situation bloß die Wort: »Muß i Straf' zahlen?«

»Wofür«, lächelt der Beamte, »weil S' den Paß kriegen?«

Hinbestellt wagt es, aus dem Traum, in dem er sich offenbar befindet, drei Schritte in die Wirklichkeit vorzutreten, hart ans Ohr des Beamten:

»Ich bitt, was ist denn?«

»Ja, lesen S' keine Zeitungen? Wissen S' nicht, was los ist? Sie sind mir ein schöner Österreicher!«

Hinbestellt simuliert Verständnis, nimmt den Paß entgegen, wandert zunächst zum Postscheckamt, wo er ein und dasselbe erlebt. Als er zum Einkommensteueramt kommt, ist seit dem Verlassen des Hauses nicht mehr als eine halbe Stunde vergangen. Diesmal handelt sich's um Stundung!

Er packt seine dreißig abgegriffenen Papiere zusammen und ist trostlos. Das wichtigste fehlt ihm: der Impfschein des Vaters!

Er verhehlt seine diesbezüglichen Bangnisse dem ersten Beamten nicht.

»Was«, schreit ihn dieser an, und Hinbestellt erwacht in diesem Augenblick aus seinem unösterreichischen, ja staatsunterwühlenden Traum. »Was? Der Impfschein des Vaters? Wo leben wir? In Indien?« Hinbestellt erzittert. Und der Beamte fährt tobsüchtig fort: »Was haben S' da in der Hand? Was ist das für ein schmieriges Papierlzeug? Her damit!« Er reißt ihm das heilige, hundertachtzigfach abgestempelte Bündel aus der Hand, zerfetzt es in tausend Stücke, trampelt wie ein Rasender drauf herum und sagt: »Das hat sich Gott sei Dank jetzt aufgehört!« Und barsch hinterdrein: »Die Stundung ist bewilligt!«

Das ist zuviel. Es trifft Hinbestellt, der sich gerade wie-

der anschicken wollte, zu fragen: »Was ist denn los heute?«
und die Antwort darauf vorher wußte: »Ja, lesen S' denn
keine Zeitungen?« wie ein Schlag auf die Brust, daß er momentan aus dem Schlaf emporfährt, vor sich auf der Bett-
decke die auseinandergefaltete »Kronen-Zeitung«, deren
Lektüre er auf einen Nach-Nicker unterbrochen, mit der
quer über die Seite strotzenden faustdicken Überschrift:

Heute Beamtenstreik! *Anton Kuh*

Sommerliche Wiedergeburt Wiens

Und doch ist diese Stadt erst jetzt wirklich sie selbst. Der
Sommer zwingt sie, die Pose der schrullig gewordenen
Dame, die von mageren Renten lebt, aufzugeben. [...] Sie
entschließt sich zu einem Stilbruch und benimmt sich so,
als sei sie mit unverwüstlicher Gesundheit gesegnet. Eine
Stadt, die sich jahrüber lediglich zutraute, durch ihre schönen Künste und in historisch reicher Garderobe bewun-
dernswert zu sein, findet plötzlich den Mut zum Akt.

Es ist eben doch zu merken, daß ihre Ratgeber, die Pro-
fessoren, die hohen Beamten, die Theaterdirektoren, die
Verwalter der Museen und die Stadtplaner sie verlassen haben. Niemand schulmeistert sie, deshalb verhält sie sich
richtig, niemand deprimiert sie mit Erinnerungen, niemand
stutzt sie nach Zukunftsplänen zurecht.

Der Sommer gibt ihr Zeit, sich ihrer Gegenwart zu besinnen, ihres Daseins. Einmal überläßt sich diese Stadt wieder
ihrer Lebenskraft – ohne Angst, ohne Heuchelei, ohne
Zweifel – und ist dadurch auf einmal völlig im Besitz ihres
natürlichen Anspruchs, unvergleichbar zu sein. [...]

Ich kann mich des Verdachts nicht erwehren, daß sie das
Märchen von ihrem müden Verfall nur aus Eitelkeit verbreiten ließ, um rasch und unbehelligt auch die Freuden des

Nachruhms zu genießen. Ihre Vorbilder, Athen, Rom und Peking, haben sie gelehrt, daß es für eine Metropole zuzeiten vor allem darauf ankommt, den eigenen geschichtlichen Tod zu überleben. Aber es könnte auch sein, daß sie am Scheintodesbett ihrer Herbste und Winter die Gesinnung ihrer Freunde prüfen will, ob sich nicht einer von ihnen vielleicht doch zu einem boshaften Bonmot hinreißen läßt, das seine Treue rückbezüglich und für alle Zukunft in Frage stellt. Dieser alte Komödientrick wäre ihr zuzutrauen.

Kurt Klinger

ZUR GESCHICHTE UND
LEGENDE WIENS

Schichten der Geschichte

»Die ganze Geschichte Wiens steckt im Boden [...]. Die Stadt steht auf einem neun Meter hohen ›Kulturschutt‹ unserer Vorfahren. Am Stock-im-Eisenplatz haben wir zehn Römergräber ausgegraben und unter dem Hohen Markt römische Ruinen, für die man ein kleines archäologisches Museum einrichtete. Über 90 000 Münzen, Vasen, Figuren und Kochgeschirr wurden gefunden.«

Arbeiter legten 1973 beim U-Bahn-Bau auf dem Stephansplatz die bis dahin unbekannte Virgilkapelle aus dem zwölften oder dreizehnten Jahrhundert frei. Man schaut in der zweigeschossigen U-Bahn-Station durch eine Glasscheibe auf sie hinunter, wie in ein tiefergelegenes Aquarium. Die Glasscheibe, in der sich eine Reihe gelber Telephonzellen spiegelt, trennt aber nicht die Elemente Luft und Wasser, sondern läßt in ihrer Durchsichtigkeit und ihren Spiegelungen Schichten von Zeit sichtbar werden.

Gerhard Roth

Die Römer in Wien

Kaiser Marcus Aurelius

Von den frühesten Jahren seines Lebens an zeigte er die gelassenste Gemütsart, so daß er schon in seiner Kindheit weder aus Freude noch aus Schmerz die Miene wechselte. Er war ein Anhänger der stoischen Philosophie.

Er stellte sich in seinem Betragen auf die gleiche Linie mit allen Römern und ließ sich durch seinen erhabenen Posten zu keiner Anmaßung verleiten, er half willig und gerne. Die Provinzen behandelte er mit ungemeiner Milde und Schonung.

Er führte selbst nur einen Krieg, den Markomannenkrieg.

Der war aber so gewaltig, wie seit Menschengedenken kein anderer, und nur mit den punischen zu vergleichen. Er gestaltete sich um so bedenklicher, als alle römischen Heere zugrunde gingen. Denn es herrschte eine so gewaltige Pest, daß nach dem Siege über die Perser (Parther) in Rom, Italien und den Provinzen der größte Teil der Bevölkerung und beinahe alle Kriegsleute durch die Seuche umkamen. Mit einem gewaltigen Aufwand an Mühe und Besonnenheit führte er nach dreijährigem Verweilen in Carnuntum den Krieg gegen die Markomannen zu Ende, der, abgesehen von diesen, auch von den Quaden, Vandalen, Sarmaten, Sueben, kurz allen Barbaren, begonnen wurde, vernichtete viele Tausende der Feinde und feierte nach der Befreiung beider Pannonien und nach seiner Rückkehr nach Rom zusammen mit seinem Sohn Commodus Antonius, den er bereits zum Cäsar erhoben hatte, den Triumph.

Eutropius

Marcus Aurelius in Wien gestorben

Achtzehn Jahre hatte dieser Kaiser auf dem Thron gesessen, als er in noch ziemlich kräftigem Alter zu Vindobona starb, zur allgemeinen Trauer seiner Untertanen. Senat und Volk, in anderen Dingen nichts weniger als einig, vereinigten sich in Zuerkennung von Ehrenbezeigungen für den Verstorbenen, von Tempeln, Säulen und Priestern.

Sextus Aurelius Victor

Kaiser Probus läßt in Pannonien
Weinpflanzungen anlegen

Nach Florianus übernahm Probus die Staatsverwaltung, ein durch Kriegsruhm ausgezeichneter Fürst. Den Galliern und Pannoniern verstattete er die Anlegung von Weinpflanzungen: er verwendete seine Soldaten, um am Berge Alma bei Sirmium und am Berge Aureus in Obermösien Reben zu pflanzen, deren weitere Besorgung er den Bewohnern dieser Provinzen überließ. Als er nach unzähligen Kriegen Frieden errungen hatte, äußerte er, in kurzem werde man keiner Soldaten mehr bedürfen. Probus war tätig, tapfer und gerecht und kam an Kriegsruhm dem Aurelianus gleich, übertraf ihn jedoch an Leutseligkeit und Milde des Charakters. In einem Soldatenaufstande in Sirmium wurde er auf einem befestigten Turme umgebracht. Sechs Jahre und fünf Monate hatte er regiert. (282 n. Chr.) *Eutropius*

Severin in Wien:
Der Heilige zwischen Ost und West

Vor allem weiß man heute, daß es auch noch über den Fall von Rom hinaus fast ein Jahrtausend lang Byzanz gegeben hat. Das oströmische Reich hat immer wieder seinen Einfluß bis herauf an die mittlere Donau geltend gemacht. Nach den fünf weströmischen Jahrhunderten der Donau- und Alpenländer folgte ein oströmisches Jahrtausend, das diese Länder, wenn auch in anderer Form, in seinen Bann zog. Severin aber steht an der Grenzscheide dieser beiden Hemisphären. Das allein gibt seinem Leben und Nachleben den historischen Ort; er ist *der Heilige zwischen Ost und West*. Deshalb ist sein Andenken auch wieder nach langer Vergessenheit im christlichen Gewissen erwacht, als die Zeit dafür reif wurde.

In der Person Severins begegnen wir der uralten Auseinandersetzung zwischen der Zivilisation und den Barbaren, der christlichen Ökumene, die er verkörperte, und ihren barbarischen Nachahmern, denen er, nicht ohne innere Sympathie, den Eintritt in die Zivilisation eröffnete, – auch heute noch im Grunde dasselbe Problem, wie es damals war.

Zu allen Zeiten aber kehrten die byzantinischen Zwischenakte wieder. Auf byzantinischen Voraussetzungen allein konnten im 7. Jahrhundert die Awaren und die Slawen – vielleicht von *Vindomina Vídeň-Dunaj-Bécs* aus – *das erste großräumige Vielvölkerreich an der Donau organisieren* (K. Öttinger). Wenn man die Frage aufwirft, in welchem historischen Rahmen Severin gewirkt hat, aber auch wie die Erinnerung an ihn in den Donauländern bewahrt worden sein kann, wird man diese byzantinischen Zusammenhänge, *das »byzantinische Millenium« des Wiener Raumes,* dessen Studium bisher unterlassen wurde, nicht mehr länger übersehen dürfen.   *Klemens Kramert und Ernst Karl Winter*

Walther von der Vogelweide in und über Wien

Mein Streben habe ich auf drei Dinge gerichtet. Es stünde schon gut um mich, wenn ich wenigstens mit einem davon ins reine kommen könnte. Doch was für mich dabei auch herauskommen wird, ich will sie alle, weil ich nur dann bei allen dreien Glück und Erfolg haben kann. Ich bin besorgt, die Gnade Gottes und meiner Herrin Liebe zu gewinnen. Auch das dritte hat sich mir lange zu Unrecht widersetzt. Das ist der herrliche Hof zu Wien. So lange will ich nicht ruhen, bis ich seiner würdig erachtet werde, der so viele Werte in Treue bewahrt. Erst jüngst sah man, wie Leopold freigebigst Gaben ausschüttete, ohne daß es ihn auch nur ein einziges Mal gereut hätte.

[...] In Österreich, wo ich das Musizieren und Dichten erlernt habe, will ich mich zuerst beschweren; finde ich aber bei Leopold Schutz, dann hat sich mein Zorn schon gelegt. [...]

Der Hof zu Wien sagte zu mir: »Walther, ich sollte dir gefallen und mißfalle dir jetzt. Möge es Gott erbarmen! Früher stand ich einmal hoch in Ansehen; damals gab es außer König Artus' Hof keinen, der mir gleichkam. Weh mir Armen! Wo sind jetzt die Ritter und Damen, die man bei mir erblicken müßte? Schaut, wie jämmerlich alles aussieht! Mein Dach ist verfallen, und meine Wände stürzen ein. Mich mag leider niemand mehr. Gold, Silber, Pferde und Kleider verschenkte ich, doch wertvoller war das, was ich dabei gewann. Jetzt habe ich weder Kränze noch Kopfputz, noch Damen für einen Tanz, o weh!«

Neuhochdeutsche Prosaübertragungen von zwei
Liedern und einem Liedschluß Walthers.

Das Lindenwunder von St. Stephan

Wien und die Donau sind seit Jahrhunderten schicksalhaft miteinander verbunden. Kelten, Römer, Germanen, Awaren und Madjaren haben sich hier niedergelassen. Immer wieder haben sie der Stadt und ihrer Umgebung andere Gestalt gegeben.

Als der Babenberger Heinrich Jasomirgott nach dem zweiten Kreuzzug in sein Land zurückkehrte, verlegte er den Hof nach Wien. Jetzt blühte die Stadt rasch auf. Das älteste Pfarrkirchlein, St. Ruprecht, wurde erneuert. Auch die Fischerkirche »Maria am Gestade« wurde vor dem Verfall gerettet. An Stelle einer kleinen alten Kapelle an der

33

Stadtmauer aber sollte eine große Kirche erbaut werden. Sie war dem Heiligen Stephan gewidmet.

Der Baumeister brauchte für sein Vorhaben viel Raum. So kam es, daß er zunächst die schönen Bäume fällen ließ, die rings um die alte Kapelle standen.

Der künftige Pfarrer Eberhard freute sich auf das neue Gotteshaus. Es stimmte ihn aber doch sehr traurig, daß die prächtigen Bäume entfernt werden mußten. Schließlich sollte auch sein Lieblingsbaum umgesägt werden, eine blühende Linde. Da ging Eberhard zu dem Bauherrn und bat ihn: »Lassen Sie doch wenigstens die junge Linde stehen. Messen Sie den Platz, den Sie für die Kirche brauchen, noch einmal genau ab; vielleicht ist er schon groß genug. Der Baum soll weiterwachsen und blühen!«

Der Baumeister erfüllte dem frommen Mann diesen Wunsch, und die Linde blieb verschont.

Später wurde neben der neuen Kirche auch der Pfarrhof erbaut. Wieder bat Eberhard den Baumeister um einen Gefallen: »Legen Sie doch den Pfarrhof so an, daß die gerettete Linde vor dem Haustor steht! Dann kann ich sie vom Fenster meiner Stube sehen!«

Auch das geschah. Sooft der Baum in voller Blüte stand, freute sich der Pfarrer und atmete den Duft der Blüten ein.

Die Jahre vergingen. Die Linde vor dem Pfarrhof wurde hoch und breit, und der Pfarrer hatte immer mehr Freude an ihr. Als es aber wieder einmal Winter geworden war und die kahlen Zweige der Linde über und über mit Schnee bedeckt waren, wurde der Pfarrer krank. Er lag in seiner stillen Stube von seinen Freunden umgeben und wartete auf den Tod.

Plötzlich richtete sich Eberhard im Bett auf. Er bat seine Freunde: »Öffnet doch ein wenig das Fenster!«

Gern erfüllte man ihm diesen Wunsch. Da huschte ein wehmütiges Lächeln über das Gesicht des Pfarrers. Mit müder Hand zeigte es zur verschneiten Linde und seufzte: »Ach, könnte ich doch meinen lieben Baum noch einmal im Blütenschmuck sehen! Dann wollte ich gern sterben!«

Kaum hatte er das letzte Wort ausgesprochen, schmückte sich mitten im tiefsten Winter die Linde mit Blättern und Blüten! Ihr Duft drang berauschend durchs offene Fenster in die Stube des Pfarrers. Der saß, das Gesicht von Freude und Glück überstrahlt, in seinem Bett. Keinen Blick wandte er mehr von dem Wunder, das da geschehen war.

Als Eberhard wenig später tot auf das Kissen zurückfiel, war auch das Wunder vorbei. Die Linde, die dem frommen Mann in seiner Sterbestunde noch einmal für ihre Rettung gedankt hatte, stand wieder so kahl und schneebedeckt wie zuvor im eisigen Wintertag. *Max Stebich*

Brief über die Stadt Wien

An einen Freund in Basel. Wien, April 1438.

Wien ist im Umkreis von zweitausend Schritt mit Mauern umgeben; doch hat es sehr ausgedehnte Vorstädte, die selbst befestigt sind. Die Stadt besitzt einen tiefen Graben und einen hohen Wall; ihre Mauern sind sehr stark mit zahlreichen Türmen und kriegsgerüsteten Vorwerken versehen. Die Wohnhäuser der Bürger sind groß, reichlich ausgeschmückt und gut gebaut, mit breit gewölbten Hausfluren. An Stelle der Halle hat man hier heizbare Zimmer, welche »Stuben« genannt werden; denn nur auf diese Weise erwehrt man sich der strengen Winterkälte. Überall gibt es Glasfenster und eiserne Türen. Vielfach hält man Singvögel, schönen Hausrat findet man in den Wohnungen, von Pferden, Zugvieh und allen Arten von Haustieren sind die Ställe voll. Die Häuser sind hochgegiebelt und machen einen stattlichen Eindruck; unschön ist nur, daß die Dächer meistens mit Schindeln und nur wenige mit Ziegeln gedeckt sind. Gebaut sind übrigens die meisten Häuser aus Stein, Malereien schmücken sie innen und außen. Wenn man irgend jemandes Haus betritt, meint man in das eines Fürsten zu treten. Die Häuser des Adels und der Geistlichkeit sind frei und die Behörden der Stadt haben über sie keine Gerechtsame. Die Weinkeller sind so tief und ausgedehnt, daß man sagt, unter der Erde wäre ein zweites Wien. Die Straßen bedeckt Granitpflaster, das den Wagenrädern gut widersteht. Der Herr des Himmels und seine Heiligen haben prächtige Kirchen aus gehauenem Stein, sehr hell und mit schönen Säulenhallen. Es gibt sehr viele Reliquien von Heiligen, sie sind in kostbaren, mit Gold, Silber und Edelgestein gezierten Schränken verwahrt. Die Kirchen sind außerordentlich reich an Schmuck und jeglichem Geräte, und ihre Priester leben im Überfluß. Der Probst von St. Stefan untersteht dem römischen Papst unmittelbar. Die Stadt gehört zum Bistum Passau und die Tochterkirche ist in diesem Falle größer als die Mutterkirche. Nicht wenige Häuser der Stadt haben selbst geweihte Kapellen und eigene Priester. Vier Bettelmönchorden gibt es, die jedoch hier durchaus keine Armut leiden. Die Schotten und regulierten Chorherren von St. Augustin gelten für sehr reich und auch die Nonnenklöster sind begütert. Außerdem befindet sich hier ein Kloster, das den Namen des heiligen Hieronymus führt, wo bekehrte Straßendirnen Aufnahme finden, die Tag und Nacht deutsche Hymnen singen. Wird eine von diesen auf der Rückkehr zur Sünde betroffen, so wird sie in die Donau gestürzt. Doch führen sie hier ein anständiges und frommes Leben und selten hört man ihnen etwas Übles nachreden.

Die Einwohnerzahl der Stadt schätzt man auf fünfzigtausend Kommunikanten. Man wählt achtzehn Mann zu Stadtvätern, dann einen Stadtrichter, der das Rechtswesen leitet, und einen Bürgermeister, der für das Gemeinwohl zu sorgen hat. Der Landesherr bestätigt die Wahl jener, auf deren Verläßlichkeit er zählen kann, und beeidigt sie. Andere Ämter gibt es nicht, außer das Weinsteueramt: diese Amtsgewalt wird für ein Jahr erteilt, vor sie wird alles gebracht.

Was an Lebensmitteln tagtäglich in die Stadt gebracht wird, das möchte man nicht für möglich halten. Wagen voll von Eiern und Krebsen kommen an, Brot, Fleisch, Fische und Geflügel wird in ungeheuren Mengen herbeigeschafft. Und davon kann man am Abend schon nichts mehr zu kaufen kriegen. Die Weinlese dauert vierzig Tage, dreihundert mit Weintrauben beladene Wagen fahren täglich zwei- oder dreimal in die Stadt ein, zwölfhundert Pferde stehen bei der Weinlese in Verwendung. Außerdem steht es jedem Bürger frei, in der Zeit bis Martini von seinem Landhaus Wein in die Stadt zu bringen. Es klingt unglaublich, welcher Wein hereingeführt wird, der entweder in Wien getrunken oder auf der Donau mit großer Mühe stromaufwärts ins Ausland geschafft wird. Von dem Wein, der in Wien im Kleinen verkauft wird, entfällt auf den Landesfürsten jeder zehnte Denar: das wirft an die Kammer jährlich zwölftausend Gulden ab. Sonst sind die Bürger wenig belastet.

Übrigens kommen Dinge vor, die für eine so große und vornehme Stadt unbegreiflich sind. Alle Augenblick artet eine Rauferei in förmlichen Kampf aus. Bald Handwerker gegen Studenten, bald Hofleute gegen Handwerker, bald gerät eine Zunft an die andere. Selten läuft eine Feierlichkeit ohne blutige Köpfe ab: ein Totschlag ist keine Seltenheit. Und niemand findet sich, wenn sich eine Rauferei entspinnt, der die Streitenden trennt. Weder die Behörden, noch der Landesfürst halten eine Polizei, die bei derartigen Anlässen einschreiten könnte.   *Enea Silvio Piccolomini*

Des »lieben Augustin«,
Wiener Straßensängers und Sackpfeifers
Erlebnis im Pestjahr 1679

Den 9. Septemb. wurde durch offentlichen Trummelschlag
außgeruffen / fahls einige Persohnen / so denen Krancken
im Latzareth zudienen in Ansehung deß grossen Abgangs /
sich gebrauchen lassen wolten / denenselben ein gute Be-
soldung verschaffet werden solte / es waren aber deren
Leuth wenig / die sich anmeldeten [...] Zu Wienn aber hö-
rete man nuumehro kein ander Lied singen / als diser ist
gestorben / diser stirbt / vnnd jener wird bald sterben / dann
in der Statt waren schon allbereit 300. Häuser gesperret /
welche völlig außgestorben / vnnd ob in beyden Latzareten
schon täglich eine grosse Menge Leuthe begraben worden /
so wuchse doch die Zahl der Inficirten darinnen so groß /
daß sie sich zuweilen auff die 3000. vnnd mehr Persohnen
hinauß erstreckete / so waren auch vmb die ganzte Statt herumb fast alle Lust vnnd Wein-Gårte / Gåssen vnd Strassen
mit Todt- vnd Krancken Leuthen angefüllet / ja so gar daß
man nicht Leuth genug haben kunte / die Todten vnter die
Erden zubringen / vnnd dahero es bißweilen geschahe / daß
die mit dem Todte albereit Ringende / auff die Wågen vnter
die Todten geleget / vnnd mit einander in die hierzu gemachte Gruben geworffen worden / als wie einem Nah-
mens Augustin / der ein Sack-Pfeiffer gewesen / welcher
zwischen der Kays. Burg vnnd St. Ulrich auff selbigem
Weeg wegen eines starcken Rausches gelegen / vnnd geschlaffen hat / begegnet ist / dann diser Mensch ist von denen Ziehknechten ohne einiges Vermercken auff den Wagen / in Ansehung / daß Er die böse Kranckheit håtte / vnnd
in Todts-Zügen allbereit begriffen / geladen / nebenst andern Todten weggeführet / vnnd in eine Gruben geworffen

worden / weilen man aber die Côrper nicht eher mit Erden verschûttet / biß eine Reye derselben nach der Lång und Breitten vôllig voll gewesen / als ist besagter Mensch / nachdem Er die gantze Nacht vnter den Todten ohne Auffhôren geschlaffen / erwacht / nicht wissend wie ihm geschehen / oder wie Er môge dahin kommen seyn / hat auß der Gruben hervorsteigen wollen / solches aber wegen der Tieffen nicht zuweg bringen kônnen / weßwegen Er dann auff den Todten so lang herumb gestigen / vnd überauß sehr gefluchet / gescholten / vnnd gesagt hat: wer Teuffel ihn dahin mûste gebracht haben / biß endlich mit anbrechendem Sonnen-Schein die Ziehknechte mit todten Leuthen sich eingefunden / vnnd ihm heraus geholffen haben; So hat ihm dises Nacht-Lager auch nicht das wenigste geschadet.

Johann Constantin Feige

Das letzte Viertel

Auf dem Stephansturme befand sich ein großes Uhrwerk, das jedoch nur Stunden schlug; die Viertelstunden wurden von den Wächtern mittels eines Drahtzuges am Primglöckel angeschlagen, bis auf das letzte Viertel, das schlugen sie nicht an. Als nämlich zum letzten Male Wien von den Türken belagert wurde, da erscholl die Nachricht, der Feind habe beim Barte Muhammeds geschworen, er wolle die Stadt inne haben, bevor noch die Uhr das letzte Viertel töne. Sogleich unterließ man, das letzte Viertel anzuschlagen, und die Stadt blieb unerobert. Solchem Ereignis zum Gedächtnis wurde fortan das Anschlagen des letzten Viertels für immer unterlassen. Das geschah im Jahre 1683.

Gustav Gugitz

Worte zum Gedächtnis des Prinzen Eugen

Wien war des Römischen Kaisers Residenz; so kam Eugen nach Österreich, sich sein Geschick zu suchen, und er schuf unser Geschick. Das Entscheidende lag in ihm; die Mittel, die Gelegenheiten bot das Glück. Ein Reiterkommando und eine große Epoche, dies war, was ihm gegeben war. Vor Wien lagen die Türken; Ungarn war ihr Land, die Erblande schutzlos. Von Westen her drohte ein Frankreich, wie es kühner, übergreifender nur einmal wieder dagestanden hat. [...]

Mit neunundzwanzig Jahren war Eugen von Savoyen kaiserlicher Feldmarschall. Er schlägt sieben Hauptschlachten der Weltgeschichte; durch die Siege von Zenta, Peterwardein, Belgrad nimmt er den Türken für ewige Zeiten Ungarn ab; bei Höchstädt gewinnt er Bayern und Deutschland, bei Turin das obere Italien, durch Oudenarde und Malplaquet die Niederlande. [...]

Der Krieg ist das Werk der Zerstörung; aber seine größten Meister sind über ihrem Werk; Alexander, Hannibal, Cäsar, Gustav Adolf, Friedrich, Eugen waren schöpferische Politiker über dem, daß sie große Feldherren waren. Eugen, der große Meister des Krieges, war der mäßigste und wirksamste Unterhändler des Friedens. Er schuf Bündnisse und wußte die Allianzen der Gegner zu sprengen. In einer Zeit der verschlagenen Kabinettspolitik ruhte in seinen Händen die diplomatische Vorbereitung der großen, auf weite Ziele eingestellten Aktionen. Wir haben seine Mémoires, seine Noten und Briefe. Mit der höchsten Klarheit ist darin die verworrene Gegenwart behandelt, mit der höchsten Voraussicht – seltenste Gabe, und gar in Österreich! – die Zukunft. Aus dem unabsehbaren Material seiner politischen Korrespondenz blickt uns ein Auge an, so feurig, so menschlich, so nahe, so gegenwärtig! Alles, wovon er redet, ist von heute. Denn was er redet, ist Geist, und was den Geist ergreift bleibt lebendig, denn er ergreift nur das Wesentliche. [...]

Welche Arbeit des Herkules! Und der unabsehbare beständige Kampf nach rückwärts hin, gegen die Mißgunst, den Neid, die Torheit, die Unredlichkeit. Dies unabsehbare Durchgreifenmüssen, der Kampf gegen die Anciennität, »diese Mutter der Eifersucht, des Eigensinns und der Kabale«; der Kampf ohne Rast und ohne Ende gegen den amtlichen Dünkel, die Intrige, die dumme Verleumdung, die geistreiche Niedertracht. Eine Welt von Feinden vor ihm; welch eine Welt aber hinter ihm: aus einer Wurzel entsprossen, dem österreichischen Erbübel, aber in tausend Schößlingen auftreibend; die Wurzel immer die gleiche: Trägheit der Seele, dumpfe Gedankenlosigkeit, die geringe Schärfe des Pflichtgefühles, die Flucht aus dem Widrigen in die Zerstreuung, nicht Schlechtigkeit zumeist, aber ein schlimmeres, verhaßteres Übel, einer schweren dumpfen Leiblichkeit entsprungen – im Kampf mit diesem allen bis ans Ende und nie ermüdet, und Sieger und Schöpfer, Organisator der widerspenstigsten Materie – ein Mensch, ein großer, guter Mensch und in ihm verborgen das Geheimnis aller Geheimnisse: schöpferische Natur. Unversiegbar in ihm ist die Liebe zu diesem Österreich und in dieser Liebe der feste Punkt, von dem aus er die Welt aus den Angeln hob; und die Krone von Polen, der Herzogsmantel von Mantua zurückgewiesen aus dieser Liebe heraus. Eine fürstliche Seele, die in der Welt gesucht hatte, wem sie dienen könne, und die dann diente bis ans Ende.

Hugo von Hofmannsthal

Meine »Mutter«-Sprachen

Eine viel minder verdrießliche, wenn gleich auch anstrengende Art des Dienstes, war das Vorlesen der Geschäftsschriften in den verschiedenen Sprachen, welche in den weiten Provinzen der Erbstaaten geredet wurden; deutsch, italienisch, französisch (in den Niederlanden) und lateinisch (in Ungarn). Da Französisch damals noch viel mehr als jetzt die Sprache der höhern Stände, ja der gebildeten Welt überhaupt war, so war sie denn auch an Maria Theresia's Hof die herrschende, zumal da ihr Gemahl, Kaiser Franz I., als geborner Lothringer kaum Deutsch verstand und es nie sprach, auch seinetwegen viele Personen in den Hofdiensten Lothringer oder Niederländer waren. Meine Mutter hatte das Französische daher von ihrer Kindheit an wie eine zweite Muttersprache, ja wie ihre eigentliche, gelernt und sprach und schrieb es mit gleicher Fertigkeit. Auch das Italienische war ihr geläufig. Damals wurde es überhaupt viel am Hofe und in Wien gesprochen, und der Dichter des Hofes war stets ein Italiener; früher unter Kaiser Leopold, *Apostolo Zeno*, später der hochberühmte *Metastasio*, eigentlich *Trapassi* genannt, den ich noch persönlich gekannt habe. Alle Schauspiele, welche dem Hofe zu Ehren oder bei feierlichen Gelegenheiten gegeben wurden, waren italienische Opern, an deren Schlusse jedesmal in einer kleinen Strophe, welche den Namen *Licenza* führte, ein Kompliment angebracht war, welches den Inhalt der Oper mit einer schmeichelhaften Anwendung auf die gegenwärtige Feierlichkeit verband.

Diese beiden Sprachen waren meiner Mutter also sehr geläufig, und sie redete sie wahrscheinlich zierlicher und korrecter als ihre Muttersprache; denn damals galt noch von den meisten Einwohnern Wien's in den höheren Ständen, was ein Dichter von sich sagt:

Ich spreche Wälsch wie Dante,
Wie Cicero Lateinisch,
Wie Pope und Thomson Englisch,
Wie Demosthenes Griechisch,
Wie Diderot Französisch
Und Deutsch – wie meine Amme.

Karoline Pichler

Mozart bleibt bei Joseph II. in Wien

Als es in Berlin bekannter wurde, dass Mozart da sey, wurde er überall, besonders auch von Friedrich Wilhelm II. äusserst günstig aufgenommen. Dieser Fürst schätzte und bezahlte bekanntlich nicht nur Musik ungemein, sondern war wirklich – wenn auch nicht Kenner, doch geschmackvoller Liebhaber. Mozart musste ihm, so lange er in Berlin war, fast täglich vorphantasiren und öfters auch mit einigen Kapellisten Quartett in des Königs Zimmer spielen. Als er einmal mit dem König allein war, fragte ihn dieser, was er von der Berliner Kapelle halte. Mozart, dem nichts fremder als Schmeicheley war, antwortete: »Sie hat die grösste Sammlung von Virtuosen in der Welt; auch Quartett habe ich nirgends so gehört, als hier: aber wenn die Herren alle zusammen sind, könnten sie es noch besser machen.« Der König freuete sich über seine Aufrichtigkeit, und sagte ihm lächelnd: Bleiben Sie bey mir, Sie können es dahin bringen, dass sie es noch besser machen! Ich biete Ihnen jährlich drey tausend Thaler Gehalt an. – Soll ich meinen guten Kaiser ganz verlassen? – sagte der brave Mozart und schwieg gerührt und nachdenkend. Man bedenke, dass der gute Mozart den Kaiser nicht verlassen wollte, der ihn damals noch darben liess. Auch der König schien hierbey gerührt, und setzte nach einer Weile hinzu: »Ueberlegen Sie sich's –

ich halte mein Wort, auch wenn Sie in Jahr und Tag erst kommen sollten.«

Der König erzählte nachher dieses Gespräch verschiedenen Personen. [...]

Mozart reis'te, voll von diesem Vorschlage, nach Wien zurück. Er wusste, dass ihn hier wieder Neid, Kabale mancherley Art, Unterdrückung, Verkennung und Armuth erwarten würden, da er vom Kaiser damals noch so gut als Nichts Gewisses bekam. Seine Freunde redeten ihm zu – er wurde zweifelhaft. *Ein gewisser Umstand*, den ich nicht erzähle, an dem Mozart sich selbst nicht rächen wollte – bestimmte ihn endlich. Er ging zum Kaiser und bat um seine Entlassung. *Joseph*, dieser so oft verkannte, so oft geschmähte Fürst, dem seine Fehler von seinen Unterthanen erst aufgezwungen und eingepresst wurden, dieser liebe Musik und besonders Mozart'che Musik von Herzen. Er liess Mozarten jetzt ausreden und antwortete dann: Lieber Mozart, Sie wissen, wie ich von den Italienern denke: und Sie wollen mich dennoch verlassen?

Mozart sah ihm ins ausdrucksvolle Gesicht und sagte gerührt: Ew. Majestät – ich – empfehle mich zu Gnaden – *ich bleibe!* Und damit ging er nach Hause.

Aber, Mozart, sagte ihm ein Freund, den er dann traf und dem er den Vorgang erzählte, warum benutztest Du denn nicht die Minute und verlangtest wenigstens festen Gehalt?

Der Teufel denke in solcher Stunde daran! sagte Mozart unwillig.

Kaiser Joseph kam später aber selbst auf die Idee, Mozarten, der bis jetzt nur Anwartschaft auf einträgliche Stellen und einen Titel hatte, – einen wenigstens erträglichen Gehalt zu bestimmen, und befragte darüber seinen Kammerdiener Strack. [...] Auf die Frage, wie viel man für Mozarten anweisen müsse, schlug Jener 800 fl. jährlich vor. Der Kaiser war es zufrieden und die Sache war abgemacht. Mozart bekam also nun jährlich 800 fl. – *in Wien*. Die Verbesserung seiner Lage war dadurch unbeträchtlich; denn sein Mieth-zins war im Jahre 1785 schon 460 fl. Und dennoch blieb er nach wie vor bey Joseph.

Georg Nikolaus von Nissen

Künstler in Alt-Wien

Im Winter 1824/25, als Jurist im vierten Jahre, war ich zu-gleich mit der Wiener Shakespeare-Ausgabe, so wie mit ei-genen Productionen über und über beschäftigt. Eine Menge Dramen und Lustspiele lagen mir nach und nach aufgehäuft, darunter die *Geschwister von Nürnberg*, später *Der Musicus von Augsburg, Fortunat* und anderes Ideelle und Ro-mantische, wovon das reale und praktische Theater vor der Hand nichts wissen wollte. Doch arbeitete ich rastlos wei-ter, brachte damals auch fast alle meine Abende in meiner einsamen Stube zu.

So saß ich auch im Februar 1825 eines Abends in meiner Klause, als mein Jugendfreund *Schwind* den inzwischen be-reits berühmt, wenigstens bekannt gewordenen *Schubert* zu mir brachte. Wir waren bald vertraut mit einander. Auf Schwind's Aufforderung mußte ich einige verrückte Ju-gendgedichte vortragen, dann ging's ans Clavier, Schubert sang, wir spielten auch vierhändig, später ins Gasthaus, bis tief in die Nacht. Der Bund war geschlossen, die drei Freunde blieben von dem Tage an unzertrennlich. Aber auch Andere gruppirten sich um uns, meist Maler und Mu-siker, ein lebensfrischer Kreis von Gleichgesinnten, Gleich-strebenden, die Freud' und Leid mit einander theilten.

Das Alter wird ab und zu geschwätzig, aber nur in der Jugend hat man sich eigentlich etwas mitzutheilen und wird nie damit fertig.

So erging es auch uns. Wie oft strichen wir Drei bis gegen Morgen herum, begleiteten uns gegenseitig nach Hause – da man aber nicht im Stande war, sich zu trennen, so wurde nicht selten bei Diesem oder Jenem gemeinschaftlich übernachtet. Mit dem Comfort nahmen wir's dabei nicht sonderlich genau! Freund *Moriz* warf sich wohl gelegentlich, blos in eine lederne Decke gehüllt, auf den nackten Fußboden hin, und mir schnitzte er einmal Schubert's Augengläser-Futteral als Pfeife zurecht, die eben fehlte. In der Frage des Eigenthums war die communistische Anschauungsweise vorherrschend; Hüte, Stiefel, Halsbinden, auch Röcke und sonst noch eine gewisse Gattung Kleidungsstücke, wenn sie sich nur beiläufig anpassen ließen, waren Gemeingut, gingen aber nach und nach durch vielfältigen Gebrauch, wodurch immer eine gewisse Vorliebe für den Gegenstand entsteht, in unbestrittenen Privatbesitz über. Wer eben bei Kasse war, zahlte für *den* oder *die* Andern. Nun traf sich's aber zeitweilig, daß zwei kein Geld hatten und der dritte – *gar* kein's! Natürlich, daß *Schubert* unter uns Dreien die Rolle des Krösus spielte und ab und zu in Silber schwamm, wenn er etwa ein paar Lieder an Mann gebracht hatte oder gar einen ganzen Cyclus, wie die Gesänge aus *Walter Scott*, wofür ihm *Artaria* oder *Diabelli* 500 fl. W. W. bezahlte – ein Honorar, mit welchem er höchlich zufrieden war, auch gut damit haushalten wollte, wobei es aber, wie stets bisher, beim guten Vorsatz blieb. Die erste Zeit wurde flott gelebt und tractirt, auch nach rechts und links gespendet – dann war wieder Schmalhans Küchenmeister!

Eduard von Bauernfeld

Eine Wiener Figur: Anton Bruckner

Heute also wird der große Organist siebzig Jahre alt. Seit vielen Jahren sieht er wie ein Achtziger aus. Freilich wie ein sehr gesunder Achtziger, einer von jenen, die hundert Jahre alt werden. Jeder Wiener kennt ihn ja als eine »Wiener Figur« erster Ordnung. Die Leute sehen ihm nach, wenn er vorüber geht, mit hastigen, kleinen Schritten, das klassische Embonpoint weit vorgestreckt, die bedeutsame, kühn gebogene Nase schroff in die Luft ragend aus dem merkwürdig verrunzelten Antlitz.

Vor einem Jahre hat Viktor Tilgner diese Gestalt in Erz gegossen, bis an den Gürtel. Wie sie dastand in ihrer breitspurigen Leiblichkeit, von dem eigensinnigen Umriß des kahlen Schädels gekrönt, mit diesem zerfurchten Angesicht, aus dem jene ganz individuelle Nase sich so imperatorisch herausbäumte, [...]

Aber gleichviel, der Respekt, und ein eigener liebevoller dazu, geht doch vor dem sonderbaren Männchen einher, wo immer er sich zeigt. Wenn er in einem klassischen Konzerte durch die Bankreihen streicht, als wollte er sie niederfegen, dann wispert es um ihn her bedeutungsvoll, und so manches Auge sucht während der Vorträge in seinem immer sprechenden, mitkomponierenden, mitspielenden Antlitz den Abglanz des Gehörten. Selbst im Gasthause, wo der Mensch meist nur Mensch ist und sich nicht gerade symphonisch benimmt, ist der Altmeister ein aparter Herr, eine »Figur«. Kommen sieht man ihn nie, aber wie aus der Erde gestiegen, steht er plötzlich an einem Tische und läßt schleunig mehrere Hüllen fallen, die, ohne daß er's achtet, von irgendwelchen Händen aufgefangen werden. Die Kellner bedienen ihn mit Bewegungen, als wollten sie ihm die Hände küssen... es weht von jeher eine Art geistlicher Atmosphäre um ihn. Sie wissen auch schon, wessen er zu des

Leibes Atzung bedarf. Ohne Frage erscheint alsbald ein gewaltiger Suppentopf auf seinem Tische, mit vier Portionen frisch eingekochter Nudelsuppe, das ist sein Abendmahl. Dazu erscheint in unabsehbarer Folge Glas auf Glas vom blondesten Pilsner. Wie viele, das weiß er nicht. Aber sie müssen ganz aus Schaum bestehen und mit einer einzigen hastigen Bewegung stürzt er jedes hinter den weiten ungestärkten Hemdkragen. Und alles ringsum hat eine eigene Freude, wenn's ihm schmeckt. Er ist einer, dem man's gönnt. Leute, die er nicht kennt, grüßen ihn.

Und meist hat er ein kleines Gefolge von jungen Leuten um sich, die ihn als musikalischen Vater verehren. Er ist ein seltsam geformtes Gefäß der Begeisterung und begeistert auch andere. Ohne viel und tief zu sprechen, sprudelt er ein ideales Gefühl aus und steckt damit an. Er ist ein großer Naiver vor dem Herrn, ein gewaltiger Ungeschickter, in dem das Element wütet, so daß man es merkt, durch diese ganze Kruste von linkischer formloser Schlichtheit hindurch. Mitunter geschieht es, daß die Jünger ihn aus Wien entführen, in die breite, tiefe Natur hinein, wo er sich in Naturlauten austoben soll, wie ein Kind. Auch im Winter, durch hohen Schnee, in lustiger Schlittenfahrt, nach Klosterneuburg, oder wo sonst ein warmer Tropfen winkt. Um Mitternacht auf dem Bock jauchzend heimzufahren, einen Vollgeladenen aus dem Straßengraben aufzulesen, und was sonst an harmlosen Abenteuern sich ergeben mag, das ist ihm Kinderlust, das knöpft ihn auf. [...]

Ludwig Hevesi

Zum Begräbnis des »größten Wieners«
Johann Strauß

Der »größte Wiener« ist vor einigen Tagen zugrabe getragen worden und anstatt der Wiener gab ihm eine Gesellschaft von Premièrenbesuchern das letzte Geleite... Auf einem Zeitungsinserat war neulich der Stefansthurm zu sehen, von dessen Höhe ein speculativer Schuhwarenhändler seine Ware der Wiener Menschheit feilbietet. In seiner einfachen Symbolik hat dies Annoncenbild das Schicksal aller Volksthümlichkeit schmerzlich ahnen lassen. Lange vorher war das andere Wahrzeichen Wiens, *Johann Strauß*, entwertet. Im Takte seiner »Schönen blauen Donau« begann sich eines Tages eine Gesellschaft von Jobbern und Reportern zu wiegen; ein Ring von Tarokspielern und Theateragenten hielt seitdem fast mit physischer Gewalt die Schöpferkraft des Genius umschlossen. Damals starb Johann Strauß, heiratete und ward Ehrenmitglied der »Concordia«. An dem Tage, da das geistige Wien sich den Zwischenträgern der Cultur zu eigen gab, da der naivste und echteste Schöpfer auf die Bahn hastigen Tantièmenerwerbs geführt ward, hat die Tragödie Johann Strauß' ihren Anfang genommen. In einem Zeitraum von zwanzig Jahren, in welchem die Erhaltung aller künstlerischen Ursprünglichkeit dem Volke so nothwendig gewesen wäre, wurde der musikalische Inbegriff des Wienerthums zum Gebrauche der Börsensalons hergerichtet. Heute betrauert Herr Julius Bauer den Verlust eines Tarokpartners, Herr Bernhard Buchbinder tröstet sich mit dem Ausrufe: »Er war unser!« und Herr Siegfried Löwy stellt sich mit einem sinnigen Kranz ein, auf dessen Schleifen er und die Gattin einen »letzten Gruß von den Donaunixen« entbieten...

Karl Kraus

Das verhinderte Duell

Ich war allzusicher, hochmütig; nie wollt ich Beziehungen und Verbindungen, immer nur meiner Begabung Erfolg verdanken. Nie ohne äußersten Zwang sprach ich mit Verlegern und Verlegers Leuten – und als ich mit Meyrink Freund wurde, schrieb ich keinen Buchstaben mehr für sein Blatt. Ich war furchtlos, angriffslustig.

Da konnte nicht fehlen, daß der und jener wiederschlug – oder dem Frechdachs Eins auswischte, auch ohne daß ich grade den Anstoß gegeben hatte. Ich fand es selbstverständlich, freute mich jeder Fehde.

Doch ich unterstand ja immernoch dem Ehrenrat des Regiments – und der Ehrenrat dachte anders.

Als mich einst ein Wiener Wochenblatt als Einbrecher abbildete, fragte Prohaska in einem unzarten Amtsschreiben: ob ich die Karikatur auf Seite drei der Nummer x gesehen, was ich gegen den Urheber unternommen hätte?

Was sollt ich dem weltfremden Würdenträger entgegnen? Daß, wer in der Öffentlichkeit steht, gefaßt auf öffentliche Anpöbelung sein müsse?

Er hätte mich nicht verstanden. Da antwortete ich demütig:

»Die Beschimpfung, die mir auf Seite drei widerfuhr, hat mich auf das empfindlichste berührt. Ich gedenke keineswegs, sie schweigend hinzunehmen. Ich bin nur immer noch nicht eins mit mir, wie ich zu verfahren hätte. So habe ich denn beschlossen, einstweilen abzuwarten, wie es Seine Exzellenz, der Herr Kriegsminister halten wird, der auf Seite zwei als Dieb abgebildet ist – und nach seinem Muster werde ich mich richten.«

Der Ehrenrat ließ mich ohne Bescheid.

Roda Roda

Ein Wiener Stil

Ich hörte Partei und Gegenpartei, Bundestreue und Abtrünnige. Natürlich hatten beide recht. Folglich hatten beide unrecht. Da beide Parteien unschuldig sind, tragen beide schwere Schuld. Wie konnten sie nur . . .? Ein Engelhart auf der einen Seite, ein Moll auf der anderen. Wenn ich mich erinnere, wie diese beiden Tapferen seinerzeit in den Siebenjährigen Krieg zogen, für ein gemeinsames Ideal. Zwei laute Künder und mächtige Wühler, die das Publikum bei allen Ohren nahmen und zu seinem Glück zwingen wollten. Wirklich zwangen. Wenn ich mich erinnere, wie sie ihnen nach und nach den Hohn abgewöhnten, das gewisse wienerische Hohnjauchzen, den Vermöbelungsjubel, der jeden neuen Zug begrüßte. Das Hallo der Philister und Hussa der Nichtskönner . . . Wie sie die unbekannte, große, neue, frohe Welt nach Wien brachten; die Belgier, Engländer, Pariser. Wie der Stephansturm aufhörte, der Kirchturm einer beschränkten Anschauungspolitik zu sein und der Horizont der Wiener sich zu dehnen begann, weltweit, in alle Gegenwart ringsum und über Strecken blühender Zukunft hinweg. Und so aus eigener Kraft, aus privater Gesinnung, eine bürgerliche Schöpfung, die den Staat ins Schlepptau nahm. Ein Unerhörtes für Wien. Und wie aus so bearbeiteter Wiener Scholle dann Jahr um Jahr die erstaunlichen Ernten wuchsen. Wie die Talente reihenweise ins Kraut schossen und blühten und fruchteten, weit über die Erwartungen der Erwartungsvollen hinaus. Wie ein neues Wiener Stimmungsbild, eine neue Wiener Phantastik, ein neues Wiener Porträt, ein neues Wiener Modeln und Bauen, ein neues Wiener Kunstgewerbe entstand. Ein neuer Wiener Stil, wahrhaftig, trotz aller Ableugnungen ein Gegenwartsstil und Heimatsstil, den man unter Hunderten sofort als das erkennt, was er ist . . . Was ich vor sieben Jahren sagte, ist

eingetroffen. Man wird einst »Sezession« sagen, wie man
heute »Biedermeier« sagt. Unter unseren Augen ist ein
neuer Stil entstanden. Eine neue Mode, sagten die Gegner,
aber das ist nur eine Umschreibung des Datums. Heute
heißt es noch Mode, morgen wird es Stil heißen.

Ludwig Hevesi

Der Journalist Karl Tschuppik und
General Ludendorff zum Ersten Weltkrieg

Tschuppik war nicht nur ein brillanter Journalist, er hat mit
seinen Monographien über Kaiser Franz Josef und Kaiserin
Elisabeth auch als Historiker Anerkennung gefunden, vor
allem aber mit einem schon durch den Untertitel reizvollen
Werk: »Ludendorff oder Die Tragödie des Fachmanns«, in
dem er die These verfocht, Ludendorff sei ein so perfekter
Stratege gewesen, daß er bei seinen Planungen irgendwelche strategischen Fehler, die dem Gegner unterlaufen
könnten, nicht berücksichtigte, sondern die eigene Perfek-
tion auch bei jenem voraussetzte – so daß die von ihm erlit-
tenen Niederlagen im Grunde auf gegnerische Unzuläng-
lichkeiten zurückgingen, nicht auf die seinen.

Die Gespräche, die Tschuppik während der Vorbereitung
zu diesem Buch mit Ludendorff führte, trugen – wie aus
seinen Erzählungen hervorging – ambivalenten Charakter:
[...]

Einmal erging sich Ludendorff in abfälligen Äußerungen
über die k.u.k. Armee, deren Vielsprachigkeit ihm, dem
deutschen Bundesgenossen, offenbar als schwerer Defekt,
ja fast als Verrat erschien:

»Da inspiziere ich in Russisch-Polen die österreichische
Front – will in einer der Stellungen eine Ansprache an die
Soldaten halten – verstehen die doch kein Wort. Lauter Un-

garn. Ich setze meine Inspektion fort – lasse mir in die nächste Stellung einen ungarischen Dolmetsch kommen – wieder nichts. Lauter Kroaten. Kroatischer Dolmetsch in die nächste Stellung – lauter Tschechen. Tschechischer Dolmetsch –«

Jetzt konnte Tschuppik, der auf seinem Sessel immer nervöser hin- und hergerutscht war, seinen Unmut nicht länger zurückhalten:

»Aber Exzellenz!« unterbrach er. »Daß in der alten Monarchie verschiedene Sprachen gesprochen wurden – das hätte doch der deutsche Generalstab durch Spione feststellen können!«   *Friedrich Torberg*

Der Zusammenbruch der alten Monarchie

Man wußte bis zum Tag des Zusammenbruchs nicht, wozu es in Wien soviel Bahnhöfe gäbe, statt eines einzigen Hauptbahnhofs – nämlich: einen Nordbahnhof, einen Südbahnhof, einen Ostbahnhof, einen Westbahnhof, ja sogar einen Nordwestbahnhof. An diesem Tage begriff man es. An jedem dieser Bahnhöfe kamen zersprengte Truppenteile an, aus einer bestimmten Gegend des Kriegsschauplatzes; und zu jedem dieser Bahnhöfe pilgerten sie dann, um in die Heimat zu kommen, der eine nach Böhmen, der andere nach Galizien, der dritte nach Slawonien, der vierte nach Tirol. Straßenauf, straßenab wallten kleine Soldatenhaufen; sie durchschritten zum letztenmal den Reichsmittelpunkt, der für sie jetzt bloß eine Umsteigstelle war. Und vor den Bahnhöfen begann der große Jahrmarktstausch unter den zerrissen und hungrig, aber noch immer in kaiserlicher Montur Heimgekehrten; sie handelten des Kaisers Rock gegen einen Brotlaib, die Seitenwaffe gegen eine Schachtel Zigaretten, kurz: das Geschichtskostüm des Österreichers gegen allerhand Bequemlichkeiten bei der endgültigen Abfahrt aus Österreich ein. Und als ich die zerlumpte Schäbigkeit (hie Tornister, hie Mantel, hie Tschako, hie Fez, hie Lederjacke oder Rucksack oder Wickelgamasche) im alten österreichischen Bummeltrott und mit dem gewohnten österreichischen Zivilgesicht so um die Bahnhöfe und von Bahnhof zu Bahnhof wimmeln sah, da fühlte ich: dieses Österreich ist bloß die Folge des österreichischen Eisenbahnnetzes gewesen. Wenn man in Wien nicht umsteigen müßte – hätte Karl der Große die Ostmark nicht gegründet. Jetzt, in der großen Schicksalsstunde, zeigen die Bahnhöfe ihren wahren Zweck. Sie waren also nicht zur Erschwerung des Verkehrs da, sondern zur Erleichterung des Zusammenbruchs; dienten – wie heißt es in den Demonstrationsberichten? – der »klaglosen Abwicklung des Nachhause-Marschs«.

Die Wiener starrten den abziehenden Völkern mit einer Art Verdutztheit nach; und ein bißchen traurig wie Zurückgebliebene, die nicht mit in den Urlaub dürfen. Sie empfanden zum ersten Male das Geschichtsriskante, vielleicht Armselige der Rolle: nichts als Wiener zu sein – sich selber überlassen zu bleiben. Und sie übertönten die Bangigkeit hierüber nur unvollkommen mit der Freude am Umsturz (wie das unerwartete Zurückbleiben im Staatshaus sofort genannt wurde). Sie waren Trauerbrüder, die »Duliäh« sangen. »Wir sind nunmehr ein Staat geworden«, rief damals ein Redner vor dem Landhaus. »Ja – stad worden«, verbesserte ihn ein Echo aus altem Landstürmermunde.

In solchen Zeiten und bei solchen Völkern blüht der Weizen des Literaturcafés. Während die Wiener also ihrer verträumten Lust am Wirrwarr hingegeben waren, zu schlapp und unsicher, um sich den Geist der Geschichte im Handumdrehen zuzueignen, ergriffen zugereiste Intellektuelle das Panier – und da in erster Linie: das schreibende Prag.

Damals hatten gerade die beiden Nachbarkaffeehäuser miteinander zu rivalisieren begonnen, das »Central« und das »Herrenhof«. Fein abgetönt, wie in Wien alles ist, saß dort (im älteren Café) das Feuilleton und der Sensitivismus, hier (im neu erbauten) der Essay und das Ethos. Infolgedessen Kisch in allen beiden.

Eine Epoche leidenschaftlicher, aber ängstlich nach Nachbarstischen spähender Gespräche neigte sich ihrem Ende zu. Reserveoffiziere saßen da, die innerlich bereits den Mannschaftsrock des Kommunismus trugen – aber es war bloß der gewendete Offiziersrock; denn die Sterne, die morgen – Nieder mit dem Militarismus! – vom Kragen verschwinden sollten, blitzten imponierend in jenen voraus, welche sie sich heute noch rasch, gemäß dem Beförderungsblatt, aufnähten; dann wieder gab es Hinterlandseinjährige am Tisch, die ihr Kleid als Duldnerkostüm lieb bekamen. Und ich sehe noch den gleichgemuten, die Verschnorrtheiten aller Zeitalter voll Heroismus und Jünglingsfrische mittragenden Dr. Franz Blei vor mir, der lange vor dem Umsturz in seiner Kleidung den Übergang von den geordnet militärischen zu den ungeordnet zivilen Verhältnissen andeutete; er trug zur abgeschabten Montur eines Kanzleidiensttauglichen einen schwarz lackierten, flachen Strohhut – sah also kinnaufwärts wie ein Enzyklopädist des 18. Jahrhunderts, kinnabwärts wie die menschgewordene Schlacht bei Limanowa aus. Der einzige unbedrohte und berechtigte Zivilist war der Betteldichter Ottfried Krzyzanowsky, ein Hölderlinisch geistesreiner Mensch, der wie ein schlotterndes Gerippe daneben stand und mithorchte, plötzlich mit spitz vorgestrecktem Zeigefinger einen der Debattierenden als Bezahler eines Schinkenbrots namhaft machte und auch sonst seinem Widerwillen gegen die Gespräche und Sprecher Ausdruck verlieh – ein Antirevolutionär und Demokratenhasser vor 1918. Seine Antipathien waren in der Regel lautlos. Nur, wenn Franz Werfel das Wort ergriff – den er nicht so sehr wegen dessen neuchristlichem Anarchismus als wegen der Wangenrundheit haßte – brach er los. »Sie sind«, rief er da einmal nach einem Disput dem Weltfreund zu, »der Advokat Gottes. Und – Gott braucht keinen Advokaten!«

Anton Kuh

Theorie des Café Central

Das Wiener »Café Central« ist nämlich kein Kaffeehaus wie andere Kaffeehäuser, sondern eine Weltanschauung, und zwar eine, deren innerster Inhalt es ist, die Welt nicht anzuschauen. Was sieht man schon? Doch davon später. So viel steht erfahrungsgemäß fest, daß keiner im Central ist, in dem nicht ein Stück Central wäre, das heißt, in dessen Ich-Spektrum nicht die Centralfarbe vorkäme, eine Mischung aus Aschgrau und Ultra-Stagelgrün. Ob der Ort sich dem Menschen, der Mensch dem Ort angeglichen hat, das ist strittig. Ich vermute Wechselwirkung. »Nicht du bist in dem Ort, der Ort, der ist in dir«, sagt der Cherubinische Wandersmann. [...]

Das Café Central liegt unter'm wienerischen Breitengrad am Meridian der Einsamkeit. Seine Bewohner sind größtenteils Leute, die allein sein wollen, aber dazu Gesellschaft brauchen. Ihre Innenwelt bedarf einer Schicht Außenwelt als abgrenzenden Materials, ihre schwankenden Einzelstimmen können der Stütze des Chors nicht entbehren. Es sind unklare Naturen, ziemlich verloren ohne die Sicherheiten, die das Gefühl gibt, Teilchen eines Ganzen (dessen Ton und Farbe sie mitbestimmen) zu sein. Der Centralist ist ein Mensch, dem Familie, Beruf, Partei solches Gefühl *nicht* geben: hilfreich springt da das Caféhaus als Ersatztotalität ein, lädt zum untertauchen und zerfließen. Verständlich also, daß vor allem Frauen, die ja niemals allein sein können, sondern hierzu mindestens noch einen brauchen, eine Schwäche für das Café Central haben. Es ist ein Ort für Leute, die um ihre Bestimmung, zu verlassen und verlassen zu werden, wissen, aber nicht die Nervenmittel haben, dieser Bestimmung nachzuleben. Es ist ein rechtes Asyl für Menschen, die die Zeit totschlagen müssen, um von ihr nicht totgeschlagen zu werden. Es ist der traute Herd derer, denen der traute Herd ein Greuel ist, die Zuflucht der Eheleute und Liebespaare vor den Schrecken des ungestörten Beisammenseins, eine Rettungsstation für Zerrissene, die dort, ihr Lebtag auf der Suche nach sich und ihr Lebtag auf der Flucht vor sich, ihr fliehendes Ich-Teil hinter Zeitungspapier, öden Gesprächen und Spielkarten verstecken und das Verfolger-Ich in die Rolle des Kiebitz drängen, der das Maul zu halten hat.

Das Café Central stellt also eine Art Organisation der Desorganisierten dar. [...]

Die Gäste des Café Central kennen, lieben und geringschätzen einander. Auch die, die keinerlei Beziehung verknüpft, empfinden diese Nichtbeziehung als Beziehung, selbst gegenseitiger Widerwille hat im Café Central Bindekraft, anerkennt und übt eine Art freimaurerischer Solidarität. Jeder weiß von jedem. Das Café Central ist ein Provinznest im Schoß der Großstadt, dampfend von Klatsch, Neugier und Médisance. So wie die Stammgäste in diesem Kaffeehaus, mögen, denke ich, die Fische im Aquarium leben, immer in engsten Kreisen umeinander, immer ohne Ziel geschäftig, die schiefe Lichtbrechung ihres Mediums zu mancherlei Kurzweil nützend, immer voll Erwartung, aber auch voll Sorge, daß einmal was Neues in den gläsernen Bottich fallen könnte, auf ihrem künstlichen Miniaturmeeresgrund mit ernster Miene »Meer« spielend. [...]

Es ist ein Kaffeehaus, nehmt alles nur in allem! Ihr werdet nimmer solcher Örtlichkeit begegnen. Von ihr gilt, was Knut Hamsun im ersten Satz seines unsterblichen »Hunger« von der Stadt Christiania sagt: Keiner verläßt sie, den sie nicht gezeichnet hätte.   *Alfred Polgar*

Zwischenfall im Café Herrenhof

Die Zeitungswünsche ihrer Stammgäste waren den Kellnern des Café Herrenhof selbstverständlich bekannt und wurden automatisch befriedigt, so daß es sich erübrigte, eine bestimmte Zeitung eigens anzufordern; wenn sie nach zwei Minuten noch nicht dalag, war sie gerade »in der Hand« und würde binnen kurzem nachkommen. Es löste daher Überraschung aus, daß Dubrovic eines Tags nach dem »Hamburger Fremdenblatt« rief, das zwar als eine der damals führenden Auslandszeitungen auch im Café Herrenhof auflag, aber von niemandem, den wir kannten, gelesen wurde. Wir wußten nicht einmal, wie es aussah.

Was der Kellner Albert herbeibrachte und dem wartenden Dubrovic übergab, war eine Zeitung von ungewöhnlich großem Format, größer noch als die Londoner und die New Yorker »Times«. Dubrovic begann jedoch nicht etwa zu lesen, sondern hielt das Riesending zur allgemeinen Besichtigung hoch:

»Also bitte«, sagte er. »Und *die* schicken mir etwas wegen Raummangel zurück!«   *Friedrich Torberg*

Hitler auf dem Wiener Heldenplatz
am 15. März 1938

Am 15. März verkündete der Führer und Reichskanzler persönlich die »Heimkehr« seiner Heimat Österreich ins Deutsche Reich, und dies geschah im Beisein Hunderttausender auf dem Wiener Heldenplatz. Aus Österreich wurde die Ostmark. [...]

Ich erklärte mich bereit, meinerseits dem Spektakel auf dem Heldenplatz beizuwohnen und dann Bericht zu erstatten.

So ging ich also hin. Ich tat es Clara zuliebe, aber ich hätte es nicht tun sollen. Ich habe, sehr gegen meine sonstige Art, fast alles vergessen, was in jenen Tagen außerhalb des Dornbacher Hauses und Toni Seratas Büro geschehen ist, höchstens an zwei, drei lächerliche Kleinigkeiten erinnere ich mich noch. Nur die drei Stunden am 15. März, die ich auf dem hundertmal verfluchten Heldenplatz zugebracht habe, werde ich nie vergessen, diese wahrhaft unvergeßlichen drei Stunden. Und immer habe ich es für läppisch gehalten, irgendwelche Gegenargumente gegen sie zu mobilisieren, zumal arithmetische, als wolle man gegen das Wüten eines Waldbrandes, von dem zu berichten ist, mit Statistik ankämpfen; oder etwa, um unserer Jugend eine Ahnung von dem zu geben, was damals los war: als wolle man die Begeisterung für ein Rock-Spektakel und dessen Star dadurch in Zweifel ziehen, daß man hervorhebt, es seien doch viele, ja die meisten gar nicht dabei gewesen ... na, sicher nicht! Doch wie bei jedem Spektakel, so ist es auch hier: die zwar nicht mitkreischenden, aber auch nicht hörbar protestierenden Daheimgebliebenen zählen nicht.

Übrigens sehe ich als negativen Beweis für meine Behauptung vom historischen Gewicht jener Jubeltage ein weiteres, wenn auch lächerliches Ereignis an; auch damals war ich, an einem Fenster stehend, dabei: Als etwas später ein anderer »Großer« mit Triumphgebärde in Wien einzog, der dicke Reichsmarschall aus dem Norden, geleitet von einem kilometerlangen Konvoi prächtig bestückter Kraftkarossen, den Marschallstab feierlich erhoben, da drängte die massenhaft aufgebotene Polizei... *keine* Volksmassen schwitzend zurück. Ein paar untere Schulklassen, Fähnchen schwingend und »Siegheil« piepsend, säumten schütter die Straße. Den Norddeutschen mochte man nicht.

Der Österreicher aber, mit dem Feuerwehrhauptmann-Blick, dem kreuzbraven, sauberausrasierten Nacken und dem Bärtchen eines Forstadjunkten mit heimlichen sadistischen Neigungen: ja, der war deines- und meinesgleichen ... und doch »begnadet«. Warum sucht man krampfhaft nach realeren Ursachen? Gewiß hat es sehr viel Arbeitslose in Österreich gegeben, allzu viele, das ist unbestreitbar, doch was sich dort und damals ereignet hat, war wirklich nicht die hoffnungsvolle Begrüßung eines etwaigen Helfers in der Not, sondern das schauerliche Hallelujah für einen Messias, der mir seit damals, sooft ich an ihn denke, unweigerlich Nachbars bellenden Dobermann ins Bewußtsein drängt. [...]

Ich kam erschöpft und verwirrt nach Hause. Clara versuchte, mich zu beruhigen. Und meinte, man müsse sich notfalls an das Sprichwort »Irren ist menschlich« halten. Ich glaubte, mich verhört zu haben. »Was sagst du da?«

»Ich sage ›Irren ist menschlich‹ und meine das von dir geschilderte Verhalten eines Teils der Bevölkerung. Ich füge hinzu, daß selbst für das dümmste Sprichwort dann und wann der geschichtliche Augenblick kommt, da tönt es tröstlich und weise.«

Ich verlor die Beherrschung. »Die *irren* doch nicht!«

schrie ich meine Freundin an und zitterte. »Die wollen end-
lich Blut riechen!« [...]   *Florian Kalbeck*

Judenmißhandlung auf dem Heldenplatz: 1938

Beim Denkmal des Prinz Eugen traf Bultmann auf den
Menschenknäuel. Eben schwang, von Männern hochgeho-
ben, eine Frau sich auf den Sockel und schrie in die Menge
hinunter: »Heraus mit die Judenweiber aus ihre Lasterhöl-
len, wo sie's treiben, daß einer deitschen Frau nur grausen
kann! Pfui Teifel! Pfui Teifel!« Sie stand, die Hände in die
mageren Hüften gestemmt, den Hals gereckt und gestrafft,
daß er aussah wie ein sehr dickes Stahlkabel, und den Kopf
unter glanzlosem, straff zurückgekämmtem Haar mit dem
Kinn voraus nach vorne geschoben, genau über der Inschrift, die Bultmann jetzt zum ersten Mal wahrnahm:
›Dem treuen Rathgeber dreier Kaiser‹, und sie spuckte aus
trockenem Munde herunter dort hin, wo der Kern dieses
Menschenklumpens mehr zu vermuten als zu sehen war.

Bultmann befand sich jetzt schon in der lockeren
Randzone dieses Gebrodels. Er hatte einen Bogen schlagen
wollen, aber so, wie in Bewegung befindliche Billardkugeln
einander anzuziehen scheinen, prallte er mit der über den
Platz träg sich hinwälzenden Menschenkugel zusammen.
Er schaute und hörte nicht; es registrierten nur seine Sinne,
was sich begab: rundum die Frauen, Unflat geifernd, damit
die Männer spornend zu Verrichtungen, die ihnen ersetz-
ten, was der Schoß so ersehnte wie entbehrte; als zweiter
Ring der Kokarde die Männer, mit ihren Stiefeln nach innen tretend, was von außen als Worte ihnen angeworfen
wurde; und mitten darin die Frauen, mit Fetzen, die man
ihnen aus ihrer Kleidung und ihren Mänteln gerissen hatte,
die Straße reinigend, wie zu Hause mit einem Lappen ihr

Parkett. Nicht schauend, sah Bultmann doch, als wie in einem Sehschlitz seiner Blindheit, sie: kniend, den Staub der Straße in den gewaltsam losgetrennten Saum ihres Kleides bergend, und jetzt trat einer der Männer ganz nahe an sie heran und spuckte vor ihr auf den Asphalt und befahl ihr, den schleimigen Batzen aufzuwischen; das wiederholte er mehrmals, und sie tat, was er verlangte. Bultmann stand und sah. Er sprang nicht hin, das speiende Schwein zu erschlagen – wiewohl er zu nichts sich fähig fühlte als zu solcher Gewalttat. Er stand und sah. Das vielfach Umrankte des Gesprächs an jenem ersten Nachmittag in Weidling, er selbviert am Gartentisch mit ihr und den beiden Studenten, das Umrankte und ihm Verborgene jenes Gesprächs stand jetzt nackt und eckig vor ihm, und ihre Worte stachen ihm jetzt erst, da er sie zum Kot der Gosse erniedrigt sah, ins schmerzend klare Bewußtsein, jene Worte, ein spät zündender Blitz, die sie den beiden Studenten zur Antwort gegeben hatte: das Wort, das ihn jetzt stechende und verbrennende, von den Tatsachen, und daß nicht gut sei, mit ihnen sich einzulassen, und geschähe das nur durch das Denken. Er stand und sah. Und dieses Bild ihrer Erniedrigung stach, wie ein Blechmodel die Figur aus dem unkonturiert flachen Teig, die Figur seines künftigen Seins aus seinem unkonturiert flachen Geist. Er stand und sah. Sah des Pöbels rauchiges Aug', den vom Dunst des Blutes umwölkten Schleim, die träge Wolke, aus der wetterleuchtend die Begeisterung zuckte, über dem gähnenden Nichts. Angewurzelt, wie die Bäume vor der Front des alten Traktes, so stand er dort und riß an den Wurzeln, die aus dem harten Erdreich zu heben der Sturm des Geistes nicht mächtig genug um ihn wehte; tief und breit fundamentiert wie die Reiterstandbilder des edlen Ritters Prinz Eugen und des Napoleon-Bezwingers Erzherzog Karl, so stand er dort und stampfte gegen die Fundamente, die zur Erde des Handelns ihn doch

nicht herabsteigen ließen: indes die Menschenkugel un-
endlich langsam von ihm wegrollte.   *Herbert Eisenreich*

Die immerwährende Saison

Am 15. April 1945 befand sich Wien zur Gänze in der Hand
der sowjetischen Truppen. Die ersten Drucke nach den
letzten NS-Aufrufen zur bedingungslosen Verteidigung der
Stadt waren Exemplare der »Österreichischen Zeitung« –
das Blatt wurde von der Roten Armee herausgegeben. Das
siegreiche Militär besetzte sofort auch das Hotel »Imperial«
und richtete darin seine Dienststellen ein. In ihren Aktionen und Reaktionen immer unberechenbar, respektierten
die Russen das große Franz-Joseph-Porträt, das alle Wech-
selfälle der Geschichte und der Zeitgeschichte überdauert
hatte, das Bild blieb unangetastet. (Ähnliches ereignete
sich in dem einen oder anderen niederösterreichischen
Schloß.) An der ebenfalls im Hotel aufgestellten Statue des
»Donauweibchens« hingegen störte irgendeinen uniformierten Puritaner die »Nacktheit«, flugs mußte eine Bret-
terverschalung die marmorne Schöne den Blicken der ge-
stiefelten Schreibstubenhengste entziehen. [...]
    Als es bereits etwas besser war, kam ein Londoner Regis-
seur mit Schauspielern und technischem Team nach Wien,
um in dieser Stadt und über sie einen Film zu drehen. Der
Gentleman hieß Carol Reed, und sein Streifen hatte den
Titel »Der dritte Mann«. Eine Kolportagegeschichte im
Agentenmilieu und für jeden Wien-Kenner voller jäher
Schnitte und labyrinthischer Verwirrungen, weil Mr. Reed
die Örtlichkeiten bunt durcheinandermischte. So etwa,
wenn er den Eindruck erweckte, als trete man aus einem
Barockpalais direkt auf die Trümmerhalde beim Riesenrad.
Dennoch: rückblickend entdeckt man viele authentische

Züge und findet die Atmosphäre jener Tage glaubhaft ver-
gegenwärtigt. Was der eigenständige Wiener Film nicht ver-
mochte, da er momentan Zwangspause hatte, schaffte »Der
dritte Mann«. Er brachte Wien wieder ins Gespräch, und
die Untermalungsmusik, eine beschauliche Zithermelodie
des Heurigenmusikers Toni Karas, die dem Engländer so
gut gefallen hatte, wurde als »Harry-Lime-Thema« zum
Leitmotiv der Wiener Nachkriegsära.

Weltweit ebenso berühmt wurde eine Institution der Be-
satzungsmächte, die Interalliierte Militärpatrouille. Je ein
amerikanischer, sowjetischer, britischer und französischer
Militärpolizist gemeinsam in einem Fahrzeug, genannt
»Die vier im Jeep« – obwohl den Jeep bald ein »Command
Car« und schließlich sogar eine Limousine ablöste. Berühmt deshalb, weil diese nirgends sonst gegebene Eintei-
lung ein kleines symbolisches Gegengewicht gegen die Er-
scheinungen des kalten Krieges war, weil damit eine Koexi-
stenz zwischen West und Ost vorexerziert wurde. [...]

1952 trat als Kopfstation der so wichtigen West-Ost-Ver-
bindung der neue Westbahnhof in Funktion, der erste Wiener Großbahnhof nach damals modernen Maßstäben.
Schließlich hoben auch die Sowjets ihre Kontrollen an den
Demarkationslinien auf, und diese Erleichterung erfolgte
terminlich so günstig, daß sie für die schöne Jahreszeit von
1953 einen spürbaren Anstieg des Fremdenverkehrs be-
wirkte. Die neue Werbeidee des Kulturamtes der Stadt
hatte die Formulierung »Wien hat immer Saison«, und das
Resultat gab diesem seither vielfach auch andernorts vari-
ierten Leitsatz recht. Zum erstenmal nach dem Kriegsende
waren nicht nur die Hochsommermonate Juli und August
aktiv, sondern Urlauber kamen vom Mai bis zum Oktober –
womit sich bereits ein Bild vorzeichnete, wie wir es heute in
wesentlich differenzierterer Auffächerung kennen.

Gunther Martin

Menschenraub im Wien der Nachkriegszeit

Georges wandte sich um. Am Ende des Ganges stand ein großer blonder Herr in grauem Anzug, der ihm mit gewinnender Freundlichkeit zulächelte. Es war Gubarew.

»Guten Abend, Herr Maniu!« sagte er, als Georges sich ihm genähert hatte. »Ich möchte mit Ihnen sprechen, aber hier wird es nicht gut sein. Kommen Sie mit ins Auto?«

»Aber natürlich.«

Gubarew legte ihm leicht den Arm auf den Rücken, um ihn zum Vortritt aufzufordern. Georges spürte einen Augenblick intensiv den Geruch von Chipre, den Gubarew ausströmte. Wie würde sich sein Parfüm mit Kyras Moschus vertragen? fiel ihm ein. Süß und bitter. Eine unmögliche Kombination.

Das Auto des Hauptmannes stand inmitten amerikanischer Luxuswagen. Es war eine überlange schwarze Tatra-Limousine. Der Chauffeur öffnete ihnen dienstbeflissen den Schlag.

Der Wagen, der leicht und geräuschlos fuhr, weil sein Motor sich nicht wie üblich vorne, sondern in der hinteren Ausbuchtung befand, nahm seinen Weg zuerst über den Graben, der zu dieser Stunde noch von eleganten Spaziergängern, meist ungarischen Flüchtlingen, und den bestangezogenen Prostituierten Wiens bevölkert war.

Gubarew bot russische Zigaretten an. Georges lehnte höflichst ab und entzündete sich einen Zigarillo.

»Lauter Ungarn«, bemerkte der Hauptmann lächelnd.

Georges dachte an den Budapester Juwelier, den er vorige Woche betrunken gemacht und im Taxi in die russische Zone geliefert hatte. Der Mann hatte keine Ahnung gehabt, bis zuletzt. Er hatte gedacht, es handle sich um dreikarätige Brillanten. Aber es hatte sich um seine Person gehandelt. Gubarew hatte ihn gebraucht »einiger wichtiger Transaktionen wegen, mit wichtigen Leuten. Wir können durch ihn Fingerzeige bekommen«, hatte er gesagt. Seither war der Mann verschwunden. Aber was ging Georges das an? Er hatte ihn nicht getötet und auch nicht töten lassen. Er hatte ihn übergeben, und nun war er verschwunden. Es war, als habe ihn eine Maschine geschluckt.

»Kollege Hirsch war heute bei mir«, unterbrach Gubarew Georges' Gedanken. Der Wagen bog mit sanftem Sausen in die Kärntner Straße ein. Von beiden Seiten blinkten riesige Spiegelscheiben vor übervollen Auslagen, und vielfarbige Neonreklamen tauchten die Straße in ein merkwürdiges Zwielicht. »Er hat sich beklagt, der Arme. Er ist Kaufmann. Er kann nur handeln. Aber die Welt gehört nicht mehr den Kaufleuten.« Gubarew lächelte spöttisch und schielte Georges von der Seite an.

Georges bemerkte es nicht. Er mußte unwillkürlich grinsen. Kollege Hirsch hat sich beklagt. Er sah förmlich die leidende Miene des ehemaligen Komplicen vor sich. Heute nacht werde ich mit Ilse sein, dachte er.

»Wann starten wir?« fragte Gubarew kurz.

Georges war mit einem Ruck wieder in der Gegenwart. »Nächsten Dienstag. Mit drei Wagen.«

»Gleich drei?« fragte Gubarew interessiert.

»Warum? Ist es Ihnen nicht recht? Einen Wagen habe ich frei. Den Ungarn haben Sie schon.«

»Richtig. Das geht in Ordnung. Der Fall war unwichtiger, als wir dachten. Aber Sie haben mein Wort.«

»Also! Und zwei kriegen Sie noch.«

Der Wagen hatte das ausgebrannte Gebäude der Staatsoper, dessen Gerüste makaber herüberblinkten, passiert und fegte nun über die Ringstraße. Der große Sowjetstern auf dem Gebäude der russischen Zentralkommandantur leuchtete ihnen von ferne entgegen.

»Zwei. Richtig!« sagte Gubarew guter Laune. Er hatte

sich weit in die weichen Polster zurückgelehnt und rauchte mit nachdenklichen Augen. Offenbar hatte er etwas getrunken. »Ein hübsches Mädchen, diese Tänzerin«, fuhr er behaglich fort. »Ist sie nicht eine Landsmännin von Ihnen? Ich glaube. Rumänien ist ein herrliches Land. Es geht aufwärts dort, phantastisch gut aufwärts. Warum gehen Sie eigentlich nicht zurück?«

Die Limousine hatte das Schottentor erreicht und brauste nun an dem hohen Ziegelbau der Polizeikaserne vorüber.

»Wir fahren nicht nach Rumänien«, grinste Gubarew, der Georges' gekrauste Stirn beobachtet hatte. »Wir fahren auf den Kahlenberg. Man hat von dort eine wunderschöne Aussicht.«

»Sie haben mich sicher nicht eingeladen, um mit mir einen Ausflug zu machen«, parierte Georges. »Wer soll der Nächste sein?«

»Der Nächste ist ein besonderer Fall«, sagte Gubarew mit melancholischen Stirnfalten. »Ein Landsmann.«

Von mir? dachte Georges. Er dachte blitzschnell an Kyra.

»Nein«, lispelte der Hauptmann. »Von mir. Ein früherer Major der Roten Armee und ein Verräter. Aber das interessiert Sie ja nicht, Herr Maniu. Sie interessieren nur die Zigaretten.«

Georges sah ihn mitleidig an. »Ich rauche keine Zigaretten. Mich interessieren nur die Dollars. Werden Sie nicht sentimental, Gubarew. Sie möchten auch lieber in der Südsee leben und von all dem Dreck nichts wissen.«

»Sie sind ein Hellseher, Herr Maniu«, lächelte Gubarew. »Der Mann wohnt im achten Bezirk, Laudongasse. Er heißt Pawlenko. Wann werden Sie seine Bekanntschaft machen?«

»Ich fahre Dienstag«, sagte Georges geschäftsmäßig. »Bis dahin haben Sie ihn. Für den dritten geben Sie mir Kredit.«

»Gut«, sagte Gubarew. »Über den dritten bekommen Sie noch Nachricht. Brauchen Sie eigentlich einen Wagen?«

»Danke. Mit Wagen bin ich versorgt.«

Der Tatra hatte in rasender Geschwindigkeit die lange Heiligenstädter Straße genommen und kletterte jetzt mit summendem Motor die Höhenstraße hinauf. In der Gegenrichtung wischten die Schatten von Jeeps vorbei. In ihnen saßen amerikanische Soldaten mit ihren Mädchen. Manchmal wehte Frauenlachen um ihre Ohren. Es roch stark nach Akazien.

Ich brauche etwas anderes, dachte Georges. Unten zogen sich in silberner Kette die Straßenlampen der Stadt. Ich brauche etwas ganz anderes.

»Ich habe einen Wagen sehr billig abzugeben«, fuhr Gubarew fort.

Georges kam eine Idee. »Haben Sie den vielleicht von Herrn Hirsch?«

»Ja. Warum?«

»Sie arbeiten noch mit ihm?«

»Warum nicht?«

Eine bittere Welle stieg in Georges hoch. Freddie Hirsch mußte sicher keine Menschen liefern. Bei ihm genügten die Dollars. Hirsch war österreichischer Staatsbürger. Aber er selbst . . . Natürlich war er ein Flüchtling. Früher hätte er sich ruhig an die Amerikaner wenden, hätte auswandern können. Aber jetzt, nachdem er sich so tief mit dem Hauptmann eingelassen hatte? Gubarew hatte gelegentlich durchblicken lassen, daß er ihn jederzeit durch Mittelsleute anzeigen konnte. Das Geschäft war klar: ein Verschleppter – die Lizenz für einen Wagen Zigaretten. Aber warum bekam Freddie die Lizenz für Dollars?

Milo Dor und Reinhard Federmann

Requiem für einen Oberkellner

Der Oberkellner Franz Hnatek ist gestorben. Vierzig von den annähernd siebzig Jahren seines Lebens war er Oberkellner im Café Herrenhof, also von dessen (des Herrenhofs) Geburt bis zu seinem (Hnateks) Tod. Denn das Café Herrenhof, Wiens letztes Literatencafé, trat erst im Jahre 1918 ins Leben, ungefähr gleichzeitig mit der Geburt der Republik Österreich. Und ähnlich wie die Republik das Erbe der Monarchie antrat, trat das Café Herrenhof das Erbe des ihm unmittelbar benachbarten Café Central an (das seinerseits als Rechtsnachfolger des um die Jahrhundertwende geschleiften Café Griensteidl galt). [...]

Der Oberkellner Hnatek hieß schon als Oberkellner »Herr Hnatek«. Nicht »Herr Ober« und nicht »Hnatek« und schon gar nicht »Franz« (daß er überhaupt einen Vornamen hatte, entnahm man erst dem Partezettel), sondern »Herr Hnatek«. Es ging gar nicht anders. Er war wirklich ein Herr, war es in ungleich höherem Maß als mancher von denen, die er bediente. Wenn er mit soignierter Gebärde seine hochgewachsene Gestalt dem Wunsch des Gastes neigte, verfiel man unwillkürlich in ein respektvolles Flüstern, verbreitete sich allsogleich die vornehm-diskrete Atmosphäre jener englischen Clubs, in denen Herr Hnatek in der Tat seine Ausbildung genossen hatte. Es ist mir nicht erinnerlich, daß irgend jemand je ein lautes Wort zu Herrn Hnatek gesprochen hätte. Wer die Klientel eines Literatencafés kennt, wird ermessen, was diese Feststellung bedeutet.

Indessen ist hier weder die Geschichte des Wiener Kaffeehauses noch des Wiener Literatencafés zu schreiben, nicht einmal die Geschichte des Café Herrenhof, ja nicht einmal die mehr oder weniger mit ihr identische Geschichte des Herrn Hnatek. Nur um den etwa noch wissenden Zeitgenossen und ihren etwa noch wissensdurstigen Nachfah-

ren vor Augen zu führen, welch unglaublich reiche Kultur-
epoche an Herrn Hnatek vorüberzog, sei hier festgehalten,
daß sich unter den von ihm betreuten Gästen noch Hugo
von Hofmannsthal und Franz Werfel befunden haben, Robert Musil und Hermann Broch, Alfred Polgar und Joseph
Roth. Und wenn man jemandem erklären sollte, was das
Wiener Literatencafé eigentlich war und wie ein Ober in
einem Wiener Literatencafé beschaffen zu sein hatte, dann
würde man ihm wohl am besten eine der vielen Anekdoten
erzählen, in deren Mittelpunkt Herr Hnatek stand und
steht und stehenbleiben wird.

Die folgende spielt zu einer Zeit, da Franz Werfel, schon
weidlich arriviert und von den Fesseln der Berühmtheit an
seinem geliebten Bohèmedasein weidlich behindert, nur
noch in großen Abständen das Café Herrenhof aufsuchte.
Und da geschah es einmal – ich war dabei, ich saß am unter-
sten Ende des Tisches, ein junger, nachsichtig zugelassener
Literaturlehrling –, da geschah es, daß Werfel, als es zum
Zahlen kam, dem Herrn Hnatek wahrheitsgemäß einen Kapuziner ansagte, und daß Herr Hnatek sich mit diskreter
Mahnung zu ihm herabbeugte: »Vom letzten Mal, Herr
Werfel, hätten wir noch eine Teeschale braun und ein Ge-
bäck.« Werfel, der sich dieses beträchtlich zurückliegenden
letzten Mals natürlich nicht entsann und ebenso natürlich in
Herrn Hnateks Angaben keinen Zweifel setzte, entschul-
digte sich hochrot vor Verlegenheit (denn er war, wie schon
gesagt, um diese Zeit bereits sehr arriviert und über die Ent-
wicklungsphase nicht beglichener Zechen längst hinaus):

»Nein – aber so was«, stotterte er. »Sie müssen verzei-
hen, Herr Hnatek – ich weiß wirklich nicht, wie mir das
passieren konnte.«

Da neigte Herr Hnatek sich abermals zu ihm und flüsterte begütigend: »Das war nämlich der Tag, an dem der
Herr von Hofmannsthal gestorben ist.«

Und an einem solchen Tag, wollte Herr Hnatek andeuten, waren die Dichter so niedergeschlagen, daß man's ihnen nicht übelnehmen konnte, wenn sie zu zahlen vergaßen ...

Noch ein anderer Tag und eine andere Geschichte seien aus Herrn Hnateks reichem Leben herausgegriffen. Die Geschichte wurde mir von einem untadelig verläßlichen Freund berichtet, einem der wenigen Herrenhof-Insassen, die ich nach meiner Rückkehr am gleichen Tisch wie ehedem und auch ansonsten völlig unverändert vorgefunden habe. Der Tag aber, um den es sich handelt, war der Tag, da die alliierten Truppen in Frankreich landeten und da im Hinterland die widerwilligen Ostmärker einander zuzwinkerten und zunickten. Auch mein Freund und auch Herr Hnatek gehörten zu ihnen, und beide wußten es voneinander. Und deshalb beugte sich Herr Hnatek beim Zahlen ein wenig tiefer ans Ohr des Vereinsamten und fragte: »Glauben Herr Redakteur, daß die anderen Herren jetzt bald kommen werden?«

Denn Herr Hnatek bezog die Weltgeschichte durchaus auf das Café Herrenhof und hatte für ihr Auf und Ab keinen anderen Maßstab als das Fernbleiben oder Erscheinen seiner Stammgäste.

Viele, sehr viele sind nicht mehr in seine Obhut zurückgekehrt. Laßt uns um ihret- und seinetwillen hoffen, daß es im Himmel ein Kaffeehaus gibt, in dem er sie wiedersieht.

Friedrich Torberg

RUNDGANG
DURCH DIE BEZIRKE

I. BEZIRK

Im römischen Wien

Wer die Rotenturmstraße vom Stephansplatze hinabschreitet, der braucht beim Lichtensteg nur wenige Schritte nach links abzubiegen, und er ist im Mittelpunkt des römischen Wiens. Denn dieses war der Hohe Markt.

Mehr als sonst in Jahrhunderten wurde der Wiener Boden in den letzten Jahrzehnten aufgewühlt, und jeder Neubau fast förderte Zeugen der römischen Vergangenheit zutage: Altarsteine, Ziegel, Votivsteine, Meilensteine, Mauern, Kellerräume, Bädereinrichtungen, Hohlziegel für Heizanlagen, Leitungsrohre für Trinkwasser, Gefäße, Münzen, verkümmerte künstlerische Gebilde und auch Gräber. Die kargen Inschriften dieser Fundgegenstände wurden zur Chronik des römischen Wiens. Ihre Grundlage aber fand diese Chronik in den allmählich aufgedeckten Umfassungsmauern des einstigen römischen Standlagers, so daß man heute wenigstens dessen äußere Grenzen ziemlich genau zu kennen vermeint.

Am Lichtensteg befand sich ein Tor, in der Wipplingerstraße, hart beim Tiefen Graben (der schon überbrückt war) ein zweites, beim Petersplatz ein drittes. Der Hauptverkehr flutete durch die Wipplingerstraße (die Via principalis) in die Festung und setzte sich über den Hohen Markt und durch den Engpaß des Lichtensteg in gerader Linie über den Lugeck fort nach der Landstraße und bis Carnuntum. Die Straße, die beim Petersplatz in die Stadt mündete, kam von Baden (Aquae), dessen Heilquellen den Römern so gut bekannt waren wie uns. [...]

Zweifellos war der innere Charakter der Festung ganz und gar römisch. Der Hohe Markt war der Sitz der militärischen Gewalt, der Sammelpunkt der Legionäre und zugleich der festliche Ort für die Truppenschau bei Inspizierungen des Statthalters von Pannonien, der gelegentlich in Carnuntum seinen Sitz hatte, oder bei kaiserlichen Besuchen, die in Vindobona nicht gar so selten waren. Die Ziegelsteine haben uns verkündet, welche Truppen hier lagen. Die zehnte, die dreizehnte und die vierzehnte Legion teilten sich im Laufe der Zeiten in das Standlager von Vindobona. [...]

Zu den fünftausend Mann der XIII. Legion kam alsbald ein Geschwader von tausend Reitern. Und das blieb der gewöhnliche Stand der Garnison. Sie wurde in Friedenzeiten immerzu beschäftigt und zu Kulturarbeiten herangezogen. Jede Kohorte hatte die Ziegelsteine, die sie in den Lehmgruben um Vindobona formte und brannte, mit ihrem Stempel zu versehen, so streng war die Kontrolle ihrer Tätigkeit. Auch beim Straßenbau und anderen Arbeiten findet man die Abzeichen derer, die sie geleistet haben. Die römischen Steine reden. Man fand welche in den Grundmauern der Stephanskirche, und es liegen zweifellos auch in den Fundamenten der Ruprechts-, der Peterskirche und anderer ältester Bauten noch solche Wahrzeichen. Ihre Toten verbrannten die Römer, solange sie noch ihren alten Göttern anhingen, auch in Vindobona. Als aber im Jahre 325 das Christentum die Staatsreligion des römischen Reiches geworden war, da fingen auch sie an, die Toten in die Erde zu bestatten. Aber sie taten dies außerhalb ihrer Anlagen, und sie setzten ihnen Gedächtnissteine in Fülle. Jeder brave Legionär erhielt sein Mal und eine gute Nachrede. [...]

Adam Müller-Guttenbrunn

Kaiser Marc Aurels letzte Tage

Die Sonnenuhr zeigt die vierte Nachmittagsstunde. Um diese Zeit ist das Forum in Vindobona längst leer. Die Richter haben ihre Urteile gesprochen, die Ausrufer die amtlichen Verlautbarungen verlesen, die Leute verziehen sich schwätzend und scherzend in die umliegenden Tavernen (Schenken) und Badestuben. Verstummt ist der Lärm der exerzierenden Legionssoldaten. Nun tummelt sich die dienstfreie Mannschaft am Donauufer oder besucht die Badeanstalten der Garnison. Keiner denkt daran, daß der Kaiser, der göttliche Herrscher Marcus Annius Verus, von seinen Freunden kurz Marc Aurel genannt, schwerkrank auf seinem Lager liegt. Ob Strabo, der Leibarzt, sich in der Taverne verplaudert hat? Hilfesuchend wenden sich die fieberglänzenden Augen des Kaisers den Götterstatuen zu, die mit steinernen Mienen in den freien Hof hinausstarren.

Der Kaiser versinkt in tiefes Nachdenken. Er zerwühlt den wohlgekräuselten Bart mit seinen mageren Fingern. Da erscheint auf lautlosen Sohlen der Arzt. Er fällt auf die Knie, seine Stirn berührt den Boden, obgleich er wissen müßte, daß Marc Aurel solche Zeichen orientalischer Unterwürfigkeit nicht liebt. »Steh auf, Strabo, und taste meinen Körper ab, damit ich weiß, wie viele Tage mir noch zugewogen sind! Werde ich die Iden des März (15. März) noch erleben? Wir schreiben heute schon den zehnten!« [...]

Von den neunzehn Jahren seiner Regierungszeit verbrachte Marc Aurel mehr als die Hälfte in Vindobona und Carnuntum. Nicht nur, um die germanischen Quaden und Markomannen zu bekämpfen, nein: der Kaiser liebte auch die sanfte Landschaft dieser Provinz. Er verehrte den lastentragenden Gott des Donaustromes, mochte der sich auch manchmal von seiner ungebärdigen Seite zeigen. Es gab schon lange nichts mehr, was Marc Aurel nach Rom, in die Heimat, gezogen hätte. Er liebte jene Stadt und ihre Menschen nicht, sie waren ihm zu verkommen. Soll er nun in der Fremde sterben? Marc Aurel hat keine Angst vor dem Tod. Um seine Familie jedoch zittert er. Er weiß, daß seine Kinder nicht so geartet sind, wie er es sich wünschte, und er hat schwere Sorgen um die Zukunft des römischen Reiches. Wie flüchtige Ameisen laufen die Gedanken auseinander, bis den Kaiser endlich ein wohltätiger Schlaf übermannt.

Am Morgen des 15. März erwacht Marc Aurel erquickt vom Schlaf, frisch und wie neugeboren. Strabo traut seinen Augen kaum, als ihm beim Überschreiten der Schwelle der Imperator mit festem Schritt entgegenkommt [...]

Am späten Nachmittag begibt sich Marc Aurel nach einem kleinen Spaziergang durch das Lager hinunter zum Wachtturm an der Donau, wo eben die letzten Arbeiten an einer neuen Wasserleitung im Gange sind. Die Frühlingssonne winkt mit ihren letzten Abschiedsstrahlen. Die Amseln im niedrigen Gebüsch an der Kastellmauer verstummen. Doch – was für ein Brausen in der Luft? Der Kaiser lauscht. Immer stärker, immer erregter summt es in seinem Ohr. Der Zenturio, der Marc Aurel pflichtgemäß gefolgt ist, sieht noch, wie der Imperator wankt und ganz sachte in sich zusammensinkt. Behutsam trägt man den Ohnmächtigen nach Hause. Erst am 17. März öffnet er die Augen wieder. Die greise Köchin Theodora rafft die Vorhänge zur Seite, sie ist das einzige lebende Wesen ringsum. Weinend kauert sie zu Füßen des Sterbenden. Der aber flüstert, daß nur sie es zu hören vermag: »Weine doch nicht um mich, weine über das Elend der Welt!« Es waren Marc Aurels letzte Worte.

Hans Tabarelli

Die weiße Frau im Schottenkloster

Seit Jahrhunderten, so lange die Menschen für das Geister-
sehen noch ein Auge gehabt haben, sind die Schottenmön-
che auf ein trauriges Ereignis stets gehörig vorbereitet
worden. Es erhellten sich im Schottenkloster in mitter-
nächtlicher Stunde plötzlich Gänge und Hallen. Die unglückliche Berta von Rosenberg († 2. Mai 1476) ging um.
Kaum hatte der junge Novize starr und atemlos vor Entset-
zen die in einem bis auf die Erde hängenden weißen Talare
erscheinende weiße Frau erblickt, so verschwebte sie augenblicklich wieder in die Gruft, wo jetzt schon über 400
Jahre ihr Leib der Auferstehung harrt. Niemals hatte es was
Gutes zu bedeuten gehabt, wenn es bei den Schotten umging. Meist kündigte es den Tod eines der Brüder oder wohl
gar des Abtes an. *Gustav Gugitz*

Schikaneders Besuch in der Rauhensteingasse:
Die Geburtsstunde der »Zauberflöte«

»Es war am 7. März 1791, als Emanuel Schikaneder, der
Direktor des Theaters auf der Wieden im Freihause, des
Morgens um 8 Uhr zu Mozart, welcher noch zu Bette lag,
kam und ihn mit den Worten anredete: ›Freund und Bruder,
wenn du mir nicht hilfst, so bin ich verloren!‹ Mozart, noch
ganz schlaftrunken, richtete sich auf und sagte: ›Womit soll
ich dir helfen? Ich bin ja selbst ein armer Teufel.‹ – Schikaneder: ›Ich brauche Geld – meine Unternehmung geht mi-
serabel, die Leopoldstadt bringt mich um.‹ – Mozart (laut
auflachend): ›Und da kommst du zu mir, Bruderherz? Da
bist du zur unrechten Türe gegangen.‹ – Schikaneder:
›Ganz und gar nicht! Nur du kannst mich retten. Der Kauf-
herr H. hat mir ein Darlehen von 2000 Gulden zugesagt,

wenn du mir eine Oper schreibst. Davon kann ich diesen Betrag, meine übrigen Schulden bezahlen und meiner Bühne einen neuen Aufschwung geben, wie sie ihn noch nie hatte. Mozart, du rettest mich vom Verderben und bewährst dich vor der Welt als der edelmütigste Mann, den es je gegeben. Übrigens würde ich reichlich honorieren, und die Oper, die unzweifelhaft großen Erfolg haben wird, soll auch deine Tasche tüchtig füllen. Die Leute sagen: der Schikaneder ist leichtsinnig, aber undankbar ist er gewiß nicht.‹ – Mozart: ›Hast du schon ein Textbuch?‹ – Schikaneder: ›Ich habe eines in der Arbeit. Es ist ein Zauberstück, aus Wielands »Lulu« im »Dschinnistan« genommen und, wie ich mir schmeichle, recht poetisch. Die Prosa wird von mir, da ich aber befürchte, daß dir meine Gesangsstücke nicht zusagen dürften, so lasse ich sie von meinem Freunde Cantes, der, wie du weißt, sich sehr für mich und meine Bühne interessiert, verfassen. Da wirst du doch Vertrauen haben. In einigen Tagen ist alles fertig, da bringe ich es dir zum Lesen; also, teurer Freund – dein Wort – du sagst ja?‹ – Mozart: ›Ich sage weder ja noch nein; ich muß mir's erst überlegen. In einigen Tagen sage ich dir Bescheid.‹«

Wiener Monatsschrift für Theater und Musik,
September 1857

Vom Sankt Stephansturme

Sehr oft und namentlich schon in späteren, reiferen Jahren erwartete ich durch die Güte des Türmers, mit dem ich Bekanntschaft gemacht hatte, auf der höchsten Höhe des Turmes das Erwachen des Tages. Ich stieg zu diesem Zwecke entweder schon vor Tagesanbruch auf den Turm, oder ich durchwachte die Nacht auf demselben und stieg bei noch vollständigem Sternenscheine auf meinen Beobachtungsplatz. Diese Nachtspähen war das lohnendste. Erst gegen den Morgen hin wird die Stadt stille, und es gibt nur eine kurze Zeit nach Mitternacht und vor dem Morgen, in welcher es in der Stadt Nacht ist. Da liegt sie unten wie tot und starr. Und wenn man auf dem Turme hoch oben ist, von den prangenden Sternen umgeben, von der umliegenden Landschaft nichts im einzelnen gewahrend, sondern nur die dunkle Scheibe derselben erblickend, die von der lichten, sternflimmernden Himmelsglocke geschnitten wird, und wenn man dann niedersieht in die schwarzen Klumpen der verschiedenen Häuserdurchschlingungen, in denen sich die Nachtlichter wie trübe, irdische Sterne zeigen, so erscheint einem erst recht das menschliche Treiben, das hier eine Größe darstellen will, als Tand. [...]

Indessen fängt der Himmel an im Osten lichter zu werden, und die dunkle Landschaftscheibe löset sich, wenn vorerst auch nur in einzelne größere Teile. Gegen Norden ziehen und ruhen Nebel. Dort ist die Donau, und die dunkleren Streifen, die im Nebel liegen oder mit ihm zu gehen scheinen, sind Auen, durch welche der schöne Strom wallet. Allmählich wird der Himmel im Morgen immer klarer, die Sterne blasser, und die Rundsicht beginnt deutlicher zu werden. Jenseits des Nebels ist ein fahlroter Hauch hinaus: es ist das Marchfeld. Rechts von ihm, unter der hellsten Stelle des Himmels im Osten, schneidet sich der Rand der Scheibe am schärfsten von der Luft; dort sind die Karpathen, sind die ungarischen Höhenzüge und die ungarische Grenze. [...]

Der Teil gerade zu unsern Füßen ist die eigentliche Stadt. Wir sehen sie wie eine Scheibe um unsern Turm herumliegen, ein Gewimmel und Geschiebe von Dächern, Giebeln, Schornsteinen, Türmen, ein Durcheinanderliegen von Prismen, Würfeln, Pyramiden, Parallelepipeden. Kuppeln, als sei das alles in toller Kristallisation aneinandergeschossen und starre nun da so fort. – In der Tat, von dieser Höhe der Vogelperspektive angesehen, hat selbst für den Eingebornen seine Stadt etwas Fremdes und Abenteuerliches, so daß er sich für den Augenblick nicht zu finden weiß. Wie eine ungeheure Wabe von Bienen liegt sie unten, durchbrochen und gegittert allenthalben und doch allenthalben zusammenhängend, nur die Gassen nach allen Richtungen sind wie hineingerißne Furchen und die Plätze wie ein Zurückweichen des Gedränges, wo man wieder Luft gewinnt. Senkrecht im Abgrund unter uns liegt der Platz St. Stephans, die Menschen laufen auf dem lichtgrauen Pflaster wie dunkle Ameisen herum, und jene Kutsche gleitet wie eine schwarze Nußschale vorüber, von zwei netten Käferchen gezogen, und immer mehr und mehr werden der Ameisen und immer mehr der gleitenden Nußschalen. Dort, nur durch eine dünne Häuserschicht von uns getrennt, steht die schöne schwarze Kuppel St. Peters, von dieser Höhe erst sichtbar, wie weit sie die Häusermasse überragt – hinter ihr der freundliche Turm der Schottenabtei, links das schlanke Stift St. Michaels, dann die Augustiner, die Kapuziner und zwischen ihnen allen – selber eine kleine Stadt – die ehrwürdigen Gebäude der kaiserlichen Hofburg ... male dir nur recht deutlich die Geschichte eines einzigen Tages, einer einzigen Nacht, wie sie hier etwa sein mag. Es ist kein Glück auf dieser Erde, es sei so intensiv und innig, daß es nur eben noch ein Menschenherz ertragen kann: heute nacht war es in diesen Mauern. Der verzagende Jüngling – es waren zwei Lippen, so unerreichbar wie die Sterne des Orion – heute streiften sie zum ersten Male über die seinen, und da saß er auf seiner Stube und hielt sich mit beiden Händen die Augen zu, daß er's festhalte, ja, daß er's nur begreife, das Glück, und daß es ihm beim Licht des Tages nicht entschwinde. – Das Kind entschlief im Arme einer neuen, fast fabelhaft schönen Puppe. – Eine Jungfrau lag vor dem Bilde der Gebenedeiten und flehte, daß jeder Tag so schön sei wie heute, denn sie war mit dem Längstgeliebten eingesegnet worden. – Einer hat das große Los gezogen – [...]

Aber auch, es gibt keinen Jammer und kein Unglück, es sei wie greulich immer: heute war es auch in dieser Stadt. – Der Tod ging in hundert Häuser und zerdrückte überall ein Herz. – Ein blasser Mann lud eine Pistole, im Zimmer neben ihm schläft sein Weib und Kind, morgen ist Kassenuntersuchung und dann Festung, wenn er nicht früher – – – er wischt die Stirne, es ist ihm fast märchenhaft ferne, wie er auch einmal unten gegangen wie eben die Nachtwandelnden und unschuldig war wie sie. – Tausend Kranke zählten die ewig zögernden Schläge unserer Turmuhr, und die Wächterin schlief neben ihnen. – Jenes Mädchen zerdrückt vor Schmerz das Glas von dem Brustbilde des schönen falschen Mannes, daß ihr das Blut von den Händen rinnt. [...]

Welch eine Fülle, unermeßlich reich an Freude und an Schauer, liegt nicht in der Geschichte einer einzigen Nacht einer solchen Stadt – und unten treibt sich alles harmlos fröhlich und ist harmlos fröhlich; denn der einzelne Unglückliche wird nicht gesehen in dieser Menge, oder er macht ein Gesicht so heiter wie sie, weil er stolz oder starrköpfig ist.

Sie alle, die du unten so winzig wandeln siehst, sie reden, grüßen sich, es schallt das Pflaster unter ihrem Fußtritte, aber wir hören es nicht, es ist stumm unter dem allgemeinen Brausen, wie wenn die dunkle Herde der Grundeln in die Tiefe des Wassers, das ober ihnen wallt, ein und aus durch Gassen und Tore ihrer großen, feuchten, steinernen Stadt schlüpfet. [...]

Die Glocke unter uns verkündet Mittag, und von den hundert Türmen der Stadt hallt es nach – so lasse uns denn wieder hinabsteigen. Tauche denn nun getrost in dieses

Treiben, und es wird an dir sein, dir Glück oder Unglück darinnen zu suchen; beides ist in Menge da zu haben.

Nimm die Menschen und Bilder, wie sie kommen. Jetzt ein kleines, unbedeutendes Wesen, jetzt ein tiefer Mann voll Bedeutung; jetzt Scherz, jetzt Ernst, jetzt ein Einzelbild, jetzt Gruppen und Massen – und alles dies zusammen malet dir dann zuletzt Geist und Bedeutung dieser Stadt in allem, was in ihr liegt, sei es Größe und Würde, sei es Lächerlichkeit und Torheit, sei es Güte und Fröhlichkeit. So nun steige hinab und trete an das nächstbeste Individuum und beachte es und studiere es und werde gemach auch einer aus diesen allen, welche in Wien leben und leben und sterben wollen nur in Wien. *Adalbert Stifter*

Franz Grillparzers Amt:
Johannesgasse 6

Poetische Amtsstunden

Hier sitz' ich unter Faszikeln dicht,
Ihr glaubt: verdrossen und einsam –
Und doch vielleicht, das glaubt ihr nicht,
Mit den ewigen Göttern gemeinsam.

Der Direktor des Hofkammerarchivs, Franz Seraphim Grillparzer, scheint keine Mühe zu haben, die zwei unter einen Hut zu bringen: den *Staatsbeamten* und den *Dichter.* Wovor sich heute jeder in ähnlicher Situation ängstlich hüten würde, spricht er völlig ungeniert, ja aufsässig aus: »Ich will die Amtsstunden halten, ich will fleißig sein, aber ich nehme mir zugleich vor, jeden Tag, und zwar gerade im Amtslokale, etwas Poetisches zu arbeiten.«

Man kann das »Amtslokal« bequem besichtigen: Am

Klingelbrett des Hofkammerarchivs in der Johannesgasse 6, das bis zur Säkularisierungswelle Kaiser Josephs II. ein Kloster gewesen ist (und daher bis heute den Namen Mariazellerhof führt), ist ein eigener Knopf fürs Grillparzerzimmer reserviert.

Obwohl sich angesichts eines so klangvollen Namens Grillparzers Verhalten heute jeglicher Kritik entzieht, gibt kein standesbewußter Beamter gerne zu, daß derartiges Fremdgehen im Dienst möglich ist (oder war). Der Amtsgehilfe, der mich durch die Räume im vierten Stock führt, glaubt den Dichter sogar aus eigener Kenntnis verteidigen zu müssen: »Ich habe selber vor kurzem die Präsidialakten geordnet und bin dabei auf über 600 Schriftstücke von seiner Hand gestoßen – es ist also einfach nicht wahr, daß er nichts gearbeitet hat.«

Lassen wir ihn selber darüber Auskunft geben. Klage und Dankbarkeit halten einander in seinen Tagebuchaufzeichnungen die Waage: Klage darüber, daß ihm der Amtsdienst »die kostbaren Vormittagsstunden« raube, und Dankbarkeit dafür, daß man seiner Nebentätigkeit »höheren Orts« Wohlwollen entgegenbringe. Drei von vielen typischen Eintragungen:

»Ins Bureau. Statt des Kaisers Geschäfte zu besorgen, aus dem Deutschen ins Englische übersetzt.«

»Im Büro Xenophon gelesen.«

»Um 12 Uhr ins Bureau. Keine Arbeit vorgefunden.«

Was für Arbeit wäre das denn gewesen? Der Führer deutet auf die dicken Faszikel, die in Reih und Glied die mit barockem Schnörkel verzierten Regale füllen: Reichsakten, die sogenannten Banater Akten, das Ungarische Kamerale, die Zahlamtsbücher, in denen die an die Musiker auszuzahlenden Gagen festgehalten sind. Die Depots des Hofkammerarchivs, dem Grillparzer 25 Jahre vorstand (25 von insgesamt fast 60 Jahren Dienst bei der österreichischen Finanzadministration), sind im alten Zustand erhalten geblieben und schon deshalb eine Besichtigung wert: die knarrenden Holzböden, die schlichten Arbeitstische, die düsteren Gänge zwischen den Regalreihen, die Leitern zum Erreichen der oberen Fächer. Es wundert mich nicht: Die Beamten, die hier nach dem Rechten sehen, haben gesetzlichen Anspruch auf eine Staubzulage.

Dann das Allerheiligste selbst: Grillparzers Direktorzimmer. Auffallend einfach; der Wandanstrich ist nach alten Mustern erneuert. Spitzbogenplafond, Kachelofen, Kronleuchter und Wanduhr, das Schreibpult mit in der Sitzhöhe verstellbarem Hocker, an einer der Wände eine Ahnentafel der Grillparzers.

Paul Wiegler hat in seinem schönen Buch »Tageslauf der Unsterblichen« die Originalkulisse rekonstruiert – am Beispiel eines Herbsttages anno 1852 (da ist der Dichter 61):

»Bis 1 Uhr hat er in seinem Zimmer im Hofarchiv gesessen, hinter dem langen Aktensaal und den vielen Stuben und Korridoren, nahe dem einzigen Fenster, durch das Tageshelligkeit dringt. Er hat seine Konzepte selbst ins reine geschrieben und eingelaufene Akten wie ein Subalterner gebucht. Aber dazwischen hat er im Lope de Vega gelesen.« Dann, nach Verlassen des Büros, nimmt er sein Mittagessen ein, geht spazieren, schaut in der Singerstraße bei der Kathi Fröhlich (der »ewigen Braut«) vorbei, kehrt in seinem Stammlokal, dem »Blumenstöckel«, ein und begibt sich gegen 23 Uhr, »nichts als Tabakgeruch in den Kleidern«, zur Nachtruhe in seine Wohnung in der Spiegelgasse 21, vierter Stock.

Noch vier Jahre – dann tritt Franz Grillparzer in den Ruhestand, von Kaiser Franz Joseph auf Vorschlag des Finanzministers zum Hofrat ernannt. Nun endlich hat er's schwarz auf weiß, daß das Dichten im Amt keine Verletzung seiner Dienstpflichten gewesen ist: Der Titel wird ihm aufgrund seiner »langjährigen eifrigen und ersprießlichen Dienstleistung als Staatsdiener sowie seiner seltenen und ausgezeichneten Leistungen als Schriftsteller« zuerkannt. Enttäuscht zeigen sich nur die Sprachforscher: Von einem Dichter seines Ranges hätten sie wohl erwartet, daß er während seiner Jahre im Staatsdienst den berüchtigten Kanzleistil ein wenig gesäubert hätte. Doch davon keine Spur. Eines der von Grillparzer verfertigten und unterzeichneten Schriftstücke, das sich erhalten hat, lautet wie folgt:

»Da der Grenzzoll-Aufseher N. N. jene Krankheitskosten, zu deren Bestreitung er um eine Aushilfe angesucht hat, nicht darzutun vermag, auch über denselben seines unsittlichen Lebenswandels wegen Klage geführt wird, so kann demselben eine Aushilfe nicht erteilt werden, und die Administration erhält daher sein mittelst des Berichtes vom 3. d. M. Zahl 4457/2344 vorgelegtes Gesuch samt den übrigen Berichtsbeilagen mit dem Auftrage zurück, demselben den abweislichen Bescheid zu erteilen«.

Hier reformierend einzugreifen, war ihm sichtlich nicht der Mühe wert: »In mir leben zwei völlig abgesonderte Wesen. Ein Dichter von der übergreifendsten, ja sich überstürzenden Phantasie und ein Verstandesmensch der kältesten und zähesten Art.« *Dietmar Grieser*

Über das Hofburgtheater

Ich höre täglich Klagen über das Hofburgtheater. Einesteils rührt mich das nicht viel, denn ich lese, daß man überall in Deutschland über die Theater klagt, so daß es also scheint, das Übel liege nicht in Lokal- oder Personal-Verhältnissen, sondern in der Sache selbst, in allgemeinen Mängeln, die wie man weiß, sich nicht so leicht wegschaffen lassen. Andererseits bin ich zwar kein Besucher der Theater, lese aber häufig die Theaterzettel, wo ich denn sehe, daß Wien noch immer ein Dutzend vortreffliche und dazu noch mehrere ganz gute Schauspieler besitzt, was man von keinem andern Theater in der Welt sagen kann. Was die Wahl der Stücke betrifft, so wird eben aufgeführt was man überall aufführt, und daß man eines oder das andere nicht aufführt verdient eher Lob als Tadel. Die künstlerische Leitung dürfte nicht besonders sein, wie bei allen heutigen Theatern, da der Künstlerstolz mit der Künstler-Befähigung in umgekehrtem Verhältnisse steht, und ich keinen Schauspieler in Deutschland weiß, der Lust hätte sich in seinen Anschauungen von irgend jemand beirren zu lassen. Es dürfte der Mühe wert sein, den Gründen dieser Unzufriedenheit näher auf die Spur zu kommen und daher vor allem zu betrachten von wem denn diese Klagen ausgehen.

Da stoße ich denn, als auf die lautesten, zuerst auf die Journalisten. Damit hat es nun eine eigne Bewandtnis. In der Regel wird einer nur Journalist, wenn er die traurige Erfahrung gemacht hat, daß es ihm an Fähigkeit in jedem Fache des menschlichen Wissens und Vermögens gebreche. Wer etwas weiß oder kann, der schreibt *etwas* und nicht *über* etwas. Man hilft sich zwar damit, daß man von einem *kritischen* Talente spricht. Damit hat es aber seine guten Wege. Das kritische Talent ist ein Ausfluß des hervorbringenden. Wer selbst etwas machen kann, kann auch das beurteilen was andere gemacht haben. Die gewöhnliche Kritik zieht sich ihre Regeln aus dem Vorhandenen ab, mit dem sie das Neue vergleicht. Nimmt sie nun Meisterstücke zum Maßstabe, so wird sie ungerecht, da Meisterstücke zu verehren aber nicht zu begehren sind; vergleicht sie aber das Unbedeutende miteinander, so vergißt sie, daß das Unbedeutende und Zufällige auf Millionen verschiedene Art da sein kann und davon Tassos Wort gilt »s'ei piace ei lice« erlaubt ist was gefällt.

Mit diesem letztern Satze sind wir auf den Standpunkt des Publikums gekommen, wir wollen vorher aber noch von einer zweiten Klasse sprechen, die sich mit ihren Klagen über das Theater laut macht, und das sind die Dichter. Diese verlangen vom Theater daß *ihre* Stücke aufgeführt werden. Sie sind nämlich der Meinung die Schaubühne sei um der Dichter willen da, damit diese durch die Aufführung belehrt, gefördert, bekannt und belohnt würden. Die Schaubühne ist aber da um dem Publikum Kunstgenüsse zu verschaffen. Sind die Stücke der lebenden Dichtung gut d. h. geeignet dem Publikum einen Kunstgenuß zu verschaffen, so müssen sie aufgeführt, sind sie aber schlecht, so müssen sie ausgeschlossen werden. Da aber heutzutage das dramatische Talent in Deutschland so ziemlich eingeschlafen ist, so hätten kaum ein paar Dichter, und diese auch nur für einzelne ihrer Werke das Recht eine Aufführung anzusprechen. Die Klage der Dichter zeigt sich daher noch ungegründeter als die der Journalisten, weil letztere doch auch die Vergangenheit und das übrige Europa in den Kreis ihrer Forderungen hineinziehen.

Aber auch das Publikum klagt über das Theater. Und das scheint schlimm. Um des Publikums willen ist das Theater da. Das Publikum ist, nicht der gesetzkundige Richter, aber die Jury, die ihr schuldig oder nichtschuldig ohne weitere Appellation ausspricht. Damit ist nicht gemeint, als ob das Publikum im Großen von der Poesie irgend etwas verstehe, als ob es die Idee des Dichters, die Schwierigkeit der Ausführung, die Mittel die er angewendet, das Geistreiche der Verknüpfung zu beurteilen im Stande wäre, sondern sein Urteil hat nur Geltung über das Faktum: ob er in der Ausführung die allgemeine Menschennatur getroffen, ob er gerührt wenn er rühren, erheitert wenn er erheitern, erschüttert wenn er erschüttern, überzeugt, wenn er überzeugen wollte. Man hat wenn man sich der Autorität des Publikums unterwirft, wie bei der Jury, nicht die Gesetzkunde, sondern den gesunden Menschenverstand, die richtige Empfindung, vor allem aber die Unbefangenheit beider im Auge. Sollte ein Publikum diese Eigenschaften ganz oder zum Teile eingebüßt haben, so ist es in diesem Augenblicke keine Jury mehr, sondern ein mehr oder weniger unwissender und daher unbrauchbarer Richter; unwissend weil von einer aus allen Bildungsstufen zusammengesetzten Menge, die Kenntnis der Sache nicht vorauszusetzen ist.

Wir hatten in Wien vor fünfzehn oder zwanzig Jahren ein vortreffliches Publikum. Ohne übermäßige Bildung, aber mit praktischem Verstande, richtiger Empfindung und einer erregbaren Einbildungskraft begabt, gab es sich dem Eindrucke unbefangen hin. Das Mittelmäßige gefiel oft, denn die Leute wollten vor allem unterhalten sein, aber nie hat das Gute mißfallen, wenige Fälle von höchst mangelhafter Darstellung ausgenommen.   *Franz Grillparzer*

Der stille Beobachter

Dann bin i über 'n Graben 'gangen, schau' mir all's an,
Da hab'n d' Fiaker in ei'mfort g'schrien:
                    Fahr'n ma, Euer Gnad'n?
Beim Schottentor hab'n s' a neue B'schreibung verkauft,
Und ein Milliweib hat mit ein' Bettelmann g'rauft;
Einer Fleischselch'rin war 's halbe G'sicht
                    ganz verschwoll'n,
Und ein Pudel hat sieb'n Saverladiwürst' g'stohl'n,
A Frau bei die Fleischbänk' unt' au'm Lichtensteg
Geht grad, wo's am schmutzigsten war, über 'n Weg;
Ja, Spaziergäng' zu machen, das ist eine Pracht,
Wenn man so den stillen Beobachter macht.

                    Johann Nestroy

August Sicard von Sicardsburg und
Eduard van der Nüll: die Erbauer der Staatsoper

Das unbestrittene Hauptwerk der beiden Architekten aber
war die 1860 bis 1868 ausgeführte *Wiener Hofoper* (heute
Staatsoper), der erste Monumentalbau an der Wiener Ringstraße. Sie gingen aus einer vielbeschickten Konkurrenz als
Sieger hervor und hatten bei der Verwirklichung ihres Pro-
jektes mit mancherlei Schwierigkeiten zu kämpfen, was vor
allem daher kam, daß es sich um den ersten Großbau han-
delte, der vom Stadterweiterungsfonds finanziert wurde.
An dem in der Synthese aller Künste gestalteten Gesamtkunstwerk der Wiener Oper hat der Kaiser sehr intensiven
Anteil genommen. Entsprechend dem Bebauungsplan der
neu angelegten Ringstraße erhielt die Oper keinen Platz als
Wirkungsraum, sondern entstand als eigener Block an der
Kreuzung von Ring und Kärntner Straße: dementsprechend
gliederten die Architekten den gewaltigen Bau sehr stark
auf und bezogen Grünflächen und Brunnen in das Areal ein,
so daß der Charakter einer kleinen städtebaulichen Einheit
entstand. [...]
   Für den Außenbau entscheidend ist die Forderung gewesen, neben den Räumen für das eigentliche Theater auch
alle Nebenräume für Orchester, Proben, Schulung usw. un-
terzubringen und darüber hinaus durch vermietbare Gas-
senlokale die Rentabilität des Objektes zu erhöhen. Diesen
vielfältigen Aufgaben, die an spätantike Anlagen erinnern,
wurden die Architekten gerecht durch den in die Tiefe ge-
stellten Haupttrakt, den zwei Querflügel durchdringen.
Die Auflösung des Erdgeschosses der Flanken durch Arkaden und durch die Schaffung einer gedeckten Geschäftsstraße erhöht den architektonischen Reiz des Komplexes,
dessen Fassade gegen den Ring in eine zweigeschossige

Loggia geöffnet ist. Besonders hier, wo die Malereien von *Moritz von Schwind* sichtbar werden und die Statuen von *Hähnel* in den Arkadenbogen erscheinen, wird das Zusammentreten aller Künste auch am Außenbau evident. Die spätere Kritik hat die Architekten einer wahllosen Verwendung historischer Stile beschuldigt. Das Ergebnis der hier gezogenen Synthese jedoch ist vollkommen selbständig; durch starke Mauerschichtung und dekorativ reich durchgestaltete Kanten- und Ecklösungen erhält der Bau sein spezifisches Gepräge: bei aller Festlichkeit und Größe entbehrt er nicht der gebändigten Strenge, die jedes Detail einem geordneten System einzubinden trachtet. Diese Haltung wird besonders deutlich beim Vergleich der Wiener Oper mit der nahezu gleichzeitig entstandenen Pariser Oper, deren sprühender Reichtum ein ganz anderes Kunstwollen verrät.

Die Kritik an der Oper, welche mit dazu beitrug, daß der sensible und von Krankheit bedrückte *Eduard van der Nüll* am 3. April 1868 den Freitod suchte, war vor allem durch einen sich damals abzeichnenden Geschmackswandel bedingt, der den Bau, noch ehe er ganz vollendet war, bereits als stilistisch überholt erscheinen ließ. Auch *Sicardsburg*, der am 11. Juli 1868 starb, hat die Fertigstellung der Oper nicht mehr erlebt. Diese Tragik erwuchs aus der Tatsache, daß das Hauptwerk von Nüll und Sicardsburg jenem romantischen Historismus angehört, dessen Hauptentfaltung um die Jahrhundertmitte sich vollzog. Als letztes, in der Ausführung sich lange hinziehendes Bauwerk der beiden Architekten wurde die Oper auch der späte Höhepunkt der genannten Stilphase. Trotz der unmittelbar einsetzenden Stellungnahme gegen dieses Werk gehört es zu den besten Leistungen der Wiener Ringstraße.

Renate Wagner

Café Griensteidl am Michaelerplatz

Der Treffort für alle Jungwiener Literaten war das Café Griensteidl auf dem Michaelerplatz. Dorthin kam aus Brünn E. M. Kafka, ein reicher junger Mann, sehr gutartig, von allen literarischen Bestrebungen andauernd freudig bewegt, der sich durch die Herausgabe der Monatsschrift »Moderne Dichtung« in den Dienst des jugendlichen Strebens aller stellte. Hermann Bahr, eben aus Paris zurückgekehrt, gesellte sich zu uns. Er trug ganz die Tracht eines Montmartre-Menschen, Pepita-Beinkleider, Sakko aus braunem Samt und dazu den Zylinder. Er regte alle auf und regte alle an durch die Verwegenheit seines Geistes, der in Wort und Schrift nur so Funken spritzte. Ein Artikel Bahrs in der »Modernen Dichtung« schloß mit den Worten: »Wir wollen lieber unsere Weiber ins Grüne treiben.« Ja, das wollten wir gewiß, wenn auch manche von uns gar nicht wußten, woher sie Weiber nehmen sollten. Richard Beer-Hofmann stieß eines Tages zu uns. Seine Kleidung war von einer exzessiven Noblesse, von einer mit subtilstem Geschmack ausgesuchten Eleganz, die immer etwas leise Herausforderndes hatte. Er trug jeden Tag eine andere stimmungsmäßig und raffiniert gewählte Knopflochblume. Er war (und ist es geblieben) von einer derartig hinreißenden Beredsamkeit, von einem so durch und durch dringenden lichtvollen Geist, daß ich ihm damals den Titel »Mäzen des Verstehens« gab. Selbst schreiben schien er im Anfang gar nicht zu wollen, ja es schien, als sei er sich dafür zu kostbar. . . . Die Begeisterung von uns allen aber errang Loris, der noch nicht sechzehnjährige Gymnasiast Hugo v. Hofmannsthal, der den Einakter in Versen »Gestern« geschrieben hat. . . . Ich erinnere mich noch vieler Spaziergänge mit Arthur Schnitzler durch den Wienerwald und in den Wäldern bei Mödling, auf welchen Spaziergängen Schnitzler

ebenso wie ich beständig diese Verse deklamierten und des
Genießens daran kein Ende fanden.   *Felix Salten*

Der »Heiligenkreuzerhof«: Schönlaterngasse 5

Dem Aussehen nach war das Haus wie die anderen Häuser
in dieser stehengebliebenen Gasse, wo die innere Stadt am
innersten ist und sich völlig historisch gebärdet. Es war eine
sehr vornehme Gasse gewesen, die ihre von Staub ein wenig
blind gewordene Distinktion noch immer mit viel Sicherheit vortrug. Die Wappen über den Toreinfahrten wurden
zum großen Teil von den Firmenschildern kleiner Ge-
schäftsleute verdeckt, aber sie gehörten den wenigen Familien, deren Wort bei Hofe mehr gegolten hatte als das gewisser Erzherzoge und in manchen Punkten sogar den Einfluß
des Beichtvaters der beiden Majestäten aufwiegen konnte.
Aus der Zeit der Hofequipagen,stammte auch das Holzpfla-
ster der Fahrbahn. Oft hielten die Wagen mit den weißen
Lippizzanern stundenlang vor den Portalen, und besonders
oft warteten sie vor dem Haus, das sich unter den unregelmäßig absetzenden Fronten am weitesten in die Straßen-
enge vorschob.
    Damals war die Gräfin noch Palastdame gewesen und
hatte in den vier großen Sälen des Hauptstockes empfangen, die jetzt wegen der Boiserien Blondels und der Supra-
portes-Malereien von Boucher und Fragonard unter Denk-
malschutz standen. Das Treppenhaus schleppte seine
schweren niederen Läufe unter einer Anstrengung empor,
deren Keuchen zu weißgetünchter Leere gefroren war und
die gewalttätigen Krümmungen der Balustraden noch sinn-
loser machte. Seitdem die Gobelins nicht mehr zwischen
den marmornen Wandsäulen hingen, wirkte die erschrek-
kende Weiträumigkeit geradezu lähmend. Ganz unmöglich

konnte dieses Monstrum im Winter geheizt werden, es bewahrte die Temperatur eines riesigen Eisschrankes bis spät in das Frühjahr hinein, so daß alle Bewohner die Erkältungen und Kartarrhe nie richtig los wurden. Seit die großen Lüster, die schmiedeeisernen Laternen und die mannshohen Bronzeleuchter abmontiert waren, herrschte ein kalkiges Halblicht, in dem die Gesichter grau und ungesund aussahen, auch wenn die paar Glühbirnen zufällig einmal alle brannten. Sie baumelten an Drähten von den flachen Wölbungen über den Podesten herab oder waren in den vergessenen Fackelringen entlang des Gewändes angebracht, und ober der Galerie des zweiten Stockes, wo die bewohnten Räume lagen, hatten sie runde weißlackierte Blechschirme. Dort oben bekamen sogar die Fenster der Straßenfront ein wenig Sonne ab, obwohl sich die Häuser so nah gegenüberstanden, daß sie einander ins Innerste sahen. Taghell und ungeniert waren nur die Seitentrakte des Hofes, der mit seinen gelben Kiesflecken die Spuren einstiger Pflege noch immer bewahrte. Rechter Hand befanden sich die runden Tore der Wagenremise, links die Kutscherwohnungen und in der Mitte die Stallungen. Über allen aber lagen die Futterböden und Fruchtspeicher. Damals, als das Haus noch ein Palais war, roch es hier scharf nach Pferden, nach Heu, Lederzeug und nach Dünger. Abends, wenn der schwere Querriegel vor das Tor geschoben war, hatte man nicht einmal die Augen schließen müssen, um völlig auf dem Lande zu sein: es genügte, den dicken Schwaden entgegenzuwittern, die beklemmend aus allen Läden kamen. Der Wind, der über die Feuermauer des jenseitigen Zinshauses herabstürzte, hatte sich in den Pappeln gebrochen, die draußen bis knapp an die Auffahrt heranreichten, und brachte ein Stück Wiese und Kartoffelacker mit.

George Saiko

April-Juni 1902:
Die XIV. Ausstellung der Wiener Secession
und der Beethovenfries von Gustav Klimt

Der Beethovenfries von Gustav Klimt entstand als der
künstlerisch überzeugendste Beitrag zur monumentalen
XIV. Ausstellung der Secession (1902). Hier ging es der
Künstlervereinigung um eine Zusammenarbeit, die zu einer
Demonstration ihrer neuen, kultisch betonten Auffassung
vom »Gesamtkunstwerk« führen sollte. Da die Ausführung
eines solchen aufgrund öffentlicher Aufträge kaum zu er-
hoffen war, wurde die Ausstellung als eine – vergängliche –
Form der Realisierung gewählt. Dementsprechend war auch
der Fries von Klimt als vergängliches, nur für diesen Anlaß
geschaffenes Werk gedacht. Er wurde jedoch von privater
Seite angekauft und 1903 von der Wand abgenommen. Nach
einem Besitzerwechsel und Lagerungen an verschiedenen
Orten wurde er 1973 durch die Republik Österreich erworben. Heute ist das sorgfältig restaurierte Werk als Dauerleih-
gabe der Österreichischen Galerie in einem speziell adaptier-
ten Raum der Wiener Secession öffentlich zugänglich.

Der »Beethovenfries« von Klimt war, wie auch die anderen künstlerischen Beiträge zur 14. Secessionsausstellung,
auf die im Hauptsaal ausgestellte Beethoven-Figur von Max
Klinger bezogen. Unter Einwirkung der damaligen, besonders von Richard Wagner propagierten Beethoven-Auffas-
sung entfaltete Klimt im Fries ein reichhaltiges, an der
9. Symphonie orientiertes Programm, in dem der Künstler
befähigt ist, die »Sehnsüchte« und »Leiden der schwachen
Menschheit« nach Überwindung der diesem Erlösungs-
werk entgegentretenden »feindlichen Gewalten« (an der
Schmalwand des Saales) im idealen Reich ewiger Liebe
(»Diesen Kuß der ganzen Welt«) aufzuheben. Der Kritiker

Ludwig Hevesi war besonders von der Schmalwand mit den ausdrucksstarken, dann auf Kokoschka und Schiele weiterwirkenden »feindlichen Gewalten« begeistert: »Diese Prachtszene Klimts ist ohne Frage ein Gipel der modernen dekorativen Malerei.«

Für ein näheres Verständnis des Beethovenfrieses von Klimt ist – mehr als bei seinen anderen Werken – eine Auseinandersetzung mit den materiellen und ideellen Voraussetzungen, unter denen dieses Hauptwerk der Wiener Jahrhundertwende entstand, unentbehrlich. Der Fries wurde als Teil eines Gesamtkunstwerkes geschaffen, als welches die XIV. Ausstellung der Wiener Secession gedacht war. Dieses sensationelle Publikumsereignis stellt den Höhepunkt der Ausstellungtätigkeit der Vereinigung dar.

Bei der Frage nach dem Entstehungsgrund für dieses außergewöhnliche Projekt muß man bedenken, daß die Secession damals in der aufregendsten und inspiriertesten Phase ihrer Geschichte angelangt war. Sie war über ihr erstes experimentelles Stadium hinausgewachsen, hatte sich als künstlerische Avantgarde etabliert und nahm auch innerhalb der internationalen Jugendstilbewegung ihren festen Platz ein. Ihr unverwechselbares, von geometrischen Formen bestimmtes Stilvokabular kristallisierte sich heraus und gelangte 1901 in eine puristische Phase. Drei der wichtigsten Mitglieder – Hoffmann, Moser und Roller – bekleideten Lehrposten an der Kunstgewerbeschule (unter der Direktion von F. von Myrbach). Die Präsentation des Fakultätsbildes »Medizin« von Gustav Klimt im Frühjahr 1901 manifestierte auf dramatische Weise die Kluft zwischen der offiziellen und der neuen Monumentalkunst; die Secession solidarisierte sich selbstverständlich mit ihrem prominentesten Mitglied.

Aus dieser schöpferischen, selbstbewußten und auch streitbaren Gesinnung heraus faßte die Vereinigung im

Sommer 1901, wie Ernst Stöhr in seiner Einleitung zum Katalog der XIV. Ausstellung schrieb, den Entschluß zu einer »Veranstaltung anderer Art«, die die gewohnten Ausstellungen ablösen sollte. Bisher hatten die Künstler der Secession in ihren beispielhaften Einrichtungen »fremdartige Teile harmonisch zusammengeschlossen«. Jetzt wollten sie bis zur äußersten Konsequenz weitergehen: »Der Sehnsucht nach einer großen Aufgabe entsprang der Gedanke, im eigenen Hause das zu wagen, was unsere Zeit dem Schaffensdrang der Künstler vorenthält: die zielbewußte Ausstattung eines Innenraumes.« Ein einheitlicher Raum sollte durch Malerei und Bildhauerkunst geschmückt werden, wobei man sich an der »Tempelkunst« orientierte, dem »Höchsten und Besten, was die Menschen zu allen Zeiten bieten konnten«.

Mit ihrer andersartigen Veranstaltung wollten die Secessionisten der Öffentlichkeit ein Beispiel ihrer Idealvorstellung von einer Monumentalkunst setzen, die dem Empfinden der eigenen Zeit entsprach und die, mangels Aufträgen, nur im eigenen Haus in Form einer vorübergehenden Manifestation realisiert werden konnte. In ihrem Bekenntnis zur Tempelkunst als »Höchstem und Bestem« zeigt sich die im Vergleich zum Stileklektizismus der Kunst des Historismus neuartige Einstellung zur Vergangenheit. Für die Stilkünstler um 1900 war die Sehnsucht entscheidend, die sie nach jenen Epochen verspürten, in denen alle Künste im Zeichen eines umfassenden kultischen Zusammenhanges standen.

Marian Bisanz-Prakken

Im Graben-Hotel in der Dorotheergasse

Ich zog in das ruhige Zimmerchen, fünften Stock, gutes, altes Stadthotel, ein, mit zwei Paar Socken und zwei riesigen Flaschen Slibowitz für unvorhergesehene Fälle.

›Bitte‹, sagte der Zimmerkellner, ›soll ich das Gepäck holen lassen?!?‹

›Ich habe keines‹, sagte ich einfach.

Dann sagte er: ›Wünschen Sie elektrische Beleuchtung?!‹

›Jawohl.‹

›Es kostet fünfzig Heller per Nacht. Sie können aber auch bloß Kerze haben‹, sagte er in Berücksichtigung der gegebenen Umstände.

›Nein, ich wünsche elektrische Beleuchtung.‹

Um Mitternacht hörte ich Geräusche von zerrissenen und zerkratzten Papiertapeten. Dann kam eine Maus, stieg meinen Waschtisch hinan und betrat das Lavoir, machte überhaupt verschiedene artige Evolutionen, begab sich sodann wieder auf den Fußboden, da Porzellan nicht zweckentsprechend war, hatte überhaupt keine festen weitausgreifenden Pläne und hielt schließlich die Dunkelheit unter dem Kasten bei den gegebenen Umständen für ziemlich vorteilhaft.

Morgens sagte ich zu dem Dienstmädchen: ›Sie, eine Maus war heute nacht in meinem Zimmer. Eine schöne Wirtschaft!‹

›Bei uns gibt's keine Mäuse, das wäre nicht schlecht. Woher sollte denn bei uns eine Maus herkommen?! So was lassen wir uns überhaupt gar nicht nachsagen!‹

Ich sagte infolgedessen zu dem Zimmerkellner:

›Ihr Stubenmädchen ist ein freches Geschöpf. Heute nacht war eine Maus im Zimmer.‹

›Bei uns gibt's keine Mäuse. Woher sollte denn bei uns

eine Maus herkommen?! So was lassen wir uns überhaupt gar nicht nachsagen!‹

Als ich in das Hotelvorhaus trat, betrachteten mich der Herr Portier, der Herr Hausknecht, die beiden anderen Fräulein Stubenmädchen und der Herr Geschäftsführer, wie man einen betrachtet, der mit zwei Paar Socken, zwei Slibowitzflaschen einzieht und bereits Mäuse sieht, die nicht da sind.

Auch lag mein Buch ›Was der Tag mir zuträgt‹ offen auf meinem Tische und ich überraschte einmal das Stubenmädchen bei der Lektüre desselben.

Unter diesen facheusen Umständen war meine Glaubwürdigkeit in bezug auf Mäuse ziemlich untergraben. Dafür hatte ich immerhin einen gewissen Nimbus eingeheimst und man rechnete nicht mehr mit mir, ließ mir sogar kleine Schwächen passieren, drückte ein Auge zu, benahm sich außerordentlich kulant wie mit einem Kranken oder anderweitig zu Berücksichtigenden.

Die Maus jedoch erschien jede Nacht, kratzte an der Papiertapete, bestieg häufig den Waschkasten.

Eines Abends kaufte ich eine Mausefalle samt Speck, ging mit dem Instrument ostentativ an dem Portier, dem Hausknecht, dem Geschäftsführer, dem Zimmerkellner und den drei Stubenmädchen vorbei, stellte die Falle im Zimmer auf. Am nächsten Morgen war die Maus drin.

Ich gedachte nun, ganz nonchalant die Mausefalle hinabzutragen. Die Sache sollte für sich selber sprechen!

Aber auf der Stiege fiel es mir ein, wie erbittert die Menschen werden, wenn man sie einer Sache überführt, zumal eine Maus sich nicht in einem Passagierzimmer eines Hotels befinden sollte, in dem es Mäuse einfach ›gar nicht gibt‹! Auch wäre mein Nimbus eines Menschen ohne Gepäck, mit zwei Paar Socken, zwei Flaschen Slibowitz, einem Buche »Was der Tag mir zuträgt« und der nachts bereits Mäuse sieht, dadurch beträchtlich erschüttert worden, und ich wäre sofort in die peinliche Kategorie eines sekkanten und höchst ordinären Passagiers herabgesunken. Infolge dieser Bedenken ließ ich die Maus in einem für diese Zwecke ziemlich geeigneten Orte verschwinden und stellte meine Mausefalle auf dem Fußboden meines Zimmerchens wieder leer auf.

Von nun an wurde ich mit noch zärtlicherer Rücksicht behandelt, man wünschte mich unter keinen Umständen zu erregen, gab nach wie einem kranken Kindchen. Als ich endlich abreiste, war bei allen freundschaftliches Mitgefühl und Attachement vorhanden, obzwar ich als Gepäck nur zwei Paar Socken, zwei leere Slibowitzflaschen und eine Mausefalle mitnahm!

Peter Altenberg

Zum Girardi-Denkmal in der Parkanlage Friedrichstraße-Operngasse

Girardi als Coupletsänger! . . .

Das Denkmal, das man ihm in Wien gesetzt hat, hätte ihn in einem jener feierlichen Augenblicke verewigen müssen, da er, präludiert von ein paar Orchestertakten, unendliche Stille um sich sammelte. Wie er dann vor dem Souffleurkasten stand, eingeregnet von einem Schickal . . . das fleischgewordene Denkmal seiner selbst.

Was ging da alles vor! Zuerst belanglose Worte, ein Vorsich-Hinreden, immer langsamer werdend, niedersteigend zu einem schlichten Sinn – endlich ein betonter Schlußsatz, den das Orchester aufnimmt. Girardi fährt mit der Hand nach dem Hals, rückt den Kopf im Kragen zurecht, äugelt zur Decke (nicht ohne ein bißchen Falschheit) – und nun tritt der atmosphärische Umschwung ein von der Fröhlichkeit zu banger Windstille. Er wird feierlich, ein mundartliches g'stanzl-inniges Sprachrohr Gottes. Die Worte zittern zuerst von ausgeklärtem Schmerz, sie klingen wie das Bekenntnis eines Einfältigen, der seine Sache an die Öffentlichkeit trägt und mit der er jetzt so selbstsicher intim wird, als habe er ihr Großes mitzuteilen – jede Silbe ein Bild, jede Zeile eine Welt...

Er trug in den letzten Wochen – es war mitten im Krieg und in Berlin trug mancher Durchhalter mit dem Kampfruf sein Bierglas hoch – ein Couplet vor, mit dem Refrain: »Gott strafe England!«

Ich habe mir dank Girardi das ganze Poem gemerkt und will eine Strophe hierhersetzen:

> Engländer wirklich – freundliche Herren!
> Daß wir verhungern, möchten's halt gern.
> Darum in Deutschland einer ersann,
> Wie man aus Stroh selbst Mehl machen kann. –
> Gut! – wenn's sein muß, so werd'n halt auf d'Nacht
> Aus unserem Strohsack – Nockerln g'macht!
> Nur eines wünsch ich, wenn ich das eß':
> Gott strafe England – er strafe es!

Wie blieb mir jeder Ton dieser Zeilen unverlierbar, vom hochfeierlichen, politisch emporblickenden Wort »Deutschland« (es klang wie »Dötschland«) angefangen bis zum bäuerlichen »Mell« statt »Mehl« und dann dem abschließenden, im Pathos die Ironie mitschleifenden »äß« (es).

Es war – ein Haßgesang auf den Haßgesang!

Anton Kuh

Spanische Reitschule

Die Reiter sind schlanke Leute von bester Haltung, die sich gerade in den Momenten höchster Spannung unter den Launen, dem Widerstand, der Erregung der Hengste besonders unbeugsam erweisen, auf ihrem Sattel wie festgewachsen, starres Erz über dem flüssigen Erz der Rosseleiber. Ihre – der Reiter – großartige Unbeweglichkeit hebt die großartige Beweglichkeit der Pferde hervor, die der Musik mit gespannten Zügen voll Lust, mit lautem Atem, mit eifrigen Gliedern, mit hocherhobenen, den Schall trinkenden, lebhaft geschüttelten Häuptern, mit flatternden Mähnen, mit schlagenden Schweifen folgen. Musik führt sie [...] die eigentlichen Träger des Körpers, [...] die Beine, richtiger die Füße, denn das Pferd läuft mit dem Fuß und tritt auf einer starken Zehe, dem Huf, auf, diese Bewegungsglieder verlaufen zur schmalsten Zartheit. In diesen eleganten, dünn geschmiedeten Säulen, auf denen der mächtige Leib ruht, schwingt die edle Linie der ganzen Bildung zierlich aus, die von den üppigen Nüstern über den Hals, die Brust, über Nacken, Kruppe und Schenkel in einem unvergleichlichen Wohllaut auf und nieder geht, eine einzige körperliche Eurhythmie. [...]

Voll Entzücken bewegen sich die schönen Göttergeschöpfe mit ihren Herren, mit den Reitern, nach der Musik. Ein kleines Orchester spielt alte Straußische oder Lannersche Walzer, und im Rhythmus dieser Stücke gehen der maßvolle Trab, die zierlich feierlichen Sprünge, das holde Schrittweiswandeln vor sich mit unendlichen, nur dem Kenner im einzelnen verständlichen Veränderungen. Ich, der ich dieses Schauspiel zum erstenmal erlebe, sehe bloß die erfreulichste Mannigfaltigkeit der Gangarten, sehe wesenhaft gewordene Rhythmik, rauschendes Gliederspiel, das sich aus Eigenem dem Takt anpaßt oder ihn angibt. Dabei wahrt das Pferd seine Melodie, indem es manchmal zögert, manchmal voraneilt, gleichsam in Synkopen, Vorsprüngen oder Nachtritten wie mit Verzierungen den Rhythmus beseelt, der dann durch die Bewegung leise hindurchfließt, ohne je zu versinken. Nicht der mindeste Verstoß gegen den Takt kommt vor, und außer einem kaum merklichen Loslassen oder Anziehen der Zügel gewahrt man keine Weisung. Die Tiere überlassen sich ihrem Element, der Bewegung, und erschaffen es. Aus diesen sinnlich sichtbaren Tritten, aus den Hufschlägen, aus dem abgemessenen Anziehen, Strecken, Runden, Niederfallen der Füße erkennt man die Eingeborenheit des Rhythmus, dieses kreatürlichen Elements der Musik. Ihr Geistiges: die Melodie ist wissentlich. Sie befreit den Leib, sie führt ihn über sich hinaus ins Licht, in die Zeit, den Raum, sie beflügelt ihn zur Unendlichkeit. Es gibt einen höchsten Augenblick der Bildlichkeit: die Levade. Das Roß hebt die »Vorderhand« mit angezogenen Vorderbeinen hoch und fußt, in den Hanken äußerst gebogen, auf den Hinterbeinen. Es ist die Stellung, die der Bildhauer Fernkorn in seinem Prinz-Eugen-Denkmal auf dem Wiener Heldenplatz vor der Burg festgehalten hat. Die Melodie, der Wille und Widerstand erhebt sich über das rhythmische Gesetz, der Geist erhebt den Körper über sein natürliches Gleichgewicht zu einem äußersten schwebenden Augenblick. [...]

Kein Menschentanz mit seiner verständigen Dialektik und Entsinnlichung des Triebes kann diesen Tanz der Rosse unter ihren Reitern an kreatürlicher Anmut, an verklärter Leidenschaft erreichen. Hier scheint der Tanz überhaupt geboren, von Pferd und Mann geschaffen. Beide würden, elementare Musik, auch ohne Töne auf den Flügeln ihrer Einheit weiterschweben, ein irdisches Bild des: »Freude, schöner Götterfunken.« In solchen Augenblicken gestalten und bedeuten der lenkende Mensch und das ge-

bändigte schöne Tier das Erlebnis und Geheimnis: Kunst,
Ehe von Element und Wille, von Tier und Herr im ewigen
Reigen: Form.   *Otto Stoessl*

Konzert im Volksgarten

Das Konzert im Volksgarten begann um fünf Uhr nachmittags. Es war Frühling, die Amseln flöteten noch in den Sträuchern und auf den Beeten. Die Militärkapelle saß hinter dem eisernen, an den Spitzen vergoldeten Gitter, das die Terrasse des Restaurants von der Allee des Gartens trennte und also die zahlenden und sitzenden Gäste von den unbemittelten Zuhörern. Unter ihnen befanden sich viele junge Mädchen. Sie waren der Musik hingegeben. Aber die Musik bedeutete an jenen Abenden mehr als Musik, nämlich: eine Stimme der Natur und des Frühlings. Die Blätter überwölbten die schmetternde Wehmut der Trompeten – und ein Wind, der kam und ging, schien für kurze Weilen die ganze Kapelle samt allen Geräuschen auf der Terrasse in entlegene Gebiete zu entführen, aus denen sie mehr geahnt als vernommen wurden. Gleichzeitig hörte man die langsam knirschenden Schritte der Fußgänger in der Allee. Aus ihrem gemächlichen Tempo klang das Behagen wieder, das die Musik den Ohren bescherte. Wenn die Instrumente laut wurden, die Trommeln zu wirbeln begannen oder gar die Pauken zu dröhnen, so war es, als rauschten auch die Bäume stärker und als hätten die heftigen Arme des Herrn Kapellmeisters nicht nur den Musikern zu gebieten, sondern auch den Blättern. [...]

In jener Zeit befand sich auf der Terrasse des Restaurants ein Teil der »großen Welt«, und das Gitter war die Schranke, die mich von ihr trennte. Und wie mich das kleine Mädchen, das ich küßte, für einen mächtigen Ritter hielt, so sah ich auf den Terrassen der großen Restaurants lauter Damen, für die ich sterben wollte. Das sollte sich später noch ereignen. [...]

In der Allee lag schon die Nacht mit einigen Laternen im Laub, und die kleinen Mädchen hörte man nur – man konnte sie kaum sehen. Sie schienen in der Dämmerung zahlreicher. Das Kichern wurde ihre eigentliche Muttersprache. Nun, da man ihre billigen blauen Kleider nicht sah, konnten es die Kleinen mit den Damen innerhalb des Gitters fast aufnehmen. Der öffentliche Teil des Gartens wurde übrigens geschlossen, und die Kapelle rüstete zur großen Abendpause. Einer der Musikanten ging von Pult zu Pult und sammelte die Notenblätter ein wie Schulhefte. Das letzte Stück – es war fast immer der Radetzkymarsch – wurde nicht mehr vom Blatt gespielt, sondern vor leeren Pulten. Der Marsch existierte gewissermaßen gar nicht mehr auf dem Papier. Er war sämtlichen Musikanten in Fleisch und Blut übergegangen, sie spielten ihn auswendig, wie man auswendig atmet. Nun erklang dieser Marsch – der die Marseillaise des Konservatismus ist –, und während die Trommler und Trompeter noch auf ihren Plätzen standen, glaubte man die Trommeln und Trompeten schon selbständig marschieren zu sehen, mitgezogen von den Melodien, die ihnen eben entströmten. Ja, der ganze Volksgarten befand sich auf dem Marsch. Man wollte gemächlich schlendern, aber der Trommelwirbel selbst begann, die Gelenke zu bewegen. Er hallte noch lange in der Straße nach, und er begleitete den Lärm der abendlichen Stadt wie ein lächelnder und hurtiger Donner.

Joseph Roth

Das Johann Strauß Denkmal im Volksgarten

Heimatkunst: das ist ein Vereinsbanner der Leute, die das Wimmerl im eignen Gesicht erhabener dünkt als der Monte Rosa auf Schweizer Gebiet. Es gibt sie bei allen Nationen; ich fühle nicht mit ihnen, was sie aber nicht gehindert hat, sich wie ein Ausschlag in sämtlichen Landesfarben zu verbreiten. Ich möchte deshalb auch nicht gerade Wien die Berechtigung bestreiten, das sich in diesen Tagen ein Johann Strauß Denkmal gesetzt hat, obgleich es, soviel ich weiß, noch kein Hebbel-Denkmal besitzt. Jedoch waren die unfreiwilligen Enthüllungsfeiern, die sich dabei vollzogen haben, bemerkenswert. Wenn eine Zeitung schreibt: »Johann Strauß, das ist Wien im Fortschreiten, das ist das arbeitende und schaffende Wien, wo die Ringstraße entstand, wo die Universität zum Glanze stieg, wo das Parlament die Geister befreite und das Bürgertum in prächtigen Persönlichkeiten Triumphe feierte . . .« so kann ich noch beipflichten, denn ich bin nicht ganz frei von Bosheit, wenn ich mich auch nie aus eigenem zu sagen getraut hätte, daß Politik und Wissenschaft einen leichten Johann Strauß Einschlag haben. Wenn aber insgesamt dieser Familienfeier mehr Zeitungsraum geopfert wurde als allen großen Kulturerscheinungen gemeinsam, wenn Strauß zu den kostbarsten Besitztümern Wiens gezählt wurde, für den die höchste Ehrung Österreichs »gerade hoch genug« sei, und im Angesicht des Staatsoberhaupts konstatiert wurde, daß eine gerade (vermutlich aufsteigende) Linie von Mozart zu Strauß führte, mit Schubert und Beethoven als Nachbarn, so muß man schlicht und trocken die Proteststimme des anderen Wien zu Protokoll geben, das mit solchen Geschmacklosigkeiten nichts zu tun hat. Mehr wäre zuviel; oder man müßte eine Kulturgeschichte und vermutlich nicht nur Österreichs schreiben.

Robert Musil

Wien, I. Stallburggasse 2

Die Stallburggasse, im Zentrum der Stadt Wien, hieß so, weil sie in der Nähe der Burg lag, wo der Kaiser wohnte, und in Nähe der Hof-Stallungen, wo die edlen Pferde der spanischen Hofreitschule ihr Quartier hatten. [...]

Stallburggasse 2 war, sozusagen, ein interessantes Haus. Nicht nur, weil ich dort wohnte. Es wohnten dort u. a. auch der Dichter Hugo von Hofmannsthal, der Dramatiker Sil-Vara (sein Stück »Die Frau von 40 Jahren« erwarb europäischen Ruhm), die Operndiva Maria Jeritza; und, im zweiten Stock, der Doktor Dollfuss.

Zwischen Februar und Juli 1934 kamen die Hitler-Ratten in Wien ziemlich ungeniert an die Oberfläche. An den Hausmauern erschienen immer häufiger Spuren geistigen Nazi-Exkrements (mit österreichischem flavor). [...]

Das Gespenst der Verschwörung ging um, auch in den Kasernen der Polizei, die offiziell scharf hinter den Unruhstiftern her war. [...]

Über Stallburggasse 2 aber wurde eine Art Belagerungszustand verhängt. [...]

Vor dem Haus und auf dem Bürgersteig gegenüber patrouillierten auffällig unauffällig Geheimpolizisten, und ihre Kameraden machten im Innern des Hauses, im Flur und auf dem Gang vor des Kanzlers Tür, Permanenzdienst. [...]

Die Detektive waren freundliche Leute. Das Mißtrauen in ihren Blicken flößte Vertrauen ein. Sie sagten, ohne zwingenden Grund, »Herr Redakteur« zu mir, manchmal, wenn sie in Geberlaune waren, auch »Herr Chefredakteur«. Für den Mann, der Nachtdienst hatte im zweiten Stock vor des Kanzlers Wohnungstür, wurden abends Tisch und Stuhl und Lampe auf den Gang gestellt. [...]

Wenn ich frühmorgens, auf dem Weg zu meinem sechsten Stockwerk hinauf, an ihm vorbeikam, plauderten wir ein bißchen miteinander. Es war ein ziemlich stereotyper Dialog. Ich grüßte: »Guten Abend,« und er, scherzhaft vorwurfsvoll korrigierend: »Guten Morgen, Herr Redakteur.« »Wie gehts dem Kanzler?« fragte ich. »Die Nazis geben halt keine Ruhe nicht,« sagte er. Und fügte dann zuversichtlich hinzu: »Hier wird ihm nichts geschehen« (»hier«, das hieß: in der Stallburggasse 2).

Am Vormittag des 25. Juli 1934 aber verließ Dollfuss die schützende Stallburggasse 2. [...]

Zur gleichen Stunde und zum gleichen Ziel startete von einer Turnhalle des siebenten Wiener Bezirks der Wagen mit den Schlächtern. In Berlin wartete der Führer ungeduldig auf das Resultat der Begegnung.

Am Abend des 25. Juli blieben die Wiener, obschon es ein sehr heißer Sommerabend war, zu Hause und die Caféhäuser sperrten zu: im seinerzeitigen Wien ein stärkstes Zeichen allgemeiner Bestürzung. [...]

Die Detektive standen noch alle auf ihren Posten im Innern von Stallburggasse 2. Es war wie Medizinflaschen an einem Totenbett. Der gleiche Mann wie sonst hielt Wache vor des Kanzlers Wohnungstür. Er grüßte in dieser Nacht nicht mit »Guten Morgen,« sondern nur mit einer stummen entschuldigenden Geste, zu der der Text etwa gelautet hätte: »Ich kann nichts dafür.« Wortlos begleitete er mich ein Stückchen die Treppe hinauf. Der Hahn, den Herr Büff nebst zwei Kaninchen in der Bodenkammer des sechsten Stockwerks hielt, wurde wach und krähte.

Höhnisch, wie mir schien.

Alfred Polgar

Der Stammgast

Ganz anders verhielt es sich mit Gustav Grüner, der in mindestens drei Kaffeehäusern die Position eines Stammgastes beanspruchte: im »Herrenhof«, im »Central« und im noch näher zu erläuternden »Parsifal« (samt Dependancen). Von ihm stammt der fundamentale Satz: »Ein anständiger Gast stellt beim Verlassen des Kaffeehauses seinen Sessel selbst auf den Tisch« – hat also, anders formuliert, das Kaffeehaus als einer der letzten zu verlassen. In dieser Form wurde Grüners Postulat Nacht für Nacht im Café Herrenhof von ihm erfüllt.

Ein zweiter, höchst aufschlußreicher Ausspruch geht auf seine Stammgast-Tätigkeit im Café Central zurück, dessen Eingang sich an der Ecke Herrengasse-Strauchgasse befand. Außerdem wies die in der Herrengasse verlaufende Seitenfront eine kleine Glastüre auf, die aber nicht als Eingang, sondern – in der wärmeren Jahreszeit – zwecks Durchlüftung des unmittelbar dahinter gelegenen Schachzimmers benützt wurde. Darauf stützte sich Gustl Grüners Wahrnehmung: »Frühling ist, wenn die Tür in die Herrengasse aufgemacht wird.« Eine andre Möglichkeit, den Eintritt des Frühlings festzustellen, hatte er nicht.

Was schließlich das »Parsifal« betraf, so kannte man es zwar allgemein als Stammlokal der Philharmoniker, mit denen Grüner nichts zu tun hatte, aber es saß dort auch – in einer für ihn reservierten Nische, an einem meist von Zeitungen übersäten Tisch – Karl Kraus, und mit dem hatte Grüner sehr wohl zu tun. Er durfte sogar ohne vorherige Verabredung am Tisch erscheinen und machte dann die ganze nächtliche Kaffeehaustour mit, die um 4 Uhr früh entweder im »Schellinghof« oder im »Fichtehof« endete (und zu der einige Jahre lang auch ich zugelassen war).

Friedrich Torberg

Schriftsteller im Café Herrenhof

Zurück zu Leo Perutz und seinem schlagfertigen Widerwillen gegen jede Art von snobistischen oder sonstwelchen Möchtegern-Attitüden. Er mußte von ihnen keineswegs persönlich betroffen sein, um sie zu brandmarken. Es genügte schon, wenn einer, der in größerer Gesellschaft etwas zum besten gab, mit Absicht so leise sprach, daß alle übrigen Gespräche verstummten und die allgemeine Aufmerksamkeit sich notgedrungen auf ihn konzentrierte. Ein vollendeter Beherrscher dieser gar nicht so leichten Technik war der Schriftsteller Paul Ellbogen, der sich gerne mit seiner (tatsächlich vorhandenen) Bildung und Kunstkennerschaft in Szene setzte und seine Weltläufigkeit um einige Grade penetranter zu erkennen gab, als es dem nicht minder gebildeten, nicht minder weltläufigen Perutz erträglich schien.

Die Geschichte, die Paul Ellbogen, soeben von einer Italienreise zurückgekehrt und von einer bekannt schöngeistigen Familie eingeladen, mit leiser Stimme zu erzählen begann, spielte – wie sich's für einen Kunstkenner gehört – in Florenz:

»Genau genommen in Fiesole«, verbesserte er sich. »Bei einem Besuch in Fiesole erfuhr ich durch einen absurden Zufall« (er sagte wirklich »erfuhr«, er sprach wie gedruckt) »von einem Museum, das ich nicht kannte. Ich kannte es nicht«, wiederholte er mit selbstkritischem Nachdruck und schüttelte den Kopf. »Es befand sich in einem nahegelegenen Städtchen. Vermutlich die private Stiftung eines dortigen Mäzens. Und dieses Museum enthielt – Sie werden ebenso überrascht sein, wie ich es war – einen unbekannten Tiepolo.«

Er legte eine Pause ein, die seinen Hörern die Möglichkeit gab, ihrer Überraschung Herr zu werden. Dann setzte er mit noch leiserer Stimme fort:

»Selbstverständlich ließ ich mich weder von der Sommer-hitze noch von den miserablen Zugverbindungen abhalten, gleich am nächsten Tag hinzufahren. Die guten Leutchen dort schienen gar nicht zu wissen, welch einen Schatz ihre Mauern bargen. Ich mußte mich mehrmals erkundigen, ehe ich das Museum endlich fand. Es war ein entzückender kleiner Renaissancebau, möglicherweise das Werk eines Palladio-Schülers und natürlich nicht als Museum erbaut, sondern aller Wahrscheinlichkeit nach das frühere Wohn-haus des inzwischen verstorbenen Stifters. Gleichviel – ich hatte es gefunden. Und was mußte ich entdecken?«

Jetzt war Ellbogens Stimme bereits so leise, daß die Um-sitzenden, ohnehin schon atemlos an seinen Lippen hän-gend, auch noch die Hand ans Ohr legten, um nur ja kein Wort zu versäumen.

»Ich mußte entdecken, daß das Museum gesperrt war. Es war gesperrt. Und weit und breit war niemand zu sehen, der es mir hätte öffnen können oder mir eine Auskunft gegeben hätte. Bitte versuchen Sie sich das vorzustellen. Ich bin mit einem erbärmlichen Bummelzug eigens hierhergefahren – ich stehe in glühender Hitze vor einem Museum, in dem ein unbekannter Tiepolo hängt – und muß mich fragen: wie komme ich in das Museum hinein?«

Abermals machte Ellbogen eine Pause, sichtlich er-schöpft vom eigenen Flüstern. Und mitten in das ange-spannte Schweigen erteilte ihm Leo Perutz den freilich ver-späteten Ratschlag:

»Vielleicht wenn Sie sich hätten ausstopfen lassen!«

Wir haben nicht mehr erfahren, wie Paul Ellbogen in das Museum hineingekommen ist.

Friedrich Torberg

Hermann Broch vor seiner Flucht aus Wien

Broch erzählte Barcata im Café folgende Anekdote, die ein bezeichnendes Licht auf seine damalige Situation wirft: Er befürchtet, daß man ihn als Juden anzeigen werde. So überlegt er, wer etwas gegen ihn haben, wer am ehesten sich zu einem solchen Schritt entschließen könnte. In der Gonzagagasse wohnen zwei Schlossermeister. Einen davon hat Broch stets mit Aufträgen bedacht, den anderen nie. Aus Furcht davor, daß dieser zweite Handwerker feindliche Gefühle gegen ihn hegen könnte, beauftragte er ihn nun mit diesen und jenen Reparaturarbeiten. Nachdem Broch innerhalb von zwei Wochen drei Aufträge erteilt hat, bedankt sich dieser zweite Schlosser gerührt: Daß es doch äußerst anständig von ihm, dem ›Arier‹ Broch sei, ihn, einen alten jüdischen Schlosser, in diesen schweren Zeiten nicht zu vergessen, den Mut zu haben, ihn durch Aufträge vor dem Ruin zu bewahren. *Paul Michael Lützeler*

Urbis Conditor – der Stadtzuckerbäcker

Am Kohlmarkt zu Wien [...] nahe der einstmals kaiserlichen Hofburg, befindet sich die Konditorei Ch. Demel's Söhne, kurz »Demel« und ganz genau »der Demel« geheißen. [...]

Wie und wodurch man ein richtiger Demel-Besucher wird – dafür gibt es keine Regel, sondern höchstens Anhaltspunkte. Am besten kommt man bereits als Kind eines richtigen Demel-Besuchers auf die Welt. Man wird dann meistens auch das Enkelkind eines solchen sein und wird sich sogar erinnern, daß einem der Großpapa beim ersten Demel-Besuch wehmütig davon erzählt hat, wie er von *seinem* Großpapa das erstemal zum Demel mitgenommen wurde. Denn der Demel ist mehr als eine Institution. Er ist, auch hierin wieder dem Theater vergleichbar, und zwar dem Burgtheater, eine Legende.

Eine Legende freilich, die sich nicht damit zufriedengibt, es zu sein, die nicht von ihrer Vergangenheit zehrt, sondern die Gegenwart von sich zehren läßt. Eine höchst lebendige, ständig aus sich selbst regenerierte Legende. Sowohl die Zuckerbäckerei, die nur noch vom kalten Buffet übertroffen wird, als auch das kalte Buffet, das nur noch von der Zuckerbäckerei übertroffen wird, warten mit immer neuen Köstlichkeiten auf, mit unvergleichlichen und unnachahmlichen Spezialitäten, von denen jede einzelne genügen würde, um eine Konditorei berühmt zu machen. [...]

Beim Demel verteilt sich das Personal auf bestimmte Gäste. Noch besser: es teilt die Gäste unter sich auf, und zwar ein für allemal. Man gehört – gleichgültig, an welchem Tisch man sitzt – einer bestimmten Servierdame und nur ihr. Dieses Zugehörigkeitsverhältnis wird desto unerbittlicher beobachtet, je richtiger man ein Demel-Besucher ist. Wenn ein Gast der Frau Paula gehört, wagt kein Fräulein Grete und keine Frau Berta, ihn zu bedienen – es sei denn, die Frau Paula hätte heute ihren freien Tag. [...]

Die Frau Paula ist für mich mit dem Begriff Demel identisch, wie mein Kinderfräulein für mich mit dem Stadtpark identisch war und später mein gütig blinzelnder Lateinprofessor mit dem Gymnasium (oder doch mit seinen schönen Stunden). Und dementsprechend behandelt sie mich auch. [...]

Von einem Anlaß ist zu berichten, an dem die Frau Paula ihren unendlichen Herzenstakt bewährte, und dieser Anlaß war nicht einmal ganz so harmlos. Er begab sich bei meiner Rückkehr aus der Emigration, ein paar Jahre nach Kriegsschluß. Überflüssig zu sagen, daß der Weg zum Demel sich unter meinen ersten Wegen befand. Ich setzte mich an einen nahe beim Eingang gelegenen Tisch und wartete, nicht gänzlich ohne Herzklopfen, bis die Frau Paula sich zeigen würde (daß es sie noch gab, hatte ich schon vorher erkundet). Sie tauchte auch bald genug durch die Schwingtüre auf, hinter deren milchig gläsernen Flügeln die geheimnisvollen Gefilde der Zuckerbäckerei beginnen – tauchte auf und hielt inne, und jetzt, so dachte ich, würde geschehen, was unter ähnlichen Umständen damals schon mehrfach geschehen war: die Wiedersehensfreude, echt oder vorgetäuscht, pflegte ihre herkömmlichen Formeln zu finden, ging in allerlei Fragen und Antworten über, mischte sich mit allerlei Seufzern und Reminiszenzen, und nach ein paar Minuten war's vorbei.

Nichts Derartiges schien sich anbahnen zu wollen. Sondern die Frau Paula war wieder in die Küche verschwunden, und ich begann mich mit der trüben Möglichkeit abzufinden, daß sie mich nicht erkannt hätte. Schließlich lag ja mein letzter Besuch beim Demel schon mehr als ein Jahrzehnt zurück.

Aber da stand die Frau Paula an meinem Tisch, stellte einen hohen, mit unverkennbar Köstlichem gefüllten Kelch vor mich hin, dessen Inhalt sich nachmals als »Crème Grenoble« erwies, und sagte:

»Ich glaub, das haben noch nicht gehabt.«

Das war alles, was sie sagte. Und es genügte vollauf, um das Jahrzehnt meines Fernseins wegzuwischen. [...]

Noch immer sind hinter der Milchglastüre die emsigen Heinzelmännchen am Werk, auf daß der Zuckerbäcker Demel sich gegen die Zeit behaupte. Und in der Tat: man hat, wenn man beim Demel sitzt, beinahe das Gefühl, einer geheimen Résistancebewegung anzugehören. Stärker als anderswo wird hier offenbar, daß in Wien gerade die vermeintlichen Legenden am besten funktionieren, stärker wird hier die Vergangenheit gegenwärtig: als etwas ganz und gar Lebendiges, als jenes Heute, das dem Wiener seit jeher nur die unvermeidliche Übergangsphase zu einem besseren Gestern war.

Rätselhaft und wirklicher als irgend sonst fließen Gestern und Heute beim Demel ineinander. Es ist, als wäre man im Fiaker vorgefahren. Oder als träte im nahen Burghof die kaiserliche Leibgarde ins Gewehr. Oder als wäre die Konditorei Demel noch in Betrieb.

Friedrich Torberg

II. BEZIRK

Der Prater

Laß uns nun die Allee hinabgehen und dann auch seitwärts, um zu sehen, was der Prater noch zu bieten hat außer dieser sinnbetörenden Flut von Gesichtern, Kleidern und Equipagen. Aber wie wir immer tiefer und tiefer hinabkommen, ist es, als würde es immer ärger; der Knäuel wird dichter und ruhiger. Links am Wege stehen Restaurationshäuser, die sogenannten Praterkaffeehäuser; aus ihnen erschallt Musik; unter den Bäumen stehen viele tausend Sessel, überwuchert mit geputztem Menschengestrüppe, – das redet, das lacht, das braust, das klingelt an die Gläser, ruft nach Kellner und Marqueur – und vorüber den Augen auf und ab haspelt sich dasselbe Ziehen und Rollen der glänzenden Wagen, und soweit das Auge schaut, ist es, als nehme die Allee kein Ende.

So wie sich hier die gewähltere Gesellschaft treibt, so treibt sich weiter links das eigentliche Volk. Ihm ist aber bloßes Spazierengehen oder Fahren weitaus nicht genug, sondern es verlangt nach reelleren Freuden, und diese nun sind rings und überall ausgebreitet. Trete hier links heraus aus dem Strome der Hauptallee – ein großer Rasenplatz, mit uralten Bäumen besetzt, nimmt uns auf, und auf ihm herumgestreut liegen alle die Anstalten zum Vergnügen des Volkes: da sind alle möglichen Kosmo-, Pano-, Dioramen; alles, was je berühmt war, steht von Wachs in jener Hütte. [...]

Und wendest du dich ab, so steht dort unter noch größeren Bäumen wieder eine solche Kneipe und rechts wieder eine und weiter ab wieder eine – und überall ist dasselbe Bild oder noch ein lebhafteres – und eine Musik schallt durch die Zweige, sie heißt nicht umsonst die türkische – die große Trommel eilt und tummelt sich, und ein Geschimmer ist darunter, als wäre eine Messingbude närrisch geworden, und zu dem Geschwirre fliegen Reiter in einem Kreise auf hölzernen Rossen herum und stoßen Türkenköpfe herab und anderes. Da freut sich nicht nur der Knabe des fliegenden Kreises, sondern auch der Handwerksgeselle hat seine Geliebte hergebracht, und sie prangt in einem der kreisenden Wagen, und er sticht Türken – und die genug haben, oder denen übel geworden ist, gehen fort, und neue Gäste steigen ein, und mit neuer Kraft erschwingt sich die Trommel und der Kreisel, und während des Augenblickes, da sie still war, scholl durch die Bäume herüber von einer andern solchen Reiterei dieselbe Musik. Dort auf mehreren Schaukeln werden ganze Frachten von Menschen geschaukelt, daß die Stricke knarren und sich die Bäume biegen. Andere werden wie echtes Garn abgehaspelt, und zwei Liebende geraten in Zwiespalt, da sie schon, er aber noch nicht nach Hause gehen will. – Du befindest dich, fremder Leser, wie es hier beschrieben, mitten in dem·sogenannten Wurstelprater, der seinen Namen von dem Hanswurst hat, der aber schon längst gestorben ist. War der Glanz und Prunk in der Hauptallee, der sich doch vergleichsweise ruhig vor deinen Augen entfaltete, schon denselben betäubend, so ist es zwar hier nichts weniger als auf Glänzen und Prunken abgesehen, aber wenn du dieses Elementes nicht gewohnt bist oder mächtig werden kannst, so zerrüttet es dir die Vernunft, und ich kannte einen ernsthaften Herrn mit schwachen Nerven, der hielt sich den Kopf, wenn er behauptete, er fühle es, wie ihm die Knochen auseinandergehen – aber sieh! das ist echte, gesunde Volkslust, die sich das Volk selber gibt, und die ihm wohlbekommt. [...]

Wir wollen nun noch weiter vorwärts gehen, bis wir an das

Donauufer gelangen. Hier links an diesem Damme stehen die Gebäude der Schwimmschule, die wir ein anderes Mal besehen wollen; diese andern hölzernen Häuser auf Flößen sind lauter Bade- und Schwimmanstalten und im Sommer lebhaft besucht. Hier mündet sich schon ein größerer Donauarm herzu, und da, wo du die vielen Pflöcke im Wasser stehen siehst, ist das sogenannte Freibad, ein Platz, der mit gespannten Tauen eingefangen ist, innerhalb denen jeder baden kann. Laß uns noch weiter abwärts gehen – siehst du, wie groß unser Prater, unser Wienergarten ist – schon längst hörst du keine Musik mehr, kein Rollen der wirklich mehr als tausend Wagen, die in der Hauptallee fahren – die laute, hohe Woge der Menschenlust hat dich entlassen, und hier ist es bereits so einsam wie in einer abgelegenen Waldwiese. Laß uns am Saume des Wassers fortgehen. Auf jener Insel weidet ruhig ein Hirsch, und die vielen Spuren im Lehmboden des Ufers zeigen, wie sie oft herdenweise hinübergehen; noch weiter draußen an der Spitze der bebuschten Insel steht eine Rinderherde, und es ist, als hörte man einzelne Klänge ihrer Glocken über das Wasser herüberschlagen, aber es ist Täuschung; die Donau ist hier so breit, daß die Tiere nur wie kleine verschiedenfarbige Lämmer herüberschauen. Wie wohltuend und sanft ist die Stille und die weiche Frühlingslandschaft auf das Getümmel, das wir eben verlassen haben! Fast kein Mensch mehr stört uns hier, und jener einzelne Fischer, der den ersten Mai dadurch feiert, daß er mit seiner unerhört langen Rute unbeweglich am Wasser steht, ist eher eine zur Landschaft gehörige Staffage als eine Störung. [. . .]

Aber, lieber Fremdling, laß uns nun wieder umkehren auf unserer empfindsamen Wanderung und gleich jenen einzelnen Paaren und Wallern wieder das Menschengewühl und endlich die Stadt suchen; denn sieh, die Maisonne ist bereits im Untergehen und gießt Blendung und feurigen

119

Rauch um jene Höhen, wo Döbling und Grinzing und Nuß-
dorf liegen und die beiden Schwesterschlösser auf dem
Leopolds- und Kahlenberge, und so dir etwa der Abendtau
und die Nachtfeuchte des Praters ein Übel zuzöge, so wäre
es mir sehr unlieb, da ich es doch eigentlich bin, der dich
herabgeführt und in diese entfernte Einsamkeit verlockt
hat. – Aber sei getrost, dort sehen wir schon Wagen, die bis
zum Lusthause fahren, das auf der Inselspitze am Wasser
liegt, und weiter aufwärts werden sie immer mehr, und
schon hören wir wieder die Musik der Kaffeehäuser und
endlich auch die aus dem Circus gymnasticus schallen – dasselbe Auf- und Abhaspeln der Wagen und des Glanzes und
Pompes in der Hauptallee; dasselbe betörende und verwir-
rende Klingen und Schmettern aus dem Wurstlprater herüber; dasselbe Wogen und Wallen der Menge, wie wir es
verlassen, daß du dich ermüdet ordentlich wegsehnst aus
diesem Menschenknäuel, und daß du meinst, es müssen ja
alle Bewohner von Wien hier sein oder im Herabgehen begriffen – – aber sieh zu, wir gehen die ewige lange Allee
hinauf, geblendet von der Abendröte, die in unser Gesicht
strahlt; jetzt stehen wir wieder an der Jägerzeile, und du
siehst sie vollgepfropft von Menschen, die fast alle hinauf
gehen – eine Masse dunkler Gestalten.

Adalbert Stifter

Über das Riesenrad und den Wurstelprater

Die Romanfigur Urbane Vorhofer monologisiert

700 000 Besucher hat jährlich das Riesenrad, 150 000 die Kapuzinergruft, 70 000 das Museum moderner Kunst.

Am Ende des Untergrundbahnsteigs Praterstern steht eine weiße Stoptafel mit einem schwarzen Gekreuzigten als Warnung!

Wenn die große Gondel des 90jährigen Riesenrads, die nach rechts hochgezogen worden war, um 65 Meter über dem Boden Wiens ihren Ausblick auf die Stadt zu gewähren, später nach links wiesenwärts absinkt, durchschwebt, durchtaucht, durchfährt sie während der Landung die riesige Krone einer uralten Trauerweide . . .

Wer auf dem Karussell innen fährt, nahe der Achse sitzt, ist zwar der alles bewegenden Mitte nahe – aber um das Ringelspielgefühl betrogen . . .

Auf dem Karton- und Lackgebirge der Hochschaubahn bewohnt tatsächlich eine lebende freie Elster den Scheingipfel – ohne wegzufliegen, wenn die rasselnden Blechwägelchen mit den johlenden Passagieren durch die Kunsthöhlen poltern . . .

Der Weltraumraketensimulator im Wurstelprater mit dem wegen der ungeheuren Beschleunigungs- und Ablenkkräfte schreienden Publikum würde sich bestens als Tatort für einen Mord eignen: Erst lang nach dem Aussteigen der Benommenen würde der auf dem Schleudersitz im Finsteren Zusammengesunkene als angeschnallte Leiche erkannt werden . . .

Matthias Mander

Die westlichen Ghettos: Wien

Die Ostjuden, die nach Wien kommen, siedeln sich in der Leopoldstadt an, dem zweiten der zwanzig Bezirke. Sie sind dort in der Nähe des Praters und des Nordbahnhofs. Im Prater können Hausierer leben – von Ansichtskarten für die Fremden und vom Mitleid, das den Frohsinn überall zu begleiten pflegt. Am Nordbahnhof sind sie alle angekommen, durch seine Hallen weht noch das Aroma der Heimat, und es ist das offene Tor zum Rückweg.

Die Leopoldstadt ist ein freiwilliges Getto. Viele Brükken verbinden sie mit den andern Bezirken der Stadt. Über diese Brücken gehen tagsüber die Händler, Hausierer, Börsenmakler, Geschäftsmacher, also alle unproduktiven Elemente des eingewanderten Ostjudentums. Aber über dieselben Brücken gehen in den Morgenstunden auch die Nachkommen derselben unproduktiven Elemente, die Söhne und Töchter der Händler, die in den Fabriken, Büros, Banken, Redaktionen und Werkstätten arbeiten.

Die Söhne und Töchter der Ostjuden sind produktiv. Mögen die Eltern schachern und hausieren. Die Jungen sind die begabtesten Anwälte, Mediziner, Bankbeamten, Journalisten, Schauspieler.

Die Leopoldstadt ist ein armer Bezirk. Es gibt kleine Wohnungen, in denen sechsköpfige Familien wohnen. Es gibt kleine Herbergen, in denen fünfzig, sechzig Leute auf dem Fußboden übernachten.

Im Prater schlafen die Obdachlosen. In der Nähe der Bahnhöfe wohnen die Ärmsten aller Arbeiter. Die Ostjuden leben nicht besser als die christlichen Bewohner dieses Stadtteils.

Sie haben viele Kinder, sie sind an Hygiene und Sauberkeit nicht gewöhnt, und sie sind gehaßt.

Niemand nimmt sich ihrer an. Ihre Vettern und Glaubensgenossen, die im ersten Bezirk in den Redaktionen sitzen, sind »schon« Wiener und wollen nicht mit Ostjuden verwandt sein oder gar verwechselt werden. Die Christlichsozialen und Deutschnationalen haben den Antisemitismus als wichtigen Programmpunkt. Die Sozialdemokraten fürchten den Ruf einer »jüdischen Partei«. Die Jüdischnationalen sind ziemlich machtlos. Außerdem ist die jüdisch-nationale Presse eine bürgerliche. Die große Masse der Ostjuden aber ist Proletariat.

Die Ostjuden sind auf die Unterstützung durch die bürgerlichen Wohlfahrtsorganisationen angewiesen. Man ist geneigt, die jüdische Barmherzigkeit höher einzuschätzen, als sie verdient. Die jüdische Wohltätigkeit ist ebenso eine unvollkommene Einrichtung wie jede andere. Die Wohltätigkeit befriedigt in erster Linie die Wohltäter. In einem jüdischen Wohlfahrtsbüro wird der Ostjude von seinen Glaubensgenossen und sogar von seinen Landsleuten oft nicht besser behandelt als von Christen. Es ist furchtbar schwer, ein Ostjude zu sein; es gibt kein schwereres Los als das eines fremden Ostjuden in Wien.

Joseph Roth

III. BEZIRK

Pestzeit und Türkenbesetzung des 3. Bezirks

Einige alte Folianten, die Gerichtsprotokolle der Gemeinde unter den Weißgerbern, [...] sollen uns im folgenden in jene Zeit zurückversetzen, da der 3. Bezirk, damals noch in die Gründe Erdberg, Weißgerber, St. Marx und Landstraße zerfallend, nichts als ein großes Dorf vor den Toren einer großen Stadt war. [...] Die Bevölkerung der genannten vier Gründe setzte sich namentlich aus vier Gewerben zusammen, und zwar aus Fleischhauern, Flecksiedern, Weißgerbern und Küchengärtnern, deren Lebensweise denn auch charakteristischerweise die genannten Protokolle hauptsächlich zum Ausdrucke bringen, und zwar in den unverfälschtesten Naturlauten. Solange diese vier Gewerbe vorherrschten, gaben sie der Landstraße einen ganz eigentümlichen Charakter und man kann sich wohl denken, daß er rein im Materiellen lag.

Das Jahr 1679, mit dem die Protokolle beginnen, war nicht nur für den 3. Bezirk ein Unheilsjahr, denn auch alle übrigen Vorstädte wurden in diesem Jahre von der Pest verheert und siebenhundert Menschen begrub man allein in Erdberg. Handel und Wandel stockte, die Leute begingen Exzesse. [...] Aber schon erholten sich die Bewohner der Landstraße wieder, als nur vier Jahre später die Türkenbelagerung die mächtig aufblühende Vorstadt mit allen anderen der Vernichtung preisgab. Viele Jahre brauchte es, um nur wieder den früheren Wohlstand zu erreichen. Auch die Gerichtsprotokolle, die wahrscheinlich in die Stadt geflüchtet wurden, sind in der Zeit vom 6. Juli 1683 bis 18. Juni 1684 unterbrochen. [...]

Nach der Türkenbelagerung von 1683 drangen nur noch

einmal Feinde bis in die Nähe unserer Vorstadt und drohten, sie, die sich kaum erholt hatte, zu vernichten. Es waren dies aufständische Ungarn unter Rakoczy, gegen die man aber doch rechtzeitig Vorkehrungen treffen konnte, vor allem durch die Errichtung des Linienwalles, der denn tatsächlich namentlich die Landstraße im März und Juni 1704 vor neuerlicher Verheerung beschützte. [...]

Am 8. Juni 1704, als die Gefahr am höchsten war, mußten zu den Schanzlinien, die von Mannschaft entblößt waren, auch 12 Mann vom Grund unter den Weißgerbern ausrükken. Sie wurden bei St. Marx aufgestellt. Indessen liefen auch hier über die geringe militärische Zucht dieser gezwungenen Vaterlandsverteidiger Klagen ein, da mancher nicht den Dienst versehen wollte und sich sogar an seinen Vorgesetzten vergriff (29. Juni 1704). Noch am 14. Dezember 1705 entstand ein Kriegslärm, offenbar ein falscher, aber es wurde beschlossen, daß man wieder wie früher bei den Linien wachen sollte, kein Ungar durfte hereinpassieren außer bei der Favorita und jeder Bürger mußte bei Strafe von 12 Talern mit Ober- und Untergewehr aufziehen. Fortan störte aber nichts mehr die Ruhe der Landstraßer bis in das 19. Jahrhundert. Am 11. Mai 1742 wurde die Gemeinde zwar aufmerksam gemacht, daß sich der Feind (die Preußen) nähern könnte, indessen blieb es auch diesmal nur bei Vorbereitungen. Im Jahre 1748 waren unter den Weißgerbern Panduren von Trenck einquartiert.

Emil Karl Blümml und Gustav Gugitz

Prinz Eugen läßt das Belvedere erbauen

Das war Welt und Weite um die Stätte des heutigen Belvedere im Juli 1683, da ein magerer, kleiner, häßlicher und armer Sohn aus großem Haus auf der Reise zum römischen

Kaiser nach Wien war. Eugenio von Savoy, wie er sich schreiben sollte.

Zehn Jahre später begann er, die Weinrieden neben dem »Heugaßel« und am Rennweg zusammenzukaufen. Tief unten in der Erde schliefen und schlafen Straßen und Gassen, Zentralheizungen und Mosaike der römischen Zivilstadt, von der kein Mensch mehr etwas wußte. [...]

1702 ist die den Garten in eine untere und eine obere Hälfte trennende Quermauer mit seitlichen Treppen entstanden, und so ist es immer ruckweise weiter gegangen, denn Eugen war meist im Krieg, schlug Schlachten oder reiste in den umständlichen, unbequemen, schweren Kutschen der Zeit, die in ihrem Ledergehänge schaukelten, daß man seekrank werden konnte, von Italien nach Flandern, von Bayern nach Holland. Fuhr und fuhr, Tage, Nächte, Monate, stieg aufs Pferd, ritt auf den Feldherrnhügel neben zwei Pappeln, die die Kanonenkugeln umgerissen, sah durchs Perspektiv, machte den rechten Flügel stark, umging den linken, ließ im Zentrum Miranda- und Styrumkürassiere attackieren, schnupfte unaufhörlich, hatte das Spitzenjabot voll von Tabak, sah wieder durchs Perspektiv, sah Dörfer brennen, Tote überall im Getreide liegen – und schrieb abends im Zelt einen Brief an Leibniz. Überall in Europa kaufte er zwischen den Schlachten Bücher, Bilder, Statuen, Stiche und Möbel. Wohlverstanden, er *kaufte* sie. Für ihn wirkten keine Beutekommandos im Rücken seiner siegreich vormarschierenden Heere.

Von 1714 bis 1716 baute Lukas von Hildebrandt am unteren Belvedere. Er hat später oft geklagt, wie ihn Eugen gehetzt hat.

Schon war der Savoyer der heimliche Kaiser. Seiner Genialität haben sich die drei letzten Habsburger immer wieder gebeugt, sosehr die Hofcliquen immer wieder gegen Eugen gefaucht haben. »Soviel Größe mit soviel Einfachheit«, hat Rousseau später über Eugen geschrieben. Der Prinz war ein seltsam moderner Mensch, dieser blaublütigste Nobelmann, der Sieger von Zenta, der eigentliche Gründer österreichischer Großmacht. [...] Ein Franzose, Dominique Girard, hat den Garten entworfen, hat Bassins, Kaskaden, Bosketts in Hildebrandts Rahmen hineinkomponiert, Anton Zinner, Eugens Garteninspektor, hat sie ausgeführt und für die laufende Erhaltung der Gärten und Orangerien gesorgt, die nun fast zweihundertfünfzig Jahre lang als traumhafter Feengarten über Wien auf der prähistorischen »Belvedereterrasse« thronen, wenn auch viel von dem ursprünglichen Glanz verloren gegangen ist.

Siegfried Weyr

Wohnhaus in der Rasumofskygasse 20
(jetzt Musil-Museum)

Form eines Platzes: Die Straße ist irgendwann einmal aufgeschüttet worden. So steckt das alte Palais mit den Tiefparterrefenstern, teils halb, teils ein Viertel, teils weniger in der Erde. An der Seitenfront wölbt sich hinter einem Gitter ein Säulenportal hinunter zu einem verwahrlosten Garteneck, od. Hofeck unter dem Niveau der Straße. Korinthische Säulen. Landstraße bei der Einmündung der Rasumofskygasse. Sie erweitert sich wie ein Fluß zu einem kleinen See stagniert u. dann in zwei Rinnsalen abfließt (Erdbergerstr.) Eine Insel mit braunen Holzhütten u. zwei Reihen Bäumen, von einer Querstraße durchschnitten, nahe an das eine Ufer gerückt.

Ungefähr von da gesehn graugekalkte Rauchfänge auf den Dächern der niederen Häuser wie Dolomittürme. Es muß eine Bäckerei oder irgendein Gewerbe unter diesen altmodischen Dächern untergebracht sein: so viel Rauchfänge.

Robert Musil

Torso eines Torsos: Der Arenbergpark

Wie eine gepflegte G'stätt'n liegt der heutige Arenbergpark da, wie eine G'stätt'n, auf der allerhand stehengeblie-
ben ist und wo eine sorgende Hand versucht, etwas wie einen öffentlichen Garten zu gestalten. Einen öffentlichen
Garten, wie man ihn sich heute in einem öffentlichen Pla-
nungsbüro vorstellt. Nur wenige alte Bäume gibt es. Die
Errichtung der beiden Flaktürme im letzten Krieg hat alles,
was es an Heimlichkeit und Stille hier gab, offensichtlich
vernichtet. [...]

Kinderspielplätze garnieren die beiden außerplanetari-
schen Bauten und die merkwürdigen Zeilen des heutigen
Dannebergplatzes umgeben in ihrer trostlosen Kulissenan-
lage von 1910 den Rest des Parkes in eigentümlich unrealisti-
scher Weise. [...] Und vor dieser ärgerlichen Kulisse steht
still, klein und elegant am Rande des Parkes ein sonderbares
Gartenhaus von 1785, mit Reliefs und Chinoiserien geschmückt, das man 1908 nur durch einen Aufschrei der Öffentlichkeit vor dem Demolieren gerettet hat und das jetzt
neu hergerichtet als eine der reizendsten Meiereien der
Stadt dient. Ein eigentümlich schnippischer Bau. Mit seinen exotischen Reliefs steht es wie ein unwahrscheinliches
Überbleibsel aus einer anderen Zeit in diesem traurigen
Überrest von einst da. Es ist eine so entzückende architek-
tonische Perle, daß man seine Realität in der fürchterlichen
Umgebung nicht glauben will. Angeblich hat der Wüstling
Graf Esterhazy seine geheimen Orgien hier gefeiert.

☆

1785 hat der Fürst Nikolaus Esterhazy die weiten Ackerflä-
chen zusammengekauft, die es vorher hier gab, sich dann
ein Sommerschlößchen und einen weiten Park anlegen lassen. Fünfzigtausend Quadratmeter war er groß. Drei kleine

Häuschen hatte der durchlauchtigste Fürst zusammenrei-
ßen lassen und dann war das sanfte, still-beredsame, einen
Stock hohe Haus entstanden. Es war die Zeit des Zopfstils.
Schon war die »edle Einfalt« und die »stille Größe« der
Alten überall durchgedrungen. Und man trug sich in allem
und jedem klassizistisch. Man liebte glatte Flächen, kühle
Verhältnisse, ganz gerade Linien, keine Kurven. Noch kann
man das an der gartenseitigen Front des kleinen Palais, in
seinem lieben, gemütlichen Hof studieren, in dem eine
seltsam-schreckliche Steinfratze, ein Brunnenauslauf, ko-
misch droht. Nur ganz zart ist die Straßenfront mit einigen wenigen, entzückenden Kinderreliefs belebt, während
an der Gartenfront der wackere Saturn mit einigen Genien
von Johann Georg Dorfmeister auf dem Dach agiert.
MDCCLXXXV steht darunter, was 1785 heißt.

Sonst ist das liebe, reizende Gebäude von Lichthöfen,
Feuermauern, einem hohen Fabrikschornstein und einem
anspruchslosen, schlichten Gemeindewohnhausbau umgeben, die es dastehen lassen wie ein aus einem großen Aus-
verkauf zurückgebliebener Posten. Eine Örtlichkeit, an der
der brutale Ungeist der Häuserspekulanten von einst sich in
seiner ganzen, abstoßenden Häßlichkeit zu erkennen gibt.

Im Jahre 1810 kaufte der Erzherzog Karl um hundertvier-
zigtausend Gulden das Ganze. Als einen Sommersitz, wo er
Ruhe und Frieden haben konnte; im Winter wohnte er in
der Krugerstraße in dem weiträumigen Palais, das heute das
Studentenheim der Caritas beherbergt. Nach den Aufre-
gungen und Stürmen des Jahres 1809 brauchte er endlich
Ruhe, zu sehr war der zarte Mann in der Weltgeschichte
gestanden, hatte er Weltgeschichte gemacht. Jetzt wollte er
Rosen züchten, ließ sich vom Hofarchitekten Aman ein Ge-
wächshaus bauen und eine Grotte aus petrifiziertem Schilf-
rohr (in Ungarns Morästen gesammelt). Hunderte von verschiedenen Rosenarten kaufte er in England und in den

Niederlanden und im Sommer war sein Garten alsbald ein
angestauntes Wunder, zu dem die Wiener Rosenfreunde
Wallfahrten machten.   *Siegfried Weyr*

Zum Bau des Wittgensteinhauses in der Kundmanngasse

Nach einer Zeit als Hilfsgärtner im Kloster der Barmherzi-
gen Brüder, wo er sich, wie schon einmal zuvor, mit dem
Gedanken trägt, Mönch zu werden, beginnt Wittgenstein
im Herbst 1927 mit den Arbeiten am Haus seiner Schwester
Margarete Stonborough in der Kundmanngasse. Im Februar
1927 kommt es schließlich durch die Vermittlung von Margarete zu einem ersten Treffen mit Schlick. [...]
Erst nach mehreren Zusammenkünften mit Schlick allein
willigte Wittgenstein schließlich ein, auch andere Mitglieder des Schlick-Kreises zu treffen. Zu den folgenden Gesprächen, bis Ende 1928, kommen neben Friedrich Wais-
mann, jedoch weniger regelmäßig, auch Carnap, Feigl und
Maria Kaspar-Feigl. Nicht alle Diskussionen betrafen die
Philosophie, Wittgenstein hatte sich ganz der Architektur
und dem Bau seines Hauses gewidmet, und manchmal zog
er es vor, Gedichte vorzulesen, was dann jedoch zu den an-
regendsten Bemerkungen und weitläufigen Auslegungen
seiner Ansichten führte. Ansonsten sprach man viel über die
Philosophie der Mathematik und besonders über Ramseys
Arbeiten zu den Grundlagen der Mathematik.
Das Haus in der Kundmanngasse wird im Herbst 1928
fertig, und Wittgenstein beschließt, in England Urlaub zu
machen. »Ich habe gerade mein Haus fertiggestellt«,
schreibt er an Keynes, »das mich während der letzten beiden Jahre ganz in Anspruch genommen hat. Nun werde ich
jedoch Ferien machen und möchte Dich natürlich so bald

wie möglich sehen. Die Frage ist, ob es Dir etwas ausmacht, mich zu treffen. Wenn nicht, schreib eine Zeile.« Am 18. November 1928 schreibt Keynes an seine Frau, die russische Tänzerin Lydia Lopokova: »Ein Brief von Ludwig. Er hat sein Haus fertig und schickt Fotos davon – à la Corbusier. Er möchte in etwa zwei Wochen herkommen und bei mir wohnen. Bin ich stark genug? Vielleicht, wenn ich bis dahin nicht arbeite, werde ich's können.«

Michael Nedo

IV. BEZIRK

Das ehemalige »Freihaus«

So werden die Späteren, die das alte Freihaus auf der Wieden nicht mehr selber sehen können, auch nie und nimmer wissen, was denn in Wirklichkeit an ihm war. [...] Es gibt kein zweites Miethaus in ganz Wien, über das so viel geschrieben worden wäre, gereimt und in Prosa, wie über das Freihaus. Mit seinen weitläufigen Trakten, seinen großen Höfen und seinen Gärten hatte dieses größte Zinshaus unserer Stadt eine Grundfläche von mehr als 25 000 Quadratmetern inne. [...] Für eine Beschreibung in Prosa sorgt Adolf Bäuerle. Sein Roman »Die Dame mit dem Totenkopf«, bei dessen Lektüre Herr, Frau und Fräulein Biedermeier angenehm das Gruseln lernten, wir aber eine heitere Stunde zubringen können, spielt zum großen Teil im Freihaus. In dieser schaurig rührseligen Geschichte von einer wunderschönen polnischen Gräfin und ihrem teuflischen Verfolger, ihrem Vormund, wird uns auch Schikaneder vorgeführt, der Direktor des kleinen, aber durch die Erstaufführung von Mozarts »Zauberflöte« ruhmbedeckten »Theaters im Freihaus auf der Wieden«. [...] Der Grund, auf dem heute das Freihaus steht, soll vor vielen hundert Jahren von zwei Seitenarmen der Wien umspült gewesen sein. Auf der einen Seite wird's wohl der Mühlbach gewesen sein, der noch im vorigen Jahrhundert, erst frei, dann überwölbt, durch die Mühlgasse lief, der langen, vielfenstrigen Front des Freihauses entlang. Die Spur des zweiten Armes läßt sich nicht mehr auffinden, wir können ihn uns gar nicht mehr vorstellen. Gleichviel, auf diesem Werder, den die zwei Wasserläufe bildeten, lag ehedem »ein landesfürstlicher Garten«. Diesen gab im Jahre 1643 Ferdinand III. seinem getreuen Kämmerer, dem niederösterreichischen Statthalter Konrad Balthasar Grafen von Starhemberg zu Schaumburg und Waxenberg zum Lehen. [...]

Das Schicksal des Starhembergschen Freihauses ist oft und oft erzählt worden. Drei große Brände sind in seiner Geschichte verzeichnet. Zum erstenmal verheerte schon im Jahre 1657 eine Feuersbrunst Conradswerd. Auf der Brandstätte errichtete Graf Konrad Balthasar 1660 einen Neubau, der in seinem Grundriß schon vorbestimmend blieb für die weitere Ausgestaltung des Hauses und von dem noch heute wichtige Teile vorhanden sind. Die Rosalienkapelle stammt noch aus dieser Zeit. Sie überlebte auch den großen Brand im Jahre der letzten Türkennot (1683). Diesmal war es ein Befehl des Hausherrn selber, der seinen Besitz in Schutt und Asche legte. Um dem Feind jeden Stützpunkt und Hinterhalt möglichst zu nehmen, ließ Ernst Rüdiger Graf von Starhemberg, Nachkomme und Erbe des ersten Eigentümers, die unbewehrten Vorstädte, nachdem sich deren Bewohner mit ihrer beweglichen Habe in die Stadt geflüchtet hatten, niederbrennen, ließ so sein eigenes großes Haus auf der Wieden anzünden. Größer und weitläufiger stand es bald darauf wieder da.

Diese neuen Baulichkeiten sahen dann anderthalb Jahrzehnte später einen berühmten und erlauchten Gast, niemanden Geringeren als Peter den Großen, der auf seiner Reise durch Europa auch einige Zeit in Wien weilte (1698). Trotzdem er »all incognito« reiste, auch nicht bei Hof wohnte, sondern im Graf Königseggschen Palast in Gumpendorf untergebracht war, bot man in Wien doch alles auf, um den hohen Herrn zu ehren. In der Favorita, wo Kaiser Leopold I. der Sommerszeit wegen just residierte, gab es feierliche Empfänge, und es wurde ein prächtiger, den Hof und höchsten Adel zu fröhlichem Treiben versammelnder

Kostümball, wie wir es nennen würden, eine »Wirtschaft«, wie es damals hieß, veranstaltet. [...]

Jedes Säkulum stellt sich den Bewohnern des Freihauses in besonderer, charakteristischer Weise dar. Das siebzehnte Jahrhundert verabschiedet sich mit einem farbenprächtigen Fest voll adeligen Prunkes, bei dem der Herr des großmächtigen und noch so rätselhaften Reiches im Osten zu Gast ist; das achtzehnte Jahrhundert klingt in Mozartsche Weisen aus, die, im Freihaus zum erstenmal gespielt und gesungen, den Weg durch die ganze Welt machen. Das neunzehnte Jahrhundert läßt an Stelle von Taminos und Paminas süßen Liebesgesängen eine schmetternde Fanfare erklingen: das Jahr 1848 singt laut sein Freiheitslied in den sonst so stillen Höfen des Freihauses. Es gibt eine hübsche Lithographie von Göbel, ein seltenes Blatt: »Die Bekanntmachung der Konstitution auf dem Sammelplatze der Nationalgarde im Freihause auf der Wieden am 15. März 1848.«

Hermine Cloeter

Quillo und die Molotows

Eine wahre Begebenheit aus der Wohllebengasse

Der Held dieser Geschichte ist Quillo, ein Jagdhund mit ungewöhnlicher Strahlungskraft, den es zu uns in die Stadt verschlagen hatte. Er lebte hier mit uns in derselben Straße des 4. Bezirks, der Wohllebengasse, in der auch der ehemalige sowjetrussische Außenminister Molotow einige Jahre lebte in seiner Eigenschaft als Leiter der permanenten sowjetischen Delegation bei der Internationalen Atomenergiebehörde, die ihren Sitz in Wien hat.

Wer Molotow war und was er für Österreich bedeutete, brauche ich den älteren Österreichern nicht ins Gedächtnis zu rufen. Allen anderen möchte ich erklären, daß es durch viele Jahre hindurch in London, Paris und sonstwo 282 oder 283 Sitzungen gegeben hat, in denen beraten wurde, ob man Österreich nach dem Zweiten Weltkrieg einen Friedensvertrag geben kann. Das scheiterte immer wieder am »Hammer« Molotow, der im entscheidenden Augenblick nur ein Wort sagte: »Njet!«

NJET, das weiß jeder, ist russisch und bedeutet NEIN. Obwohl weder meine Frau noch ich russisch verstehen, muß Quillo es verstanden haben, denn er verstand offenkundig Herrn und Frau Molotow, die in unserer Straße abends spazierengingen, wenn meine Frau Quillo »äußerln« führte. Die Sowjets hatten in unserer Gasse ein großes Haus, zwei Häuser von unserem entfernt. Darin wohnten die Molotows. Frau Molotow, die so etwas wie eine englische Adelige gewesen sein soll, wurde von der Konditorei in unserer Gasse wegen ihres eleganten Benehmens immer nur die »Gräfin« genannt. Sie ging jeden Abend um dieselbe Zeit spazieren wie meine Frau mit Quillo, weil sie in unseren Hund vernarrt war.

Frau Molotow brachte Quillo jeden Abend Schokolade, die er dankbar annahm, was er durch Schweifwedeln ausdrückte. Sie streichelte ihn und sprach auf ihn ein. Nun kann es schon sein, daß sie ihn durch Liebe behexte. Quillo drängte darauf, regelmäßig zur gleichen Zeit auf die Straße zu kommen. Er umtanzte sie auch jedes Mal so, als ob er den Verstand verloren hätte. Er hatte ihn aber nicht verloren, wie sich herausstellte, sondern behielt den sicheren Instinkt des Jagdhundes, der sich (wenn auch in die Stadt verschlagen) durch nichts und niemanden beeindrucken läßt, auch nicht durch einen Molotow, der, als er noch in Moskau amtierte, der bekannteste Genosse nach Stalin war.

Eines Abends traf meine Frau mit Quillo wie gewöhnlich die Molotows. Er hob den Hut zum Gruß, meine Frau dankte, und die »Gräfin« wollte wie gewöhnlich Quillo streicheln. Aber diesmal verkroch sich der, ganz gegen seine Gewohnheit, hinter meiner Frau. Er ahnte bereits, was kommen sollte.

Herr Molotow sagte zu meiner Frau mit dunkler Stimme, welcher er einen freundlichen Ton zu geben versuchte: »Sie wissen, wie sehr meine Frau Ihren Hund liebt.«

Meine Frau nickte, immer noch nichts ahnend. Quillo drückte sich ganz fest an ihre Füße.

»Wir würden den Hund gerne mit uns nehmen, wollen Sie ihn uns verkaufen? Sie würden uns beiden eine große Freude machen.«

Quillo zerrte an der Leine und wollte weg. Meine Frau hatte nicht lange Zeit, sich die Antwort zu überlegen. Aber wie ein Blitz fuhr ihr der Gedanke an die 282 oder 283 Staatsvertragsverhandlungen durch den Kopf, an die langen Jahre dieser Verhandlungen und an das entscheidende Wort, das Molotow zuletzt immer gesprochen hatte. Darum sagte sie als Antwort zu Herrn Molotow einfach »Njet« und es freut sie noch heute, ihm dies gesagt zu haben.

Herr Molotow bedauerte und seine Frau war wirklich traurig. Sie wußte ja wohl bereits, daß ihr Mann versetzt worden war und wußte wohl auch bereits, wohin es ging. Wir wußten all dies erst ein paar Tage später, als wir es in der Zeitung lasen. Es ging für die Molotows nach Ulan Bator, die Hauptstadt der Mongolischen Republik, noch weit hinter Sibirien gelegen.

War es ein Wunder, daß Quillo Wien den Vorzug gab? Welch ein Hundeleben hätte er dort führen müssen, all die Jahre, die langen Jahre, bis zum endgültigen Ende der Sowjetmacht.   *Alexander Giese*

1 Der Stefansdom, das Wahrzeichen Wiens

2 Die neue Hofburg, jetzt: Konferenzzentrum, Lesesaal der Nationalbibliothek und Museum

3 Das Obere Belvedere, der Sommerpalast Prinz Eugens, heute: Österreichische Galerie des 19. und 20. Jahrhunderts

4 Karlskirche, Karl Borromäus geweiht, dem Pestheiligen und Namenspatron Kaiser Karls VI.

5 oben: Die Staatsoper, Nachfolgerin des Kärtnertor-Theaters
6 unten: Das Burgtheater, Neubau des ersten deutschen Nationaltheaters

7 *Die Pestsäule, unter Kaiser Leopold I. als Mahnmal zur Pest von 1679 errichtet*

8 Schloß Schönbrunn, Residenz Maria Theresias und ihres
»idyllischen Absolutismus«

9 Die Spanische Hofreitschule: drei Jahrhunderte alte Dressurkunst, nicht nur für Pferdeliebhaber ein Ereignis

10 Die Kirche am Steinhof, das bedeutendste Jugendstilbauwerk Otto Wagners

11 Die Sezession, von Josef Olbrich erbauter Tempel der österreichischen Jugendstilbewegung

12/13 Otto Wagners dekorative Jugendstilbauwerke als Beginn der funktionellen Moderne: Die Stadtbahnhaltestelle Karlsplatz (oben). Die erste Villa von Otto Wagner (unten)

14 Das Café Central, von 1901 bis 1938 Treffpunkt der Wiener Literaten

15 Die UNO-City, Konferenzzentrum und Sitz der Internationalen Atomenergie-Kommission sowie der UNIDO

16 Das Loos-Haus. Adolf Loos war Architekt des modernen Funktionalismus und ein Vorläufer der deutschen Bauhaus-Bewegung

Theresianum und Favorita

Das Theresianum, die durch ganz Österreich-Ungarn berühmte Unterrichts- und Erziehungsanstalt, trat als Zwitter ins Leben. Seit seiner Geburt ist es in der Favorita auf der Wieden untergebracht. Das Theresianum, eine Schöpfung der großen Kaiserin, befindet sich noch immer in den dafür bestimmten Räumen. Gedacht war es als adeliges Seminar, dazu bestimmt, dem unbemittelten Adel »die Gelegenheit zu eröffnen, seine Söhne in guten Sitten und allen anständigen Wissenschaften unterweisen zu lassen«, damit sie in den Stand gesetzt würden, dem Herrscherhaus und dem Staat, »dem gemeinen Wesen«, wie es im Stiftsbrief heißt, »ersprießliche Dienste zu leisten«. Tüchtige Staatsmänner heranzubilden, allenfalls auch nur gute Beamte, das war, nach französischen Vorbildern, das Ziel. [...]

Alle Wirrnisse und Wandlungen bis heute zu verfolgen, ist nicht immer vergnüglich und erfreulich. Vielmehr ist es weitaus verlockender, der Geschichte der alten Favorita, des kaiserlichen Lustschlosses, nachzusinnen, in welchem, nachdem alle Feste verrauscht und der Tod des letzten Habsburgers ein Haus der Trauer daraus gemacht, die Gelehrsamkeit ihren Sitz aufgeschlagen.

Unter Kaiser Matthias begonnen, wurde der Bau 1623 unter Ferdinand II. beendet. [...] Obwohl sie ›nur mittelmäßig gebaut‹ war, war sie doch ein Lieblingsaufenthalt des Hofes. Lag sie ja mitten unter Weingärten; rings um sie war freies Land, gesunde frische Luft, und ihr großer Park, der damals ein weit ausgedehnteres Gebiet umfaßte als heute, bot die mannigfaltigsten Annehmlichkeiten. So war sie die Sommerresidenz par excellence, die in ihrer Einfachheit gerade die erwünschte Erholung vom sonstigen höfischen Prunk bot. Die drei Herrscher Leopold I., Josef I. und Karl VI. verbrachten hier alljährlich die schöne Jahreszeit, nahe genug der Stadt und doch in ländlicher Umgebung.

Einen Ehrenplatz nimmt die Favorita aber in der Musik- und Theatergeschichte Wiens ein. Haben auch die Ballette, Singspiele, Opern und Operetten, wie sie am kaiserlichen Hof zu Wien damals gepflegt wurden, für die heutige Zeit kaum mehr etwas zu bedeuten, so ist doch die Musikliebe des Herrscherhauses, die sich vom Ende des siebzehnten bis tief ins achtzehnte Jahrhundert so lebhaft bekundete, eine Vorbedingung späterer Kunstentwicklung. Jeder Festtag, Geburtstag oder Namenstag von Mitgliedern des Herrscherhauses, Vermählungen in der kaiserlichen Familie, aber auch der Empfang außerordentlicher Gesandtschaften gaben Anlaß zu großartigen theatralischen Veranstaltungen, und die meisten davon hatten die Favorita zum Schauplatz.

Hermine Cloeter

Die Bärenmühle: Operngasse 18

Diese an der Wien in der Nähe der Stadt beim Naschmarkt gelegene Mühle soll von der nachfolgenden Begebenheit ihren Namen bekommen haben. Eines späten Abends tauchte dort ein Ungetüm von einem schwarzen Bären auf und fiel den gerade vor seiner Mühle weilenden Müller an. Dieser war ein kräftiger Mann, der sich gegen seinen zottigen Gegner zur Wehr setzte, aber von demselben bald zu Boden gerissen wurde. Das Hilfegeschrei des Müllers hatte ein Knecht gehört, der sich gerade über dem Kampfplatz im ersten Stockwerk der Mühle befand und sofort erkannte, daß hier Hilfe höchst an der Zeit wäre, sonst wäre der Meister verloren. Ohne sich zu besinnen, sprang der verwegene Geselle zum Fenster hinaus, und zwar so, daß er auf dem Bären wie auf einem Pferde zu reiten kam. Sogleich schlang der Knecht seinen rechten Arm um den Hals des Bären und schnürte ihm denselben zu, so daß der Bär den Müller losließ, um sich des unangenehmen Halsbandes zu entledigen. Auf diese Art wurde es dem Müller leicht, sich freizumachen und mit Hilfe herbeigeeilter Leute Meister Petz die Kehle ganz zusammenzupressen. Der Müllerbursche erbat sich zur Belohnung die Bährenhaut und ließ sich daraus einen Pelz machen, den er durch die ganze Zeit seines Lebens trug, wovon er den Namen des Bärenhäuters erhielt. Der Müller aber ließ den Bären abmalen und das Gemälde über den Eingang der Mühle hängen, wodurch diese ihren Namen erhielt.   *Gustav Gugitz*

V. BEZIRK

Darstellung Georg Jägers, einer Schlüsselfigur für Hugo Wolf: Siebenbrunnengasse 15

Der »langhaarige Musiker« war Georg Jäger: Heute als eine rührende und tragische, ja fast mythische Persönlichkeit Gegenstand liebevoller Andacht für die Musikverständigen einer gewissen Geschmacksrichtung; damals, als er in meine Obhut kam, ein armes, zuckendes Nervenbündel, hinabgetaucht in urzeitliche triebhafte Dumpfheit, aus der er später noch einmal, flüchtiger Gast, ins Irdische zurückkehrte – dankbar für ein Obdach, in dem er vielleicht die erste Geborgenheit einer gehetzten Existenz genoß.

Sein Lebenslauf erschien mir als der typische des seherischen, stammelnden Künstlers, der in eingebungslosen Stunden fortgeworfene Schale ist und ausgepreßte Frucht, bis er, wieder anschwellend unter göttlichem Geisthauch, sich abermals, gleich dem platzenden Granatapfel, seiner heiligen Samenkerne entleert, um, abermals erschlafft, ins Nichts zu sinken. Dieses unsägliche Auf und Ab der verzückten Zeiten und jener, welche die Mystiker »Beraubung« oder »Verödung« nennen, gönnte ihm kein Gleichgewicht und keine Atempause. Er trug das Selbstbewußtsein seiner Auserwähltheit aus der erhabenen Einsamkeit in den bürgerlichen Alltag, wo niemand anderes in ihm erblicken wollte, als einen ungeschickten, dürftig gekleideten und überheblichen jungen Menschen von bäurischen Umgangsformen. Wohin er kam, stieß er an; im wörtlichen und im übertragenen Sinne. Sein besonderes Unglück war, daß er nicht nur musizieren, sondern auch schreiben konnte. Der Visionär war ein scharfer Kritiker, unbedingt und unerbittlich gegen das »musikalische Kunstgewerbe«, dem er erbarmungslos alles zuwies, was nicht aus elementarem Müssen hervorgeschleudert war: Alles aus dem Handgelenk Gemachte, alle »Meistersingerei«. Ein Pamphlet auf den maßgebenden Lehrer der Kompositionsklasse wurde ihm – ob mit Recht bleibe dahingestellt – zugeschrieben, er kam dadurch um seinen Freiplatz im Konservatorium der »Gesellschaft der Musikfreunde«, wo die von ihm verspottete Meistersingerei herrschte, zivilisierte, domestizierte Kunst.

Martina Wied

Fritz von Herzmanovsky-Orlando:
Wehrgasse 22

Tarockanische Architektur – Nachher – mit dem frisch erworbenen Wissen, was es mit dem Haus für eine Bewandtnis habe – kann man leicht sagen: »Das habe ich mir doch gleich gedacht.«

Tatsache ist: Man läuft daran vorbei, so ein Wunderding ist es nun auch wieder nicht. Ähnliches hat man auch schon an anderen Plätzen in Wien gesehen: die Arkaden im Erdgeschoß, der turmartige Runderker, die reich verzierten Friesbänder zwischen den Etagen, die schön gegliederten Fenster, die Terrassenbalustrade mit den Obelisken. Elemente der Wiener Werkstätte und des sogenannten Heimatstils in originellem »Verschnitt«. Auch die Höhe des Hauses, das alle seine Nachbarn überragt, das kühn sein Steildach »aufreißende« Atelierfenster, die kupfernen Wandleuchten im Foyer und die messingkugelgekrönten Marmorpfeiler am Stiegenaufgang signalisierten zwar architektonische Phantasie, eine gewisse Verspieltheit und Freude am Dekor – aber dergleichen war damals, in den Jahren um 1910, keine Seltenheit. [...]

Um zu erfahren, daß einer der Großen der österreichischen Literatur, der Satiriker Fritz von Herzmanovsky-Orlando, dieses Haus entworfen und geplant hat (Bauherr: ein gewisser Albert Schloß), muß man weiter ausholen: sich im Rathausarchiv umtun und in der Plankammer der Baupolizei. [...]

Kosmas Ziegler, der verstorbene Herzmanovsky-Orlando-Erbe, berichtet nicht nur von interessanten Restaurierungsaufträgen (etwa auf Burg Kreuzenstein bei Wien oder auf Schloß Tirol bei Meran) und von Initiativen als »Correspondierendes Mitglied der k. k. Zentralkommission für Denkmalpflege«, sondern auch von einer Reihe origineller Erfindungen, die vorzüglich zu jenem skurrilen Bild passen, das sich, dank Friedrich Torbergs Schatzgräberarbeit, eine staunend-entzückte Leserschaft vom kauzigsten unter den österreichischen Prosaautoren des 20. Jahrhunderts gemacht hat. [...]

Besonders arg ist es in jenem Jahr 1910, da das Haus in der Wehrgasse gebaut wird: »Ich bin jetzt in Wien ganz allein – meine Eltern sind schon lange fort, und Dr. Keller ist in Karlsbad, zur Erholung. Ich habe enorm zu arbeiten und mopse mich sträflich in der staubigen Hölle, die man Wien nennt...«   *Dietmar Grieser*

VI. BEZIRK

Wie Mariahilf entstand

1428 erscheint erstmals der Name »Im Schöff« für eine der drei Rieden auf dem Boden der späteren Vorstadt *Mariahilf.* »Im Schöff« lag zwischen Windmühlgasse und Siebensterngasse. Gegen 1574 entstand hier, gegenüber der eben erbauten Siedlung »Windmühle«, das erste Häuschen »im Schöff«. Erst ca. 90 Jahre später kamen weitere Häuser hinzu. Ausgangspunkt der Ansiedlung war der 1660 auf Weingärten des Bürgerspitals errichtete Friedhof der Barnabiten. In einer hölzernen Kapelle des Friedhofs wurde eine Kopie des Passauer Marienbildes, als »Mariahilf« bekannt, aufgestellt. Von da an kam die Bezeichnung »Mariahilf« für den um die Kapelle entstandenen Vorort auf, während der Name »Im Schöff« verlorenging.

Die Vorstadt »Mariahilf« erstreckte sich zwischen Windmühl- und Amerlinggasse bis Stiftgasse, Siebensterngasse und Zollergasse im heutigen VII. Bezirk.

Gegen 1670 setzte eine stärkere Besiedlung des Gebiets ein, doch die weitere Entwicklung wurde durch die Pest von 1679 stark gehemmt. 1683 wurden alle Häuser vor den anrückenden Türken niedergebrannt, das Marienbild in die Stadt verlagert. Nach dem Abzug der Türken erbaute man an der Stelle der einstigen Kapelle die Mariahilfer Kirche, deren Friedhof sich bis zur Windmühlgasse ausdehnte. Das benachbarte Barnabitenkloster wurde durch einen Schwibbogen mit der Kirche verbunden.

Nach 1683 nahm die Bautätigkeit einen großen Aufschwung, und es entstand bald eine ausgedehnte, blühende Vorstadt; zu diesem Aufschwung trugen sowohl die Nähe zu den industriereichen Vorstädten Neubau und Schottenfeld

143

als auch die durch Mariahilf führende Straße nach Schönbrunn und Linz bei.

Im 17. Jahrhundert entwickelte sich die Siedlung an der Mariahilfer Straße, die früher in ihrem unteren Teil bis zur Stiftgasse Laimgruber Hauptstraße, in ihrem oberen Teil ab der Schottenfeldgasse Penzinger Straße hieß, zu einem Standort von Handwerkern und Gewerbetreibenden. Als nach 1848 das Handwerk von der Industrie immer weiter zurückgedrängt wurde, entwickelte sich die Mariahilfer Straße zur führenden Geschäftsstraße von Wien.

Stadt Chronik Wien

Danksagung Raimunds nach der Aufführung seines Stücks »Die gefesselte Phantasie« im Theater an der Wien

Abdankung nach der »Gefesselten Phantasie«, am ersten Abend der Gastdarstellungen im Theater an der Wien, den 28. Oktober 1830.

Verehrungswürdigste!

Der heutige Abend ist in vielfacher Hinsicht einer der wichtigsten meines theatralischen Lebens. Er gewährt mir das Glück, neuerdings vor dem gütigen Publikum von Wien zu erscheinen, welches mich durch dreizehn Jahre in dem Theater der Leopoldstadt mit *so* großer Auszeichnung beehrte, daß ich dieselbe nie ganz zu verdienen imstande war, und das mich bei meinem heutigen Wiederauftritt mit eben solcher Huld *empfängt*, als es mich vor einigen Monaten gütig *entlassen* hat. Und so fordert mich Vergangenheit und Gegenwart zum feierlichsten Danke auf. – Ich gleiche einem Wandrer, der aus einem schönen Lande, in dem er Ehr' und Lieb' geerntet, in ein neues zieht, und der, weil es ihm nicht gegönnt war, an der Grenze preisend niederzusinken,

144

aus dem fremden Reiche noch dankend zurückruft nach der goldnen Wiege seines Glücks! – Darum, Verehrungswürdigste! nehmen Sie die innigste Versicherung, daß ich tief empfinde, wie sehr ich all mein Glück Ihrer Güte zu danken habe, und daß, wenn mich auch nach Beendigung meiner Gastrollen Verbindungen auf einige Zeit von Wien entfernen, ich doch nie aufhören werde, nach der Huld meiner *Vaterstadt* zu ringen und *sie* als mein höchstes Gut zu achten.

Ferdinand Raimund

Die »alte Hex« von der Laimgrub'n

»Kann ich nimmer«, greinte der Sekretär, »ich bin verworfen! Großkopf, die Höllteufel muß mein werden, oder ich geh' in die Donau. Aber wie, wie?«

»Eynhuf«, sagte jetzt tiefernst Großkopf zum trostlosen Amanten, der jammervoll verfallen neben ihm daherschlurfte, »geben S' vor allen Dingen das blöde Vogelwerkel da weg, stellen S' es wo bei einem Hausmeister ein und hören S' mich an. Ja, es gibt noch ein Mittel.«

Flüsternd neigte er sich zum Sekretär... sie kamen gerade beim Basiliskenhaus vorüber. »Ich sag's nicht gern. Es ist a nachtseitige Sach'! Greifen Sie zu den geheimen Künsten der mittelalterlichen Magie...«

»Meine Seele dem Höllenfürsten verschreiben...«, drang es aus Eynhufs Brust. »Nie!«

»No, das nicht, das nicht. Sie Tschapperl«, sprach Großkopf weiter, »nein, Kontrakte mit Seiner höllischen Majestät sind bei den jetzigen, halbwegs anständigen Notariatsverhältnissen kaum mehr möglich – aber ich weiß da auf der Laimgrub'n a Hebamm', Funzengruber schreibt sie sich – Sie (er flüsterte), die kann Ihnen an Liebestrank sieden! Sie, einfach: ›dla‹.« Großkopf leckte mit der Zunge die Lippen, unwillkürlich leckte Eynhuf mit – wie das Gähnen wirkte es ansteckend. »Soll auch früher« – er sah sich scheu um – »Kuchelmadel beim Cagliostro gewesen sein!«...

»Aber gehn S'«...

»Ja, wie ich sag'. Also die Wirkung ist effektiv, hab' erst unlängst an lieben alten Freund in Horn zwei Maßflaschen voll zugeschanzt, 75 Jahr' is er, aber...« Passanten unterbrachen das interessante Gespräch.

»Also, wenn Sie wirklich glauben, könnte man ja einen Versuch machen«, sprach Eynhuf mit einem leichten Hoffnungsschimmer in den eingesunkenen Rehaugen. »Aber wie ihr beibringen? Ob sie überhaupt einnehmen wird? Und wie? Auf Zucker?«

»Jetzt, das«, riet Großkopf, »müssen S' so anfangen: Sie müssen die Zofe von ihr gewinnen, das kann man machen. Der schicken S' a Billettdoux durch d' Millifrau oder wem und die schütt' der ihrigen Herrin das Saftl in den Kaffee. Nach einer Stund' gehn S' hinauf, s' Zofl laßt Sie einer und Ihre Angebetete packt sie z'samm' – nicht umgekehrt... dann können Sie um Ihr Junggesellentum weinen.«

»Großkopf, wenn das wahr ist! Meiner Seel, ich muß zur Funzengruber, wenn ich auch auf einem Bein bis hin hupfen müßt'.«

»Also wünsch' angenehmes Hupfen! Theobaldgasse 731, ebener Erde, links.«

Fritz von Herzmanovsky-Orlando

Zu Haydns Oratorium »Die Schöpfung«:
Haydngasse 7

[...] und der große Erfolg mag Haydn dazu bewogen haben, mit der Arbeit an der »Schöpfung« zu beginnen, deren Libretto er durch Salomon vor der Abreise aus England erhalten hatte. Van Swieten übersetzte es. Am 15. Dezember 1796 schrieb Haydns Freund J. G. Albrechtsberger an Beethoven (ihren gemeinsamen Schüler), daß Haydn ihn am Tag zuvor besucht habe und an einem Oratorium arbeite, das er »Die Schöpfung« nennen wolle. Albrechtsberger, dem Haydn einiges daraus vorgespielt hatte, meinte, daß es sehr gut werden würde.

Haydn benötigte fast das volle nächste Jahr und einen Teil des Jahres 1798 für die Komposition der »Schöpfung«. Der fünfundsechzigjährige Meister war sich der Verantwortung bewußt, die er mit der Wahl eines solch umfassenden Themas übernommen hatte, und so manche Skizzen, erste Entwürfe, zweite Entwürfe und in letzter Minute vorgenommene Änderungen, die in den verschiedenen Manuskripten der Wiener Bibliotheken zu finden sind, verraten, daß er niemals zuvor seine Aufgabe ernster genommen haben dürfte.

Um die Aufführung der »Schöpfung« zu ermöglichen, hatte van Swieten einige Aristokraten dazu überredet, Haydn 500 Dukaten zu garantieren und für die Spesen der Erstaufführung aufzukommen. Am 29. und 30. April 1798 wurde das Oratorium unter Haydns Leitung im Palais Schwarzenberg am Neuen Markt uraufgeführt. Der Erfolg war so groß, daß auch zwei weitere Aufführungen, am 7. und 10. Mai, einen vollbesetzten Saal fanden. Haydn konnte nun die Partitur mit Hilfe von Subskribenten drucken lassen. Am 19. März 1799 fand die erste öffentliche Aufführung im Wiener Burgtheater statt, bei der Salieri am Klavier saß und Haydn dirigierte. 18 Mann berittene Garde und ein Dutzend Polizisten waren nötig, um den Sturm auf die Theaterkasse einigermaßen in Zaum zu halten. Im bis auf den letzten Platz besetzten Haus wurden 4088 fl., 30 kr. eingenommen, eine Summe, die bisher noch niemals in einem Wiener Theater kassiert worden war. Einer von Haydns Biographen, Carpani, war Augenzeuge dieser Aufführung: »Ich war dabei und kann versichern, nie etwas Ähnliches erlebt zu haben. Die Blüte der gebildeten Welt, Einheimische wie Fremde waren versammelt... Tiefstes Schweigen, gespannteste Aufmerksamkeit, eine – ich möchte sagen – religiöse Verehrung herrschten von dem Augenblick, in dem der erste Bogenstrich getan wurde.«

H. C. Robbins Landon

VII. BEZIRK

Die Schmauswaberl

In der Neustiftgasse lag das alte, weitläufige, den Schild zum »goldenen Schiff« tragende und zur Grundherrschaft Schotten jährlich zu Michaelis 60 Pfennige zinsende, 150 Klafter, 1 Schuh und 3 Zoll als Flächenmaß aufweisende Haus, früher Am Platzel Nr. 56 (1812), später Nr. 4 (1843), das erst 1886 abgerissen wurde und einem Neubau Platz machen mußte, der aber nur mehr, da vieles für Straßen abgetreten wurde, auf verkleinertem Grunde erstand und in seiner Front zwar die Nummer 13 der Neustiftgasse trägt, aber seinen Eingang in der Faßziehergasse Nr. 12 hat und gleichzeitig der Gardegasse und Spittelberggasse als Nr. 13 und 37 zugehört. Ihm gegenüber blickt die Mechitaristenkirche, die im 18. Jahrhundert noch den Kapuzinern zugehörte, ernst in das muntere Getriebe der Straße. Wie oft mochte die Schmauswaberl im Innern der Kirche betend geweilt haben, denn sie war eine fromme Frau, die nicht nur für das Leibeswohl der Altwiener, sondern auch für ihr eigenes Seelenheil eifrig sorgte. Und wenn sie demnach Eduard Maria Schranka in der alten Kapuzinergasse zur Zeit Maria Theresias hausen läßt, so macht dies zwar im ersten Augenblick stutzig, da wir ja heute die Kapuziner immer mit dem Neuen Markt in Verbindung bringen, aber ein Körnchen Wahrheit steckt doch darinnen, wenn man die Mechitaristenkirche als ehemalige Kapuzinerkirche vor Augen hat und weiß, daß der Platz vor dieser in der ersten Hälfte des 19. Jahrhunderts nach Ausweis der Grundbücher Kapuzinerplatz hieß.

Wer ist und was stellt nun eigentlich die Schmauswaberl vor? Nach späteren Begriffen, welche die Wiener Dialektologen Fr. S. Hügel und Eduard Maria Schranka gewissen-

haft verbuchen, ist die Schmauswaberl eine Person, welche
die an der kaiserlichen Hoftafel oder an sonstigen großen
Tafeln übriggebliebenen guten Speisenreste aufkauft und
sie dann um verhältnismäßig billigen Preis ans große Publikum absetzt, so daß dieses sich um wenig Geld nicht nur
gute Speisen, sondern auch ein Herrengefühl erkaufen
konnte. Diese Form der Mahlzeit und des Essens steckte
also im ersten Teile dieses Namens als Schmaus, während
die Waberl eine bürgerliche Barbara vorstellt, welcher Tauf-
name jedenfalls der ersten Trägerin des zusammengesetzten Namens eignete. Und richtig saß auf dem Hause Am
Platzel Nr. 56, das den Schild zum »goldenen Schiff« trug,
1812 mit einem halben Hausanteil die Barbara Roman als
Eignerin, welche laut ihres Sterbeauszuges eine geborene
Wißmayer aus Wien und die Witwe nach einem herrschaftlichen Husaren war. So ein herrschaftlicher Husar war seinerzeit das, was man heute einen Büchsenspanner oder
Hausoffizier einer feinen Herrschaft nennen würde. Durch
diesen hatte Barbara Roman, vielleicht war sie selbst einst
eine Herrschaftsköchin gewesen, ihre Beziehungen zu den
feinen Leuten und schließlich auch zum Hof. Der Urgrund
ihres bürgerlichen Daseins lag ja beim kaiserlichen Hof.

Emil Karl Blümml und Gustav Gugitz

Der Kuß: Gustav Klimt und Alma Maria Schindler

Als Gustav Klimt zum zweiten Male – und nun sehr viel
nachhaltiger – in Alma Maria Schindlers Leben tritt, ist sie
siebzehn und er genau doppelt so alt. Ihr über alles geliebter
Vater, früh verbraucht, ist seit fünf Jahren tot; ihre Mutter,
die aus Hamburg stammende Operettensängerin mit der
abgebrochenen Karriere, hat wieder geheiratet: Schindlers
Meisterschüler und Assistenten Carl Moll.

Da erscheint Gustav Klimt. Ein Faun – voller Schönheit, Wildheit und Kraft. Zwar noch weit entfernt von der Meisterschaft seiner späteren Frauenporträts, ist er doch schon ein berühmter Mann: Für seine Beiträge bei der Ausgestaltung der Stiegenhäuser des neuen Burgtheaters und des Kunsthistorischen Museums wird ihm »Allerhöchstes Lob« aus dem Munde Kaiser Franz Josephs zuteil.

Unter der Künstlerschaft im Wien der Jahrhundertwende gärt es: Klimt und seine Malerkollegen Kolo Moser und Josef Engelhart, der Bildhauer Arthur Strasser und die Architekten Joseph Olbrich und Josef Hoffmann schließen sich in gemeinsamer Abkehr vom akademisch-sterilen und kommerziell-korrupten Künstlerhaus zusammen und schmieden im verborgenen Pläne zu revolutionärem Neubeginn.

Auch Carl Moll, Almas Stiefvater, zählt zu den treibenden Kräften der sich anbahnenden »Secession«. An seinem neuen Wohnsitz [...] finden die ersten Katakombensitzungen statt.

Klimt, von den Gründungsmitgliedern der »Secession« dazu ausersehen, deren erster Präsident zu werden, begegnet bei dieser Gelegenheit Alma: Die Tochter des Hauses, in alle Geheimpläne eingeweiht, nimmt an den Vorgängen so leidenschaftlichen Anteil, daß sie neben ihren musikalischen und literarischen Neigungen nun auch ihre bildnerische Ader entdeckt: Die Siebzehnjährige nimmt Unterricht im Zeichnen und Malen, und einige ihrer Tonskulpturen aus jenen Tagen werden sogar bei Wettbewerben prämiiert.

Überall stellt Klimt der »Schindler-Tochter« nach; statt »Quirl«, wie er sie in Kindertagen rief, nennt er sie nun »Butterfly«; einen Liebesbrief an sie (den einzigen, der sich gefunden hat) unterzeichnet er mit »Dein ewigdürstiger Klimschi«. [...]

Vorbei all ihr Träumen von unermeßlichem Reichtum, um bedeutenden Künstlern ein sorgloses Leben bieten zu

151

können, vorbei die romantischen Hirngespinste vom riesigen Garten in südlichen Gefilden, in dessen Ateliers sie die Großen ihrer Zeit um sich schart und verwöhnt. Die Italienreise, die sie im Sommer 1897 mit ihrer Familie unternimmt und der sich Gustav Klimt für eine Weile anschließt, ist da nur schaler Ersatz. [. . .]

Alma ist selig in ihrer Verliebtheit und hält jeden ihrer Schritte an der Seite ihres Verehrers in ihrem Tagebuch fest.

Das wird ihr in dem Moment zum Verhängnis, da Klimt sie zum erstenmal küßt und Almas Mutter, ihr Ehrenwort brechend, in die geheimen Aufzeichnungen der Tochter Einblick nimmt. Riesenkrach: Die gemeinsame Reise wird zwar programmgemäß fortgesetzt, doch Alma von Stund an unter strengste Aufsicht gestellt. Sogar ihre Geschwister sind dazu angehalten, sie zu bespitzeln, und Klimt darf nicht mehr das Wort an Alma richten. Erst im dichten Menschengewimmel des Markusplatzes gelingt es den beiden Verliebten, einander ungestört wiederzusehen. Klimt schwört ihr, alle anderen Beziehungen, sobald er wieder in Wien sei, abzubrechen, und nimmt ihr seinerseits das Versprechen ab, auf ihn zu warten. »Es war«, wird sie später in ihrem großen Lebensrückblick sagen, »wie eine heimliche Verlobung.« [. . .]

Alma verlegt sich aufs Komponieren. Klimts beschwörende Bitten, ihn in seinem Atelier zu besuchen, verhallen ungehört. Eine unerfüllt gebliebene Liebe, der sie, ungeachtet so vieler erfüllter in späteren Jahren, ein Leben lang nachtrauern wird:

»So oft wir uns später sahen, sagte er wohl: ›Dein Zauber auf mich vergeht nicht, er wird immer stärker‹, und auch ich zitterte, wenn ich ihn ansah, und so blieb es viele Jahre eine sonderbare Art von Verlöbnis – wie er das ja vor Jahren von mir verlangt hatte. Er hat es viele Jahre später selbst ausgesprochen: daß wir uns ein ganzes Leben gesucht und in Wirklichkeit nie gefunden haben.«

Während Klimt à la longue wieder sein gewohntes Leben aufnimmt und von einer Liaison in die andere taumelt (lauter »wertlose Frauenzimmer«, wie Alma ebenso verbittert wie ironisch urteilt), läßt sich Alma Maria Schindler von der »wilden Komponiererei«, in der sie ihr »Leid zu gestalten« versucht, in eine neue Beziehung treiben, die sogar ihr selber wie ein Rätsel vorkommt: »Er war ein scheußlicher Gnom. Klein, kinnlos, zahnlos, immer nach Kaffeehaus riechend, ungewaschen – und doch durch seine geistige Schärfe und Stärke ungeheuer faszinierend«: der Komponist Alexander von Zemlinsky. »Es war fast selbstverständlich, daß ich mich in ihn verliebte.« Ja, sogar von Heiraten war die Rede. Da tritt Gustav Mahler auf den Plan . . .

Die Geschichte von Alma Maria Schindlers erster Liebe wäre unvollständig, bliebe ihre Reaktion auf Gustav Klimts Tod unerwähnt. Am 11. Jänner 1918 erleidet der erst Fünfundfünfzigjährige in seiner Wohnung im Bezirk Neubau einen Schlaganfall, am 6. Februar stirbt er im Allgemeinen Krankenhaus an den Folgen einer grippösen Lungenentzündung. [. . .]

Der Tod des Jugendfreundes erschüttert sie so tief, daß Werfel sie in Tränen aufgelöst antrifft.

Dietmar Grieser

VIII. BEZIRK

Das neue Theater in der Josefstadt

Das alte Theater in der Josefstadt, durchschwebt von freundlichen Schatten aus Wiens guten Theatertagen und glorreich behaftet mit Erinnerungen an Wiens musikalische Heroenzeit, hat der Architekt Witzmann zu einem neuen Theater gemacht, in dem des Raums Vergangenheit reizvoll gegenwärtig wird. Zartfühlend war der Baumeister bestrebt, die Ruine so aufzufrischen, daß ihren Geistern das Umgehen nicht verleidet würde. Es geriet eine liebliche Komposition aus heute und ehegestern, ein Neubau mit Patina, eine Lokalität für Fest und Spiel, die, strahlend in funkelnagelneuer Gewesenheit, dem Geschmack von damals mit allem Witz von heute dient. Architektur ist bekanntlich gefrorene Musik; dann wäre das Musik-Gefrorne, das hier erzeugt worden, ein gemischtes: Menuett und Romanze. Form und Maße des Zuschauerraums sind geblieben, wie sie waren: er bekam nur neue rot-goldene Bekleidung, die den weichen graziösen Schwung seiner Linien schmeichlerisch unterstreicht. Ein warmer, froher Raum, durchatmet von aller sinnlichen Lust des Theaters. Sollte hier auch die Not des Menschen tragiert werden, so hätte sie wohl nur den Sinn des Bittern, das die Speise würzt. Über den stilgerechten Reiz der Nebenräume, erhöht durch Bilder, Kristall, Barocköfen, Reliefs, Fresken und alte Türen, deren Reiz wiederum dadurch erhöht wird, daß Professor Reinhardt sie persönlich in Italien eingekauft hat, ist Wien aus den Gesängen der Harfner (die im Festzug, der Reinhardt einholte, voranschritten) ausreichend unterrichtet. Ich kann nur sagen, daß alles sehr wohlgefällig, heiter und deliziös ist, angefangen von dem vielbelobten Kassenraum bis zu den charmanten Sträußl-Sälen, in denen man speisen wird, in denen also die Idee einer Restauration des Theaters ihren wiengerechtest-sinnfälligen Niederschlag findet. Das Ganze macht durchaus harmonischen, vornehmen, nirgendwo protzigen Eindruck. [...]

Für sein Wiener Theater haben sich die besten Leute deutscher Bühne, wie es heißt um bescheidenen Sold, Reinhardt zur Verfügung gestellt. Es spricht für die Stärke seiner Persönlichkeit, daß die Menschen, die ihm dienen, die Freude an solchem Dienst als einen Großteil ihres Lohnes erachten (was diesen Teil betrifft, stoßen sie auch niemals auf engherzige Knausrigkeit bei der Leitung der Reinhardt-Bühnen). [...] Aber es sind nicht nur Schauspieler, die von dem theatralischen Ingenium dieses Mannes so kräftig angezogen werden. Das dumpfe Geschlecht der Dramaturgen, Beamte, Helfer jeglicher Art am Werk, verströmen sich bis zur völligen Anämie für den herzlichen Menschenfresser.
Alfred Polgar

Erste eigene Wohnung in Wien: Kochgasse 8

Eine kleine Bibliothek hatte sich in den Jahren seit der Schule angehäuft, Bilder und Andenken; die Manuskripte begannen sich zu dicken Paketen zu stauen, und man konnte diese willkommene Last schließlich nicht ständig in Koffern durch die Welt schleppen. So nahm ich mir eine kleine Wohnung in Wien, aber es sollte keine wirkliche Bleibe sein, nur ein pied-à-terre, wie die Franzosen so eindringlich sagen. [...]

Viele Kostbarkeiten hatte ich in dieser ersten Wohnung noch nicht zu verstauen. Aber schon schmückte jene in London erworbene Zeichnung von Blake die Wand und eines der schönsten Gedichte Goethes in seiner schwungvoll freien Handschrift, – damals noch das Kronstück meiner Sammlung von Autographen, die ich schon im Gymnasium begonnen hatte. [...]

Daß das sonderbarste und kostbarste literarische Museumsstück zwar nicht in meinem Schranke, aber doch im gleichen Vorstadthaus sich barg, entdeckte ich erst später durch einen Zufall. Über mir wohnte in ebenso bescheidener Wohnung ein grauhaariges, ältliches Fräulein, ihrem Beruf nach Klavierlehrerin; eines Tages sprach sie mich in nettester Weise auf der Stiege an, es bedrücke sie eigentlich, daß ich bei meiner Arbeit unfreiwilliger Zuhörer ihrer Lehrstunden sein müsse, und sie hoffe, ich werde durch die unvollkommenen Künste ihrer Schülerinnen nicht allzusehr gestört. Im Gespräch ergab sich dann, daß ihre Mutter bei ihr wohnte und, halb blind, das Zimmer kaum mehr verließ, und daß diese achtzigjährige Frau niemand geringerer war als die Tochter von Goethes Leibarzt Dr. Vogel und 1830 von Ottilie von Goethe in persönlicher Gegenwart Goethes aus der Taufe gehoben. Mir wurde ein wenig schwindlig – es gab 1910 noch einen Menschen auf Erden, auf dem Goethes heiliger Blick geruht! [...]

Eine Kielfeder Goethes habe ich jahrelang unter Glas gehütet, um der Versuchung zu entgehen, sie in die eigene unwürdige Hand zu nehmen. Aber wie unvergleichlich diesen immerhin leblosen Dingen war doch ein Mensch, ein atmendes, lebendes Wesen, das noch Goethes dunkles, rundes Auge bewußt und liebevoll angeblickt – ein letzter dünner Faden, der jeden Augenblick abreißen konnte, verband durch dies gebrechliche irdische Gebilde die olympische Welt Weimars mit diesem zufälligen Vorstadthaus Kochgasse 8. Ich bat um die Verstattung, Frau Demelius besuchen zu dürfen; gerne und gütig wurde ich von der alten Dame empfangen, und in ihrer Stube fand ich mancherlei vom Hausrat des Unsterblichen wieder, das von Goethes

156

Enkelin, ihrer Kindheitsfreundin, ihr geschenkt worden
war: das Leuchterpaar, das auf Goethes Tisch gestanden,
und ähnliche Wahrzeichen des Hauses auf dem Weimarer
›Frauenplan‹. Aber war sie nicht selbst das eigentliche Wunder mit ihrer Existenz, diese alte Dame, ein Biedermeier-
häubchen über dem schon dünnen, weißen Haar, deren zer-
falteter Mund gerne erzählte, wie sie die ersten fünfzehn
Jahre ihrer Jugend in dem Hause am Frauenplan verbracht,
das damals noch nicht wie heute Museum war und das die
Dinge unberührt seit der Stunde bewahrte, da der größte
deutsche Dichter sein Heim und die Welt für immer verließ? [...]
Ich bin später noch mehrmals Frauen begegnet, die mit
ihrem weißen Scheitel emporreichten in heroische und
olympische Welt. [...] Aber nichts hat mich so berührt wie
das Antlitz jener Greisin, der letzten unter den Lebenden,
die von Goethes Auge noch angeblickt worden ist. Und vielleicht bin ich selbst wiederum schon der letzte, der heute
sagen darf: ich habe einen Menschen gekannt, auf dessen
Haupt noch Goethes Hand einen Augenblick zärtlich geruht. [...]
Stefan Zweig

»Bestätigung« der Zwölftonmusik
für Johann Körrer, eine Schlüsselfigur
für ihren Begründer Joseph Matthias Hauer:
Josefstädterstraße 74

Körrer aber erzählte: »Sie wissen ja, ich behaupte von jeher, daß sich in der Menschheit überall wenige, aber nachhaltige Urmelodien als letzte Zeugnisse einer gemeinsamen, menschheitlichen Musik erhalten haben, während in
Asien noch heute allenthalben von den Wissenden, den

wahrhaft Gebildeten, den Deutern, von den Priestern, den Königen, die Melodik der gleichschwebenden Temperatur, die atonale Musik, wie ich sie nenne, als einzige wahrhafte, mögliche, von der Willkür der Triebe und Leidenschaften freie, reine Musik bewahrt und immer wieder erneut wird. Jedes Motiv bedeutet seine bestimmte Sache und heißt nach ihr. Eines die ›Regenmelodie‹, ein anderes die ›Sternenmelodie‹, eines heißt ›der Brautgesang‹ oder ein anderes ›Totenmelodie‹ oder wie immer. Man unterscheidet sie danach, wie wir unsere grobsinnlichen Melodien nur mehr nach Tonarten nennen, weil ihnen die sachliche Bedeutung unter der persönlichen Willkür und unter der Verdunkelung gewaltsamer Formen zerflossen ist. Gewisse besonders nachhaltige Urmotive haben sich aber auch bei uns noch in mancherlei Verkleidungen und Verstellungen erhalten, einzelne Hornmelodien zum Beispiel bei den Schofarmusiken der Juden und bei ihren Tempelgesängen, und unter anderem auch im katholischen Gregorianischen Chorgesang eine besonders merkwürdige, die des ›Ite, missa est‹, die ich seit jeher als ›Sonnenmelodie‹ erkannt und bezeichnet habe. Dafür habe ich freilich nur eben den Beweis meiner untrüglichen Überzeugung gehabt, wie man Offenbarung eben nur glauben kann. Nun hat mich heute eine Schwedin besucht, wie man irgendeine Sehenswürdigkeit in einem fremden Lande besucht, eine Galerie oder eine Menagerie oder ein Baudenkmal, denn da oben im Norden hat man von meiner neuen Musik und Lehre schon vernommen und ist darauf neugieriger als in meiner Heimat. Das Frauenzimmer hat mir allerhand vorgeschwätzt, das mich sehr wenig interessieren konnte, und darum habe ich ihr auch gar nicht mehr recht zugehört, sondern meiner Frau überlassen, mitzureden und freundlich zu tun, wie die Weiber das immer verstehen. Auf einmal schlägt das Wort ›Lappen‹ an mein Ohr, ich höre wieder zu, da erzählt die Person, daß ihr Mann

158

jahrelang unter den Lappen gelebt, die Sitten und Gebräu-
che dieser nordischen Zigeuner erforscht und darüber ein
großes gelehrtes Buch geschrieben hat. Die Frau erzählt
gleich weiter, daß die Lappen einen merkwürdigen Son-
nenkultus hätten, den sie tanzend betrieben und unter dem
Gesange einer ganz bestimmten, merkwürdigen Melodie,
einer ›Sonnenmelodie‹. Sie brauchte dieses Wort. Sie können sich denken, wie es mirs ins Herz fällt, ich springe auf,
ich fahre sie an: ›Nichts weiter reden. Ich will Ihnen die
Sonnenmelodie singen.‹ Damit singe ich ihr mein ›Ite,
missa est‹, aber ich singe es nach meiner Weise: Isis! Isis!
den alten Gregorianischen Meßgesang. Sie lacht begeistert:
›Ja! freilich! Das ist die Sonnenmelodie. Die Lappen singen
und tanzen sie.‹ Ich aber hätte auf die Knie niederfallen und
Gott für den Beweis danken mögen.«

Otto Stoessl

IX. BEZIRK

Verzauberter Märchengarten:
Liechtensteinpark zwischen Feuermauern

Als der »Türk« 1683 geflohen war, war ein weites Ruinen-
feld rings um die Stadt herum gebreitet. Einer der ersten,
der in den ausgebrannten Zeilen zu bauen begann, war Herr
Johannes Adam Andreas, des heyligen römischen Reiches
Fürst undt Regierer des Hauses Liechtenstein. [...] Und
Johann Bernhard Fischer von Erlach, 1686 frisch aus Rom,
dem Kreise Berninis und der stadtrömischen Architektur
gekommen, ward alsobald von dem »durchlauchtighochge-
borenen« Fürsten engagiert. Fischer [...] baute 1687 im
Liechtensteinpark das herrliche Liechtensteinsche Belvedere, das 1873 im Wahn der anhebenden Markartzeit demoliert und durch ein langweiliges Renaissancepalais für die
damalige Fürstin-Witwe ersetzt wurde. [...]

Wahrscheinlich ist es damals nicht anders zugegangen wie
in den Tagen von 1946. Aus den Steinen der ausgebrannten,
herrenlosen Häuser entstand Neues. Sind doch auch beim
Wiederaufbau der Stephanskirche nicht wenig Steine aus
zerschmetterten, ausgebrannten Häusern wieder neu ver-
wendet worden. Wie seltsam-ergreifend wiederholt sich
doch der Schicksalsrhythmus dieser uralten Stadt.

[...] Es war »welscher Geist«, der hier in dem Werk des
österreichischen Künstlers in seiner ganzen persönlichen
berauschenden Weise sich materialisiert hat und die Entstehung eines der hinreißendsten Werke des Hochbarock auf
Wiener Boden herbeiführte. [...]
Von 1807 an ist die fürstliche Gemäldegalerie allmählich
hieher übersiedelt, und es entstand hier ein Kulturzentrum
von Weltruf: die Liechtensteinsche Galerie.

Der Liechtenstein, der ein Feldmarschall in den napoleonischen Kriegen war, der Mann, der den Husarentempel am Anninger erbauen ließ, dürfte die Umwandlung des barokken Parkes in einen »englischen Garten« begonnen haben. Vielleicht um 1810 herum. Das entzückende Empire-Eingangstor in der Fürstengasse trägt neben der in ihrer klassizistischen Naivität rührenden Inschrift: »Der Natur und ihren Verehrern der Fürst von Liechtenstein« die Jahreszahl 1814.

Siegfried Weyr

Alte Welt auf der Rossauerlände und am Franz-Josephs-Kai – spurlos verschwunden

Die ganze Rossauerlände war einst bis zur heutigen Friedensbrücke sozusagen Wiener Hafengebiet. Stand da am Beginn des modernen Polizeigebäudes einst die Lampelmaut. Welch lieblich anheimelnde Bezeichnung! Hier war der Hauptstapelplatz der die Donau herabgebrachten Lämmer, für die der Staat bei der Landung seinen Obulus einkassierte. Und gleich daneben war das Wirtshaus »Zum Lampel«, ein Brennpunkt des Lebens »auf der Scheiben«. Es hat sich kein Dichter dieses spurlos verschwundenen Wiener Lebens gefunden, in dem die Kraft- und Naturburschen, die »Strobler«, herrschten, eine eigene Organisation bildeten, die bis in die sechziger Jahre des vorigen Jahrhunderts bestanden hat und ein eigenes, merkwürdiges, farbiges Leben geführt haben muß. Die Strobler waren muskelbepackte Riesen, die viel Geld verdienten.

Kam eine mit Holz beladene Plätte in Wien am »Badergries« an – ungefähr zwischen Clusiusgasse und Pramergasse –, wurde die Löschung ihrer Ladung dem »Strobelmeister« übertragen, der durch seine Strobler das Holz auf irgendeinen der vielen Holzlagerplätze »ausscheiben« ließ. Brennholz war in jenen Zeiten, die die Kohle noch nicht kannten, ein enorm begehrtes Heizmittel, und es läßt sich Ausmaß und Bedeutung der Strobler begreifen. Das Geschäft des »Stroblmeisters« muß von großen Dimensionen gewesen sein, und es mag zur schönen Jahreszeit hier wohl wie in einem Bienenkorb zugegangen sein, wenn die »Holzscheiber« ihre Schiebkarren beluden, sich die »Anzieher« davor spannten, den Strick über die Schulter und unter rhythmischem Geschrei die Last über das schwankende Brett an Land brachten. Die »Strobler« schützten ihre Schulter mit einem starken Lederfleck und sie werden wohl seltsam-abenteuerliche Gestalten gewesen sein, denen das Messer nur lose im Hosensack saß.

Man muß sich die ganze Gegend hier vor der Donauregulierung als große grüne Wildnis vorstellen, in viele Inseln geteilt; das Röhren der Auhirsche drang in jenen Herbsten deutlich hinüber zu den Stroblern bei ihrer Arbeit . . .

Alt, sehr alt war diese Gegend, die schon im 14. Jahrhundert erwähnt wird. Auf dem »Hufschlag«, dem Weg neben dem Donauufer, trieben schon in jenen grauen Zeiten die »Jodeln« ihre Zugpferde einher, die die Plätten im Gegenzug donauaufwärts brachten; bis heute darf am Donauufer auf dem Areal des »Treidlweges« kein Baum, kein Strauch gepflanzt werden, da die Möglichkeit für den Schiffszug noch immer beachtet werden muß.

Schon um 1380 werden hier »Holz- und Klaubhöfe« erwähnt, auf denen die Bauern das Holz, das sie als Leibeigene in den herrschaftlichen Wäldern klauben durften, den Bürgern zum Verkauf anboten. »Unter den Flötzern« hieß es hier nach den Flößern, um 1700 wurde die Rossauerlände »G'stättenstraße« genannt, reihte sich hier Holzlagerplatz an Holzlagerplatz, und der große Brand vom 2. September 1883, der mehrere Tage währte, schien der jäh erbleichenden Makartzeit als Tat der damaligen Anarchisten.

Siegfried Weyr

Franz Schubert: Nußdorferstraße 54

Franz Schubert »Zu seinen Lebzeiten erschien nur ein Drittel seiner Lieder in Druck, nichts von seiner Kammermusik, seinen 9 Symphonien, seinen Opern«. Max Friedländer (Musikforscher) hat in den 80er Jahren 500 originale Handschriften Sch'scher Werke in den österr. Alpenländern aufgefunden. Dabei hat die »Wanderphantasie« dem Verleger 27000 Gulden eingetragen, während Schubert kaum 27 fls erhalten hatte. Er hat keine musikal. Anstellungen bekommen, um die er sich bewarb. Goethe hat die Widmung seiner Lieder ignoriert, obwohl Sch fast 100 Goethesche Lieder vertont hat. Eine Symphonie ist ganz verloren gegangen, eine erst nach seinem Tod gefunden worden. Die Gesellschaft der Musikfreunde hat eine Symphonie als zu schwülstig abgelehnt. Auch heute werden immer wieder nur die gleichen Lieder u Klavierstücke, zwei Symphon. u einige Kammermusikwerke vorgeführt.

Robert Musil

Zwei Briefe Sigmund Freuds
aus der Berggasse 19

Der erste Brief hat Freuds Beförderung vom Privatdozenten zum Extraordinarius zum Gegenstand, die durch Intrigen beim Unterrichtsminister durch vier Jahre verzögert worden war. Den wahren Grund, weshalb sie schließlich doch zustande kam, schildert er in einem Brief an seinen Freund Wilhelm Fliess:

[...] Da trat eine andere Kraft in Aktion, eine meiner Patientinnen... hatte von der Sache gehört und begann auf eigene Faust zu wühlen. Sie ruhte nicht, bis sie die Bekanntschaft des Ministers in einer Gesellschaft gemacht, verstand es, sich ihm zu empfehlen und ließ ihn dann durch eine gemeinsame Freundin versprechen, daß er ihren Arzt, der sie gesund gemacht, zum Professor ernennen werde. Genügend aufgeklärt darüber, daß ein erstes Versprechen von ihm soviel wie nichts bedeute, stellte sie ihn dann persönlich, und ich glaube, wenn ein gewisser Böcklin sich in ihrem Besitz befände anstatt in dem ihrer Tante . . ., wäre ich drei Monate früher ernannt worden. So wird sich Seine Exzellenz mit einem modernen Bild für die Galerie begnügen müssen, die er jetzt, natürlich nicht für die eigene Person, schaffen will. Endlich also, als der Minister zu Tische bei meiner Patientin war, machte er ihr gnädigst die Mitteilung, der Akt befinde sich schon beim Kaiser, und sie werde die erste sein, der er von dem Vollzug der Ernennung Kunde gebe.

Sie kam dann auch eines Tages strahlend und einen pneumatischen Brief des Ministers schwingend zur Arbeit. Es war also erreicht. Die Wiener Zeitung hat die Ernennung noch nicht gebracht, aber die Nachricht, daß sie bevorstehe, hat sich von der amtlichen Stelle aus rasch verbreitet. Die Teilnahme der Bevölkerung ist sehr groß. Es regnet auch jetzt schon Glückwünsche und Blumenspenden, als sei die Rolle der Sexualität plötzlich von Seiner Majestät amtlich anerkannt, die Bedeutung des Traumes vom Ministerrat bestätigt, und die Notwendigkeit einer psychoanalytischen Therapie der Hysterie mit zwei Drittel Majorität im Parlament durchgedrungen.

Ich bin offenbar wieder ehrlich geworden, die scheu gewordensten Verehrer grüßen auf der Straße von weitem. [...]

Der zweite Brief ist ein Brief Freuds an den Dichter Arthur Schnitzler.

Verehrter Herr Doktor

Seit vielen Jahren bin ich mir der weitreichenden Übereinstimmung bewußt, die zwischen Ihren und meinen Auffassungen mancher psychologischer und erotischer Probleme besteht, und kürzlich habe ich ja den Mut gefunden, eine solche ausdrücklich hervorzuheben (Bruchstück einer Hysterieanalyse, 1905). Ich habe mich oft verwundert gefragt, woher Sie diese oder jene geheime Kenntnis nehmen konnten, die ich mir durch mühselige Erforschung des Objektes erworben, und endlich kam ich dazu, den Dichter zu beneiden, den ich sonst bewundert.

Nun mögen Sie erraten, wie sehr mich die Zeilen erfreut und erhoben, in denen Sie mir sagen, daß auch Sie aus meinen Schriften Anregung geschöpft haben. Es kränkt mich fast, daß ich fünfzig Jahre alt werden mußte, um etwas so Ehrenvolles zu erfahren.

Gustav Mahler in Wien: Mahler-Haus Mariannengasse 26

Mit Siegfriedsallüren ist in das Opernhaus dieser Tage ein neuer Dirigent eingezogen, dem man es vom Gesicht ablesen kann, daß er mit der alten Mißwirthschaft energisch aufräumen wird. *Herr Mahler* dirigirte zum ersten Male »Lohengrin« und hatte einen von allen Blättern einstimmig anerkannten Erfolg. Es geht ein Gerücht, daß man ihn bald auf den Direktionsstuhl setzen wird. Dann wird das Repertoire unserer Hofoper wohl nicht mehr ausschließlich aus »Cavalleria rusticana« bestehen, heimische Komponisten werden ihre Manuskripte nicht mehr ungelesen zurückbekommen (sondern gelesen), und verdiente Sängerinnen nicht mehr grundlos vor die Thüre gesetzt werden: Der neue Dirigent soll bereits so effektive Proben seiner Thatkraft abgelegt haben, daß schon fleißig gegen ihn intriguiert wird. *Karl Kraus*

Hermann Brochs Zimmer in der Peregringasse 1

Als Emma Rudolph nach einem weiteren Berlin-Zwischenspiel wieder – und nunmehr endgültig – in Wien lebt, avanciert sie zur grande dame des Café Central. Auch Robert Musil und Karl Kraus, Franz Blei, Arthur Schnitzler und Rainer Maria Rilke, der Verleger Zsolnay, der Komponist Eugen d'Albert und die Maler Anton Faistauer und Oskar Kokoschka sind unter ihren Bewunderern, Egon Schiele porträtiert sie. Als »sylphidenhaft schlank« beschreiben sie ihre Biographen, die graugrünen Augen bilden einen reizvollen Kontrast zum rötlich-blonden Haar, das sie »lockig und weich über die Schultern herabfallend« trägt. »Das Gesicht ist von nervöser Blässe, aber eher flächig, grob, sehr offen, naturkindhaft. Slawisch-kräftige Nase, großer, apart geschnittener Mund, hohe Wangenknochen: ein bäurisch-böhmischer Zug und ein Hauch Fin de siècle-Décadence.« Da ist von »königlichem Gang« die Rede und von »zerbrechlich-elfischer Erscheinung«, von »eigentümlich zwittrigem Charme«, sogar von Frigidität, und auch die zweite Ehe, die die nunmehr Einundvierzigjährige 1916 eingeht (mit dem Kunsthistoriker Johannes von Allesch Edlem zu Allfest, den sie durch dessen Berliner Studienfreund Robert Musil in Brixen kennenlernt), ist nicht von Dauer. [...]

Da tritt – genau im richtigen Augenblick – Hermann Broch in ihr Leben. Alfred Polgar, der große Verzichtende im allgemeinen Buhlen um die Gunst der »Königin des Café Central«, macht im Sommer 1918 die beiden miteinander bekannt. Broch leitet zu dieser Zeit noch die väterliche Textilfabrik im niederösterreichischen Teesdorf, hält sich aber, sooft es ihm seine Zeit erlaubt, in Wiens literarischer Bohème auf. Neben der ungeliebten kaufmännischen Tätigkeit betreibt er sehr intensive philosophische Studien,

166

liest sich durch alle bedeutenden Neuerscheinungen der Zeit und verfaßt am laufenden Band Rezensionen.

Auch im Privatleben zeichnen sich einschneidende Veränderungen ab: Hermann Brochs Ehe mit Fanny de Rothermann ist in Auflösung begriffen. Da ist Emma von Allesch, die neue Kaffeehausbekanntschaft, die ideale, geduldige Zuhörerin, bei der er sich allen Kummer von der Seele reden kann. In den sechs Monaten zwischen Juli 1920 und Jänner 1921 geht fast jeden Tag ein Brief an sie ab, in dem er ihr tagebuchartig über seine Arbeit referiert. Die Last der Fabrik, die familiären Schwierigkeiten, vor allem aber seine philosophischen und geschichtstheoretischen Studien – ganz schön kompliziert, was er dem »Kindi« da an Lektüre zumutet in den täglichen Briefen aus Teesdorf nach Wien. Als es ihr zuviel wird an Reflexion und sie ihn drängt, er möge seinem Diarium doch mehr »Erlebtes« anvertrauen, antwortet der Vierunddreißigjährige pathetisch: »Du bist mein erstes Erleben.«

Im Jahr darauf stirbt Eas Schwester Antonie; die ehemalige Besitzerin eines Miederwarengeschäftes, in späteren Jahren mit einem Rechtsanwalt verheiratet, hat ihr ihre schöne Wohnung in der Peregringasse vermacht. Ea übersiedelt also aus ihrem einfachen Logis in der Salesianergasse in das Nobelappartement hinterm Schottenring, und als Broch im Frühjahr 1923 glücklich die Scheidung von seiner Frau abgewickelt hat, richtet er sich im Domizil der Geliebten ein Zimmer ein, in dem er von nun an bei allen Wien-Aufenthalten und zwischen 1925 und 1930 ständig wohnt. Auch seine Bibliothek, an die zweitausend Bände zählend, schafft er hierher. [...]

Später, als die beiden längst wieder getrennte Wege gehen und Rückschau halten auf das, was war, werden auch herbe, ja kritische Töne laut. [...]

Sein Zimmer in der Peregringasse behält er zwar, doch

gibt er als offizielle Adresse nun wieder seine frühere Stadt-
wohnung in der Gonzagagasse an. Sein tatsächlicher Auf-
enthaltsort aber ist weder da noch dort, sondern in der nahen
Liechtensteinstraße, wo Anna Herzog, die neue Geliebte,
lebt. Hier und in der Sieveringer Villa ihres Großvaters
schreibt Hermann Broch am ersten Band seiner Romantrilo-
gie, der er den Titel *Die Schlafwandler* geben wird. Anna,
geübt in Büroarbeit, tippt die Manuskripte ins reine.

Dietmar Grieser

X. BEZIRK

Favoritens Entstehung

Favoriten verdankt seine Entstehung dem Industriezeitalter. Im Vormärz gab es in dem ganzen Gebiet nur den Roten Hof, ein altes Jagdschloß, und das Alte Landgut, ursprünglich eine Ziegelei am stadtseitigen Ende der heutigen Favoritenstraße. 1834 wurde es in ein Casino umgestaltet – angeblich das »größte Café der Welt«. Hier spielten Lanner, Morelli und Fahrbach auf. Doch bereits 1851 war es vorbei mit der Herrlichkeit; der Garten wurde in einen Acker umgewandelt; die Festräume wichen einer Fabrik, die 1871 demoliert wurde.

Als man seit 1850 systematisch Wohnkasernen für die in die Stadt strömenden Arbeitermassen baute, entstand die »Siedlung vor der Favoritner Linie«, aus der sich schließlich der Einfachheit halber der Name »Favoriten« bildete.

Zwischen 1875 und 1918 entwickelte sich in dem Bezirk eine gewaltige Bautätigkeit; neben Zinskasernen entstanden vor allem Fabriken, von denen viele heute noch existieren. So wurde Favoriten zu einem typischen Arbeiterbezirk und zu »dem« Industriebezirk Wiens.

Seit 1849 lebten an der Gudrunstraße, die damals zu einem Teil den Namen Kroatenstraße führte, die »Krowoten«, die aus der Alservorstadt (Wien IX.) hierher angesiedelt worden waren. In der zweiten Hälfte des 19. Jahrhunderts siedelten in Favoriten vor allem Tschechen, die bis zum Ersten Weltkrieg auch ein reges nationales Leben entfalteten.

Das älteste öffentliche Gebäude im Bereich des späteren X. Gemeindebezirks war das Arsenal vor der Belvedere-Linie. Auf dem Arsenalgelände, das heute viele öffentliche

Institutionen beherbergt, erhebt sich auch der weithin
sichtbare Funkturm der Post. Der an das Arsenal anschlie-
ßende Schweizer Garten mit dem Museum des 20. Jahrhunderts bildet die Grenze zum III. und XI. Bezirk.

Stadt Chronik Wien

Das Heeresgeschichtliche Museum
im »Arsenal«

Ich gehe langsam weiter, wandere durch die vertrauten
Säle, betrachte die Figurinen in den alten Soldatenunifor-
men, die in ihren Glasvitrinen so lebendig aussehen, daß
man erschrickt. Freilich, aus der Nähe sehen sie weder lebendig noch tot aus, sie sind Puppen und haben das Anzie-
hende und Unheimliche von Puppen an sich. Ich stehe dort
immer sehr lange. Sie faszinieren mich. Das ganze Arsenal
ist ein anziehender und unheimlicher Ort, vielleicht mag
ich es deshalb so gern. Ich besuche den Radetzky-Saal,
den Erzherzog-Karl-Saal und den Prinz-Eugen-Saal und
staune insgeheim über die wunderbare Ordnung und Sauberkeit, die hier herrschen. Kein Museum in dieser Stadt
ist so gepflegt und mit Liebe betreut wie das Arsenal. Man
staunt darüber, aber im Grunde ist es ganz natürlich und
einleuchtend. Meine Wanderung endet wie meist beim
Zelt des Kara Mustapha, dem großen Türkenzelt. Dort
ruhe ich mich aus.

Ich wußte, daß draußen die Autos über den Gürtel fuhren
und die Verkehrsampeln blinkten, und mit Unbehagen
merkte ich, daß ich mich in diesem friedlichen Totenreich
mehr daheim fühle als dort draußen in der lebenden Stadt.
Ich bin auch nicht ganz sicher, ob die Stadt wirklich lebte
oder ob sie nicht ein Tummelplatz ist für Figuren, die noch
ein bißchen zappeln dürfen, ehe man sie in Glasvitrinen

170

sperren würde wie die alten Arkebusiere, die ich betrachtet
hatte.

Ich habe es gern, von Dingen umgeben zu sein, die mich
nicht wahrnehmen und mir nicht nahetreten, Modelle alter
Schiffe mit geblähten Segeln, um die nie ein Wind weht,
und die vielen Fahnen und Standarten, die einmal alles bedeutet haben und jetzt nichts mehr bedeuten als brüchige
alte Seide, die man nicht anfassen darf. Es roch hier sehr alt,
nach Leder und zerschlissenen Stoffen und auch nach Bo-
denwachs.   *Marlen Haushofer*

Die Spinnerin am Kreuz

1451-52 wurde im Süden Favoritens vom Dombaumeister
Hans Puchsbaum eine Votivsäule erbaut, die seit 1804 den
Namen »Spinnerin am Kreuz« führt. An diese Votivsäule
knüpfen sich viele Sagen. Hier ist eine davon:

Ritter Adalbert machte einen Kreuzzug nach dem Heiligen
Lande, während seine Braut Adelheid daheim sich in Gram
und Sehnsucht verzehrte. Nur im Gebete und im Besuche
eines benachbarten Kirchleins fand die Verlassene Trost.
Da gab ihr frommer Sinn ihr ein, dem Kreuze, für das ihr
Verlobter im Morgenlande stritt, sich ganz zu weihen und an
der Denksäule so lange zu spinnen, bis Adalbert in ihre
Arme zurückkehrte. Täglich trug sie den Rocken hin und
spann. Da erschien ihr eines Abends die blutige Gestalt ihres Geliebten und verkündete ihr, daß sie sich ihr Toten-
kleid spinne, denn erst im Himmel würden sie sich wieder-
sehen. Schon am folgenden Tage brachte ein Pilger die traurige Kunde, Ritter Adalbert sei im Heiligen Lande gefallen
und habe ihm sterbend Adelheids Ring übergeben. Da
spann sie noch sechs Wochen vor der Denksäule, teilte dann

alle ihre Habe an die Armen aus und starb an gebrochenem Herzen, nachdem von ihrem Gespinst eben ihr Grabkleid fertig geworden war. Alt und jung beweinte sie, und noch jetzt sieht der nächtliche Wanderer die schöne Spinnerin manchmal vor der Denksäule knien.

Gustav Gugitz

XI. BEZIRK

Rede am Grabe zur ersten Wiederkehr des Todestages von Karl Kraus am 12. Juni 1937 auf dem Wiener Zentralfriedhof

Wieder hat uns die Liebe zu Karl Kraus an diesem Grabe vereinigt, wo wir vor einem Jahre von ihm für das irdische Leben Abschied nahmen. Damals, vom bittersten Schmerz überwältigt, haderten wir mit dem Schicksal, waren verzagt, weil wir uns allein zurechtfinden sollten in dem Chaos der Zeit. Doch drängte sich die Ahnung zu, sein früher Tod, wenn er nicht sinnlos scheinen sollte, müsse eine Bewahrung vor dem Anblick größeren Leides sein, welchem Gott seinen Liebling entziehen wollte. Auch heute, wo sich der brennende Schmerz in die tiefere Trauer aufgelöst hat, blicken wir bange um das Schicksal der Menschheit in die Zukunft, beraubt eines wahren Führers, der Licht im Dunkel, Ordnung in der Verwirrung bedeutete, der, abgewendet von der Gewalt, eine in sich selbst gegründete Macht des Geistes bewahrte und bewährte. Wir beugen uns in Andacht vor dem unvergänglichen Bild eines hohen Geistes und in Ehrfurcht vor dem »großen Beispiel eines Lebens, das hier durchgekämpft ward«.

Im Lärm dieser zerrissenen Welt trösten uns die stillen Augenblicke des Gedenkens an ihn und an das Unverlierbare, das er uns gab: den Glauben an Größe und Reinheit, Klarheit und Gerechtigkeit.

Er war ein Mächtiger und ein Großer, der den Mächtigen dieser Epoche gegenübertreten und sie anklagen durfte. Zorn und Lachen waren seine Waffen: die Kraft, die sie führte, waren die Wahrhaftigkeit, die Güte und das Mitleid.

So hat er den Ungeist in der Welt für sich und für uns überwunden nicht durch eine Abkehr von ihr, sondern durch einen Kampf in der Welt für die Welt. Welch gigantischer Kampf durch 37 Jahre! Ein Kampf für die Kunst und den Künstler, für Recht und Menschlichkeit, ein Kampf für die leidende Kreatur. Er hat ihn nicht nur mit dem Wort geführt, sondern auch mit der Tat. So wie er unsere Seelen erhob und beschenkte, so hat er auch, der Habe nicht bedürfend, den Bedürftigen in Fülle gegeben.

Der Stein, den wir hier errichtet haben, soll Zeuge unserer Ehrerbietung und Dankbarkeit sein: er möge aber auch in den fernsten Zeiten zu denen sprechen, die reinen Herzens und Geistes an diese Stätte treten, die geweiht ist durch die Erinnerung an ihn.

Oskar Samek

XII. BEZIRK

Schönbrunn und Schönbrunnerisch

In der Renaissance hat Maximilian II. das Ganze um vier-
tausend Gulden dem Stift abgekauft; er hatte ein fröhliches
»Gejaid« nicht weit von der Hofburg. Da schoß der Kaiser
mit den teuren, elfenbeineingelegten »Tschinken«, was da
kreuchte und fleuchte, vergaß auf das Gehader der Lutheri-
schen mit den Katholischen, ließ einen Tiergarten und Tei-
che anlegen und einen großen »Gattern« um das Ganze ziehen. Der problematische Kaiser Matthias – man kennt ihn
aus Grillparzers »Bruderzwist« – hat hier verschwitzt und
abgehetzt bei einer Jagd den »schönen Brunnen« entdeckt,
die Quelle reinsten Wassers, die dann die Legende zum Pri-
vattrinkwasser vieler Monarchen bis zu Franz Josephs Zeit
ernannt hat und woraus der Name entstand.

Das alte Schönbrunner Schloß von damals zeigte noch
Spuren der Gotik. [...]

All das verging im Türkenbrand 1683. Jahrzehntelang
regnete es auf die Trümmer, aber unter der jungen Maria
Theresia stand das Schönbrunn ungefähr so da, wie es die
Wiener kennen. Noch war die Kaiserin lebenslustig und
vergnügungssüchtig. Der Garten wuchs nach den ersten
Entwürfen des holländischen »Floristen« Adrian Steckho-
ven sowie der Lothringer Bertrand und Louis Martell empor, Ferdinand von Hohenberg, der Schöpfer der Gloriette,
hat ihm dann endgültige Gestalt gegeben und die Habsburger haben sich immer persönlich um den Park gekümmert.
[...]

Die Menschen strömen heutzutage aus der ganzen Welt
vor den Toren Schönbrunns zusammen. An schönen Vor-
mittagen kann man die »Sightseeing«-Autobusse in hellen

Haufen heranrollen sehen und ein Dutzend Sprachen von den aus den schön lackierten Riesenarchen herausquellenden Fremden vernehmen. Napoleon und Maria Theresia pauken ihnen die Führer ein, reden von Barock und Rokoko herum und machen Kassa aus der Demonstration des toten Löwen. Nur wenige der Reisenden werden in der Hetzjagd der Tour imstande sein, den speziellen Geist von Schönbrunn zu erfassen. Er ist nämlich nicht nur der Geist des Rokoko, er ist der Geist von vielen österreichischen Generationen, jede von ihnen hat ihr Merkmal hinterlassen und in der Hauptsache ist es ein romantischer Geist, der in Schönbrunn und in seinem Park herrscht. Nur der Anfang ist der barocke Garten. Schon sein Statuenschmuck ist nicht mehr Rokoko, ist der scheue Klassizismus des beginnenden Josephinismus.

Viel mehr Rokoko ist der Obelisk, der auch von Hohenberg stammt. Daß in der ursprünglichen Komposition zwei Schildwachhäuser für Grenadiere standen, charakterisiert die geometrische Vernünftigkeit dieser amüsanten Spielerei. Die Hieroglyphen auf dem Obelisk sollen irgendwie die Wundertaten des Erzhauses verkünden. Damals hatte man noch keine Ahnung, was Hieroglyphen bedeuteten, der Stein von Rosette schlief noch tief im Sand und man fabrizierte einen possierlichen Bilderrebus. Die Statuenwelt in den grünen Laubwänden dagegen ist schon ganz die bescheiden-kühle Vornehmheit des siegreichen Klassizismus.

Siegfried Weyr

Jossif Stalin: Schönbrunner Schloßstraße 30

Staatsvertraglich geschützt – Der Staatsvertrag ist den Österreichern heilig: Als im Zuge der Entstalinisierung während der Ära Chruschtschow die sowjetischen Behörden beim österreichischen Außenamt auf Entfernung der Stalin-Gedenktafel am Haus Schönbrunner Schloßstraße 30 drangen, wurden sie unter Hinweis auf den Staatsvertrag abgewiesen. Eine von vielen Verpflichtungen, die die junge Republik in dem Abkommen eingegangen war, betraf Erhaltung und Pflege der diversen von der sowjetischen Besatzungsmacht »hinterlassenen« Hoheitszeichen.

Die zum 70. Geburtstag des Diktators am 21. Dezember 1949 an seinem ehemaligen Wiener Untermietquartier angebrachte Gedenktafel ist also noch immer am alten Platz – das Stalin-Relief neben dem Portal des Hauses Schönbrunner Schloßstraße 30, wenige Schritte vom alten Kaiserschloß entfernt, ist vermutlich das einzige Emblem seiner Art in der westlichen Welt.

Das stattliche Miethaus, wo Anfang 1913 der 33jährige Jossif Wissarionowitsch Dschugaschwili einige Wochen lang »auf Tür Nr. 7« (in der Emigrantenwohnung des Genossen Alexander Trojanowskij) Unterkunft fand, um in Wien seine Abhandlung »Der Marxismus und die nationale Frage« zu recherchieren und zu schreiben. [...] Wir wissen, daß Alexander Trojanowskij (der später Stalins erster Botschafter in Washington sein wird) und dessen Gattin Jelena Rosmirowitsch, vermutlich über Vermittlung Lenins, den Gast beherbergen; wir wissen, daß Nikolai Bucharin, der spätere Chefredakteur der »Prawda«, der zu dieser Zeit ebenfalls als Emigrant in Wien lebt, dem des Deutschen unkundigen Genossen bei der Beschaffung und Lektüre des Quellenmaterials zur Hand geht; wir wissen, daß Stalin seine Wiener Tätigkeit in einem in grammatikalisch abscheulichem Russisch abgefaßten Brief an einen der Freunde in Petersburg als »Quatsch« abtut (tatsächlich hat er nie wieder – und auch dieses eine Mal nur auf Drängen Lenins – eine rein theoretische Schrift verfaßt); und wir wissen vor allem, daß es in der Wohnung seiner Wiener Gastgeber zur ersten Begegnung Stalins mit dessen späterem Todfeind Trotzkij kommt (dem sofort die »bösen gelben Augen« des Georgiers auffallen).

Lenin, der mit ihm in Krakau das Thema »Marxismus und nationale Frage« in großen Zügen durchgesprochen hat, schickt seinen Gehilfen nach Wien: Als gebürtiger Georgier und somit Mitglied einer kleineren Volksgruppe erscheint er ihm als der ideale Mann, am Hauptsitz des Austromarxismus zur Klärung der Frage beizutragen, welche Rolle in einer sozialistischen Republik nach dem Sturz des Zarenregimes den einzelnen ethnischen Einheiten zukommen solle. Stalin entledigt sich seines Auftrags, der von Lenin durchgesehene und verbesserte Text (Länge: 40 Druckseiten) erscheint ohne Verzug in der Zeitschrift »Prosweschtschenije« (»Aufklärung«), im Jahr darauf auch als eigene Broschüre. Da die Erstveröffentlichung für eine legale Zeitschrift bestimmt ist, wählte der Autor trotz aller revolutionären Tendenzen ein eher vorsichtiges Vokabular. An einem allerdings läßt Stalin keinen Zweifel: Die »Österreichische Schule« mit Otto Bauers föderativem Nationalitätenprogramm ist abzulehnen.   *Dietmar Grieser*

XIII. BEZIRK

Maria Hietzing

Als die Türken 1529 Wien belagerten, blieb auch die Hietzinger Wallfahrtskirche nicht von ihrer Wut verschont. Die Kirche wurde ein Raub der Flammen, doch war es gelungen, die Gnadenstatue der Hl. Maria auf einem schattigen Baume zu verbergen. Die Mordgier der Türken verfolgte unterdessen die Einwohner dieser Gegend; was nicht durch ihre Säbel fiel, wurde zur Sklaverei verdammt. Dieses Schicksal hatten auch vier Bewohner Hietzings, die gefangen, in Ketten geschlagen und an den Baum gebunden wurden, auf dem die Marienstatue verborgen war. Vergebens sahen sich die Unglücklichen nach Hilfe um. Sie seufzten, sie riefen, die Gegend rings herum war zur Einöde geworden. Da menschliche Hilfe unmöglich schien, vereinigten sie sich, die göttliche anzurufen. Sie richteten ihr festes Vertrauen zu der seligsten Jungfrau, deren Verehrung ihnen eine teure Gewohnheit war. Da sahen die Gefangenen plötzlich den Baum beleuchtet und die unter den Ästen verborgene Statue mit ungemein hellem Glanz umgeben. Zugleich entfielen ihnen die Ketten, und sie hörten eine Stimme, die ihnen zurief: »Hütt's eng (Hütet euch)!«

Schnell benützten die Geretteten diese Warnung, verbargen sich in der nahen Waldung und gelangten zu ihren Familien. Von diesem Zuruf: »Hütt's eng«, wird der Name Hietzing abgeleitet. *Gustav Gugitz*

Egon Schiele und Edith Harms: Hietzinger Hauptstraße 114

Seit 1. Oktober 1912 wohnt Egon Schiele in Hietzing. Wenn er an dem großen Atelierfenster steht und auf die Straße hinunterblickt, tasten seine Augen bisweilen das gegenüberliegende Haus ab. [...] Mehr als ein Jahr verstreicht, bis die Beobachtungen des Dreiundzwanzigjährigen – nun allerdings von einem Tag auf den andern – sich auf ein festes Ziel konzentrieren: An den Fenstern der im ersten Stock gelegenen Hausherrenwohnung gewahrt Schiele zwei junge Frauen, die Geschwister zu sein scheinen. Die eine etwa in seinem Alter, die andere ein paar Jahre jünger, die eine dunkelhaarig, die andere blond, beide vom Typ gesittete höhere Tochter und beide recht hübsch. [...]

Im Jänner 1914 [...] wagt er seine erste konkrete Annäherung an das kühl-reservierte Duo von vis-à-vis und läßt ihnen folgenden Brief zustellen:

»Sehr geehrtes gnädiges Fräulein!

Ich weiß nicht, ob das Fräulein mit den blonden Haaren oder das mit den dunklen Haaren Adda heißt. Beide sind schlimm – wie ich! Vielleicht werden wir nicht mehr lange uns vis-à-vis sein, denn ich habe die Absicht, nach Paris zu gehen, weil mir die Anträge dazu gemacht wurden. Warum besuchen Sie mich nicht? Ich weiß, daß man allgemein glaubt, das würde nicht gut aussehen, aber ich werden Ihnen genau so wenig tun wie Ihr geliebtes Windspiel. Schreiben Sie mir bitte einmal! Jetzt grüße ich Sie und Ihr Fräulein Schwester herzlichst. Küß die Hand und Egon Schiele.«

Wie man's in einem so streng-bürgerlichen Haus wie dem ihren gelernt hat, ignorieren die Mädchen die kecke Depesche, und so erkühnt sich Schiele sechs Wochen später, sich ihnen mit einer Art Mahnung in Erinnerung zu bringen.

[...] Nun endlich erfolgt die erbetene Antwort – allerdings mit mehr als zwei Wochen Verzug. Und nicht seitens der beiden Adressatinnen, sondern von deren Mutter. Auf der Rückseite ihrer Visitenkarte liest Frau Josefine Harms dem stürmischen Zudringling die Leviten. [...]

Immerhin, die Dinge nehmen nunmehr ihren Lauf, man kommt einander näher. Und lernt endlich auch zwischen Adele und Edith unterscheiden. Doch noch immer verkehrt man miteinander zu dritt. [...]

Die nächste Einladung folgt auf dem Fuß: Zu Silvester wird in der Galerie Arnot am Kärntnerring eine Ausstellung seiner Werke eröffnet; auch da hätte Schiele das Geschwisterpaar von vis-à-vis gern unter den Gästen. Aber Adele und Edith Harms sagen bedauernd ab: Am letzten Tag des Jahres kann ihr Platz selbstverständlich nirgends anders sein als im Familienkreis. Immerhin stellen sie Schiele in Aussicht, an einem Sonntag im Jänner der Galerie Arnot einen Besuch abzustatten, und auch Wünsche für ein gutes neues Jahr gehen mit auf den Weg.

So kommt der Jänner 1915 – und mit ihm das überfällige Eingeständnis, welche der beiden Harms-Töchter es nun eigentlich ist, die Egon Schiele ins Auge sticht: Edith. Sie ist drei Jahre jünger als ihre Schwester und drei Jahre jünger als er selbst. Der Brief, den er Ende des Monats durch einen Buben in die Beletage des Hauses Hietzinger Hauptstraße 114 zustellen läßt, spricht es offen aus:

»Seid Ihr eingesperrt? Wie wär's, wenn wir um halb sechs ein bisserl spazieren gehen möchten? Um halb vier kommt Arnot zu mir, wo jetzt die Ausstellung ist. Soll oder kann ich eine Zeichnung senden an meine geliebte Edith? Sagt es dem Buben – nein, ich geb sie gleich mit...

Herzlichste Bussi

Egon.«

Nun also ist es heraus. Und zwei Wochen später weiht

Schiele auch seinen Freund und Förderer, den Kunstkritiker Arthur Roessler, ein. [...]

Als Arthur Roessler zu dem erbetenen Besuch im Schiele-Atelier in der Hietzinger Hauptstraße 101 eintrifft, nimmt er sofort die »wundersame« Verwandlung wahr, die sich an seinem Schützling vollzogen hat, und auf sein drängendes Fragen faßt dieser den Freund beim Arm, führt ihn zu dem großen Mittelfenster des Ateliers und deutet auf das Haus gegenüber: »Dort drüben wohnt sie, lieber Roessler. Sie lebt bei ihren Eltern, sie heißt Edith, und sie ist schön und gut. Durch sie erlebe ich das erste große Glück meines Lebens. Ich liebe sie, seitdem ich sie zum erstenmal gesehen habe, und sie liebt mich wieder. Wir werden heiraten.«

Dietmar Grieser

Alban Berg: Trauttmansdorffgasse 27

Strenge Satzung – Alban Bergs Arbeitszimmer in Hietzing, Trauttmansdorffgasse 27, kann nach telephonischer Rücksprache besichtigt werden. [...]

Helene Berg, die Witwe des Komponisten der Opern »Wozzeck« und »Lulu«, hatte das Arbeitszimmer die vierzig Jahre, die sie ihren Mann überlebte, aus Pietät unangetastet gelassen – nun tut die von ihr ins Leben gerufene Stiftung desgleichen. [...]

Immer noch also die rund sechzig Jahre alte tiefbraune Tapete, die für totale Abgeschirmtheit von und nach außen sorgenden Einglasfenster, der Bösendorfer, an dem Alban Berg komponierte und den die Witwe (freilich vor allem, weil er ihr, der den Banken Mißtrauenden, als Geldsafe gedient hat) beharrlich versperrt gehalten hat. Die am Schreibtisch montierte Bleistiftspitzmaschine mit Kurbelantrieb – wichtiges Utensil beim Niederschreiben der über-

dimensionalen Zwölftonreihen. Die seit Jahrzehnten kaum
benützten Kohleöfen. [...]

Längst sind die *Alban*-Berg-Anekdoten von den *Helene*-
Berg-Anekdoten überwuchert – etwa jener von der Ange-
wohnheit der Witwe, bei Tantiemenverhandlungen für einen Augenblick im Nebenraum zu verschwinden und dann
von dort mit der endgültigen Forderung zurückzukehren:
»Wieviel sagten Sie? Zehntausend? Ausgeschlossen. Ich
habe mit Alban gesprochen. Er sagt: nicht unter fünfzig.«

An alles hat sie, bevor sie 1976 im gesegneten Alter von 91
Jahren starb, gedacht: die Kuratoriumsmitglieder zu äußer-
ster Spesenaskese anzuhalten, den Rosenstrauch, der das
Holzkreuz des Berg-Grabes auf dem Hietzinger Friedhof
umrankt, vor gärtnerischem Zugriff zu schützen, bei der
Abfassung des Testaments auch jene, die ihr in den bösen
Hungerjahren der NS-Zeit (wo die Werke des Alban Berg
als »entartet« verpönt waren) über die ärgste Not hinwegge-
holfen haben, mit Legaten zu bedenken. [...]

Erich Alban Berg, der Neffe und Biograph des Komponisten, der schon als Kind, vom Onkel im Klavierspiel unter-
wiesen, in der Trauttmansdorffgasse ein und aus ging, hat in
seinen Büchern so manches köstliche Detail vom dortigen
Lebensalltag zum besten gegeben – von der »sakralen
Handlung« des Kaffeebrauens in der gläsernen Filterma-
schine mit dem Spiritusflämmchen bis zum Ehestreit wegen der übermäßig vielen »Kaprizerln«, die Alban Berg, seines reichlichen Konsums von Haaröl wegen, verbrauchte
und die er eines Abends, des ewigen Keppelns seiner Frau
müde, kurzerhand durch die kokosfasernen Fußabstreifer
von der Eingangstür ersetzte...

Dietmar Grieser

XIV. BEZIRK

Penzing

Der Name Penzing kommt zum erstenmal 1120 in einer Klosterneuburger Urkunde vor. [...] Herren oder Ritter von Penzing kommen in Klosterneuburger und anderen Urkunden des 12. bis 14. Jahrhunderts wiederholt vor. Wo ihre Burg gestanden hat, wo das berühmte Penzinger Turnier vom Jahre 1232, das Heinrich Lefler im Ratskellersaal gemalt hat, stattfand, läßt sich nicht mehr nachweisen, vermutlich in der Nähe der Kirche, vielleicht an Stelle des späteren Herrschaftshauses, das sich in der alten Pfarrgasse Nr. 84, jetzt Einwanggasse, neben der Kirche befand. Nach dem Aussterben des Geschlechtes der Penzinger ging die Herrschaft an die Landesherren über, in deren Besitz sie bis 1542 blieb, dann kam sie an das Wiener Bürgerspital, 1747 wieder an die Hofkammer.

Von den herrschaftlichen Sommersitzen, die in Penzing freilich nie so zahlreich waren wie in Hietzing, sind nur wenige mehr erhalten. Vor allem der des Herzogs Karl von Lothringen, den Kaiserin Maria Theresia ihrem Schwager von dem Architekten von Schönbrunn und Hetzendorf, Pacassi, ausführen ließ: es besteht davon hauptsächlich nur mehr der Mittelbau mit einem großen Saal, der auch noch den ursprünglichen Barockcharakter aufweist. Alles übrige ist in den Neubau übergegangen, den König Georg V. von Hannover, der 1867 das lothringische Sommerschlößchen samt dem zugehörigen Garten erwarb, errichtet hat und in den auch ein benachbartes Freiherrlich Puthonsches Landhaus einbezogen wurde. Dieser Neubau, eine ziemlich verfehlte pseudogotische Anlage, war zur Residenz des depossedierten Königs bestimmt, wurde aber von diesem nur kurze Zeit bewohnt, da ihm das Wiener Klima nicht zusagte: er übersiedelte bald nach Paris, wo er auch starb (begraben ist er in Windsor). Aber sein Sohn, der Herzog von Cumberland, wohnte in Wien, abwechselnd hier und in Gmunden. In dem westlichsten Flügel des Baukomplexes war der berühmte Welfenschatz sowie die reichhaltige Münzensammlung des braunschweigisch-hannoverschen Hauses untergebracht.

Aus der Zeit seines dörflichen Stillebens hat sich Penzing noch eine Spezialität bewahrt: den Fronleichnamsumgang, der wohl in keiner anderen Pfarre der alten Vorstädte und Vororte Wiens so feierlich begangen wird und jedenfalls den des benachbarten Hietzing, das doch der vornehmste Teil des dreizehnten Bezirkes ist, ganz in den Schatten stellt. Den Hauptreiz desselben bildet die ungeheuere Anzahl von Kindern, namentlich von weißgekleideten Mädchen, die an ihm teilnimmt. Der Zug ist in der Regel beinahe an seinen Ausgangspunkt zurückgekommen, wenn die Geistlichkeit mit dem »Himmel« und den Bezirkshonoratioren eben erst die Kirche verlassen hat. Einen wunderbaren Anblick bietet er bei seiner vollen Entfaltung etwa von einem erhöhten Punkt der alten Hauptstraße: die unübersehbare weißgekleidete Kinderschar, von den schwankenden bunten Kirchenfahnen überragt, hie und da eine dunkle Insel von Nonnen oder Mönchen, eine blaue von Veteranen und Feuerwehrleuten, dazu die rauschende Musik, die von Zusehern dicht besetzten geschmückten Fenster, das Grün der Zweige an den Häusern, das Glockengeläute! Alles das zeigen ja die anderen »Umgänge« auch, aber keiner in so gedrängter Fülle, keiner mit solcher Massenbeteiligung – nirgends trägt er so wie hier den Charakter eines südlichen Volksfestes.   *Eugen Guglia*

Otto Wagner

Otto Wagner ist das Gegenteil der Wiener Ringstraße. Da geht alles auf Effekt aus, bei Wagner auf Ausdruck. Dort Willkür, hier Notwendigkeit. Dort Schwindel, Kitsch, Theater, hier immer bloß, was die Sache will. Was Messel für Berlin war, hätte Wagner für Wien werden können... aber Wien hat's ja nicht wollen (wie es den »Fidelio« nicht wollte, und den »Don Juan« nicht, und Grillparzer nicht, und Hebbel nicht, und Anzengruber nicht, und keinen je, dem es Ernst ist). Ich sprach vor Jahren einmal über Wagner mit Richard Muther, der ihn sehr bewunderte, seine Kraft stark empfand, aber nicht verhehlen konnte, daß ihm »irgend etwas« in dieser Kunst immer »merkwürdig fremd« blieb. Ich antwortete: Ja natürlich, nämlich das eigentlich Österreichische darin! Er verstand nicht, was ich meinte, erklären läßt es sich auch kaum, und so ließen wir das Gespräch. Ein paar Wochen später aber ging ich wieder mit Muther durch die Stadt, da kam uns ein spanischer Hofwagen entgegen, in seiner alten herrischen Pracht. Muthern schien es ganz wunderlich: ein solcher spanischer Hofwagen in einer modernen Stadt bei hellem Tage! Ich aber sagte: »Unsere Geschichte ist nämlich teilweise spanisch. Und sehen Sie sich ihn nur gut an! Denn dieser spanische Hofwagen erkärt manches, was Deutsche hier nicht verstehen, unter anderem auch den Otto Wagner!« Ich hätte das längst vergessen, wenn mich nicht Muther später so oft daran erinnert hätte, der, wenn wir uns gelegentlich vor einem neuen Entwurf Wagners oder vor einem Bilde Klimts fanden, immer wieder gern auf irgend ein Detail wies und mir lächelnd sagte: »Der spanische Hofwagen, Sie haben recht!«

Otto Wagner hat gleich anfangs das Glück gehabt, daß dieser junge Sonnenmensch Joseph Olbrich in seine Schule kam, und hat ihn bis ans Ende wie ein Vater geleitet. Und Joseph Hoffmann und Kolo Moser und alle die Besten, die wir jetzt haben, verdanken das Beste, was sie sind, ihm. Aber noch weit über den Kreis seines Faches hinaus ist er ein Erreger, ein Erwecker gewesen. Was in England die um William Morris, in Deutschland Lichtwark, die jungen Münchner, van der Velde und so viele noch, das hat in Österreich dieser einzige Mann allein vollbracht. Ohne Otto Wagner hätten wir keine Sezession, keine Klimt-Gruppe, kein Wiener Kunstgewerbe, keinen Alfred Roller und keinen Adolf Loos. Denn Otto Wagner stellte die Atmosphäre her, in der dies alles dann erst möglich wurde. Und ohne Otto Wagners entzündende Verwegenheit hätte noch keiner den Mut, wieder an eine künstlerische Zukunft Österreichs zu glauben.

Akademisch hat Wagner angefangen. Aber auch damals schon, als er noch in alten Stilen schuf (in der »Länderbank« zum Beispiel, 1876, »italienische Renaissance«), hatten seine Räume dies, woran man nach Goethes Worten den echten Baukünstler erkennt: daß man ihre Schönheit auch bei geschlossenen Augen unmittelbar empfindet. Weil diese Schönheit niemals von außen hinzugefügt, sondern nichts als völlig entfaltete Notwendigkeit ist. Man mache nur einmal das Experiment und schreite mit geschlossenen Augen die Stiegen der »Länderbank« oder der »Postsparkasse« hinauf! Ich kenne nur noch eine Stiege, die Rafael Donners im Salzburger Mirabell, die dem Schreitenden ein solches sinnliches Wohlgefühl erregt. Wie man bei Sängern sagt, ein Ton sitze, so »sitzen« Wagners Räume, sie können gar nicht anders sein. Auch bei seinen Bauten der Stadtbahn und der Donauregulierung ist es dieser entschlossene Charakter, der sie gleichsam zu einem Stück der Landschaft selbst macht, die man sich hinfort ohne sie gar nicht mehr denken kann. Wie denn nun die Krone seines Lebens, die

Kuppel der Kirche am Steinhof, vom Waldesrand golden über der Stadt schwebend, durchaus als die natürliche Vollendung Wiens wirkt.

Hermann Bahr

XV. BEZIRK

Die Schmelz, ganz und gar verzaubert

Seit 1847 war die Schmelz der große Exerzierplatz der Wiener Garnison, fünfzigtausend Gulden hatte das Ärar dafür gezahlt. [...] Weite, wogende Kornfelder waren vordem hier gewesen, einige Ziegelöfen. [...] Besonders seit 1896 die Radetzkykaserne fertig geworden war, die sich ja am Rand der Schmelz erhebt. Vorher hatte es von der Stiftskaserne, der Gumpendorferkaserne, der Franz-Josephs-Kaserne, der Rudolfskaserne, der St. Marxer Kaserne, der Josefstädter Reiterkaserne einen längeren oder kürzeren Marsch bis auf die Schmelz gebraucht, an deren Rändern sich durch Jahrzehnte ambulante Händler etablierten, die den Soldaten während der Rasten Schnaps, Wurst, »Schusterlaberln« oder »Hadschijolahs« verkauften. Ihr Geschäft stieg und fiel mit der Anzahl der in Wien garnisonierenden erbländischen und böhmischen Regimenter. Die ruthenischen, polnischen, bosnischen Formationen haben außer ihren sechs Kreuzern täglicher Löhnung nichts zum Zusetzen gehabt. Die sechs Kreuzer gingen fast ganz für »Proprietäten« auf, für Stiefelwichse, Knopfgabeln, Knopfputzmittel, Bürsten und Schnurrbartbinden. [...]

Wenn man heute die liebliche Gartenlandschaft, die die nicht verbaute Schmelz geworden ist, überblickt, denkt man gar nicht daran, daß sich Österreichs tragisches Geschick im Grund bereits auf diesem Exerzierplatz entschieden hat, wo unsere Urgroßväter noch im weißen Waffenrock den massierten Angriff lernten, wir selbst vor vierzig Jahren den Angriff in »Schwarmlinie« mit fünf Schritten Abstand. Den Angriff, der bei Przemyslani, bei Grodeck Jagellonski, bei Rawa Ruska 1914 im russischen Maschinengewehrfeuer zusammenbrach, nachdem es zuerst die Offiziere, deutlich gekennzeichnet durch die gelben Hochglanz-Ledergamaschen, weggefegt hatte. Von Schabaz gar nicht zu reden.

In der Tat, diese Peripherielandschaft, diese riesige »G'stättn« von einst, dieser heute weiß und rosa blühende Obstbaumhain, er ist eine österreichische Schicksalslandschaft wie kaum eine zweite. [...]

Und hier auf dieser seltsamen Ebene vollzog sich jedes Jahr im Frühjahr das höchste militärische Schauspiel der Monarchie, die Kaiserparade. In ihrer Form und ihrem Ritual war sie letzter Ausklang der militärischen Barockballette, die schon am Ende des 16. Jahrhunderts entstanden waren und in ihren komplizierten Marschfiguren, die romantische Namen hatten, wie das »burgundische Kreuz« und ähnliches mehr, eine Massenchoreographie darstellten. Der militärische Wert der Kaiserparade war gering. Er war vielmehr ein psychologischer. Eine Selbstbestätigung – und ein einzigartiges Volksfest.

Die Schau über die Garnison Wien fand meist im April statt. Die Divisionen marschierten in drei oder vier Treffen auf der Ottakringer Seite der Schmelz auf, Kaiser Franz Joseph ritt durch die Reihen, sah gleich, wo ein Tornister schief saß oder ein Sturmband verschoben war. Nachher defilierten die Truppen in der Gegend der ungefähren Mündung der Johnstraße an ihm vorüber. Die Kompanien in entwickelter Linie. Wehe, wenn sie nicht »tadellos ausgerichtet« an ihm vorbeimarschierten, der in der Mitte der Front reitende Hauptmann beim Salutieren den Säbel verlor – was vorgekommen ist. In beiden Fällen wurde solch ein Unglücksvogel augenblicklich pensioniert. Die Deutschmeister, ein exzellentes Paraderegiment, schmissen nur um, wenn eine Kompanie einen Soldatenschinder als Kommandanten hatte. Die »Edelknaben« wußten gut, was dann folgte. Ausgangsentzug, Kasernarrest interessierten sie we-

190

nig, wenn der Verhaßte verschwand. In der Maschinerie des Militarismus haben die Deutschmeister von jeher sich eine besondere Position bewahrt.

Die Frühjahrsparade ist jedes Jahr ein großes Ereignis gewesen. Es bewegte den ganzen sozialen Körper, vom »Volk« bis zu den »feinen Leuten«. Myrbach hat in seinem berühmten Paradebild nicht umsonst das Hauptgewicht auf die Darstellung der »guten Gesellschaft« von damals gelegt, die in ihren »Unnumerierten« oder Privatequipagen auf der Schmelz eine richtige Wagenburg auffahren ließ und mit Operngläsern bewaffnet diesen letzten Ausklang des barocken Militär- und Roßballettes der Leopoldinischen Zeit beobachtet hat. *Siegfried Weyr*

XVI. BEZIRK

Alja Rachmanova: Milchfrau in Ottakring

»Milchfrau in Ottakring« – einer der Bestseller der dreißiger Jahre. 1931 erscheint das Buch zum erstenmal, immer wieder erlebt es Neuauflagen, zuletzt 1979 – nun schon dem 100. Tausend nahe! – bei einer großen Buchgemeinschaft, dazu Übersetzungen in zwanzig Sprachen. Es ist der Schlußband einer Trilogie: »Studenten, Liebe, Tscheka und Tod« sowie »Ehen im roten Sturm« sind ihm vorausgegangen. Autorin der romanhaften Autobiographie – älteren Wienern unvergessen – ist eine gewisse Alja Rachmanova: eine russische Emigrantin, die, aus der bolschewistisch gewordenen Heimat ausgewiesen, in Österreich Zuflucht gefunden hat.

Alja Rachmanova ist ihr Schriftstellerpseudonym. Die Arzttochter Alexandra Galina Djurjogina aus dem Ural, Jahrgang 1898, hat in ihrer Heimat Psychologie und Literaturgeschichte studiert und 1921 den in russischer Kriegsgefangenschaft festgehaltenen österreichischen Wissenschaftler Dr. Arnulf von Hoyer geheiratet. Im Dezember 1925 trifft die Familie, zu der auch noch ein Kleinkind namens Jurka gehört, in Wien ein. Eine erste Bleibe findet man im Hotel Laxenburg, dann wechselt man in eines der Barakkenquartiere im sogenannten Negerdörfel über, die die »Gesellschaft für Notstandswohnungen« vor dem Ersten Weltkrieg für obdachlose Familien in Ottakring errichtet (und die Gemeinde Wien 1952 abgerissen) hat: in jenem Abschnitt der Gablenzgasse, wo sich seit 1956 der Franz-Novy-Hof befindet.

Das kommunistische Rußland liegt nun zwar glücklich hinter ihnen, aber auch der Neuanfang in Wien gestaltet sich schwierig: Dr. Hoyer findet keine Arbeit. In ihrer Verzweiflung beschließt seine junge Frau, ihre Familie mit einem kleinen Milchladen durchzubringen, den sie mit gepumptem Geld erwirbt. Als Ausländerin im selber notleidenden Wien ein kühnes Beginnen: Alle sagen der Fremden eine baldige Pleite voraus; Demütigung, Entbehrung und Betrug gehören fortan zu ihrem Alltag. Doch sie steht es durch, ist von Februar 1926 bis Juli 1927 »Milchfrau in Ottakring«. Und noch ein übriges tut sie: Sie schreibt ihre Erfahrungen aus jenen Elendsjahren nieder und bringt sie als Buch heraus, auf russisch konzipiert, von ihrem Mann ins Deutsche übersetzt – ein menschliches Dokument ersten Ranges. Tagebuchaufzeichnungen, deren Authentizität diese zu einem Stück fesselnder Zeitgeschichte macht.

Weitere Bücher folgen, neben gleichfalls Autobiographischem auch ein Dostojewskij- und ein Tolstoj-Roman. Alja Rachmanova alias Alexandra Galina von Hoyer wird zur Erfolgsautorin. [...]

In Wien tappen die Rachmanova-Fans und insbesondere jene unter ihnen, die hinter die Kulissen zu blicken und den originalen Milchladen von 1926/27 ausfindig zu machen versuchen, im dunkeln. Die Sache landet schließlich beim Ombudsmann einer großen Wiener Tageszeitung. [...] Man schaltet das Bezirksmuseum Ottakring in seine literaturtopographischen Ermittlungen ein – in der richtigen Annahme, daß dort ein vehementes lokalpatriotisches Interesse daran bestehen müßte, den Realitätsgehalt eines Erfolgsbuches zu verfizieren, das den Namen des Bezirks in die Literatur des 20. Jahrhunderts eingeführt und europaweit bekanntgemacht hat.

Robert Medek, der Leiter des Museums, nimmt sich der Sache persönlich an und – hat Erfolg. In einem wahren Bravourakt literaturdetektivischer Kleinarbeit gelingt es ihm binnen weniger Tage, das Geheimnis der »Milchfrau in Ottakring« zu lüften. Er [. . .] kommt schließlich – mit Hinweisen auf eine in nächster Nähe befindliche Tabaktrafik, eine Radiofabrik und ein Kino als Hauptindizien – zu einem überraschenden Ergebnis: Die Milchfrau in Ottakring war in Wahrheit eine Milchfrau in Währing! Ecke Hildebrandgasse/Schumanngasse befand sich der ominöse Laden (heute steht hier, da das Haus während des Zweiten Weltkriegs bombardiert worden ist, ein Neubau).

Man kann nur vermuten, wieso Alja Rachmanova, die sich bei ihren Schilderungen im allgemeinen sehr streng an die Realität gehalten hat, in diesem Punkt dichterische Freiheit hat walten lassen: Der Arbeiterbezirk Ottakring mag ihr als der adäquatere Hintergrund für ihr Elendsdrama erschienen sein als die stimmigere Kulisse. Auch Sprachliches könnte hineinspielen: »Milchfrau in Ottakring« klingt besser als »Milchfrau in Währing«.

Müssen die Ottakringer, solcherart um ihren berühmten Romanschauplatz gebracht, nun also den Kopf hängen lassen? Sie müssen nicht. Literaturdetektiv Robert Medek hat die Sache so gründlich erforscht, daß dabei sogar auch noch ein Trostpflaster für seinen Bezirk heraussprang: Alja Rachmanovas Notwohnung in ihrer ersten Wiener Zeit, also das Barackenquartier in der Gablenzgasse 116, grenzte an einen winzig kleinen Gemischtwarenladen, in dem sie mit hoher Wahrscheinlichkeit ihre täglichen Einkäufe getätigt hat, und es spricht alles dafür, daß sie in die Szenerie ihres Romans auch manche Züge dieses von einer gewissen Aloisia Sedlak betriebenen Geschäfts hat einfließen lassen, und so wendet sich für eingefleischte Lokalpatrioten schließlich doch noch alles zum Guten: Zumindest zur Hälfte ist die »Milchfrau in Ottakring« tatsächlich eine Ottakringerin.

Dietmar Grieser

XVII. BEZIRK

Fastenzeit in Hernals

Nur eine Eigentümlichkeit des einstigen Vorortes hat dem Lauf der Zeiten getrotzt: das Treiben am Kalvarienberg während der Fastenzeit ist so lebhaft als nur jemals. Die alte Wallfahrtsstätte hat sich ihre Kundschaft zu erhalten gewußt. Wer zum erstenmal da hinauspilgert, dem bietet sich ein überraschendes Bild und Schauspiel dar. [...] Die steil ansteigende Straße ist von unten bis zum Kirchenplatz hinauf und weiter links und rechts von Buden eingesäumt, zwischen Verkäufern und Käufern schiebt sich die Menge, rote, blaue und violette Luftballons werden feilgeboten und schweben, zusammengenestelt, wie Riesentrauben in der Luft, von oben her, vom sonnenbeschienenen Platz winkt das Gotteshaus. [...]

Hier wird ausgiebig gesorgt, daß es auch in der Fasten- und Bußzeit nicht an Süßigkeiten, Erlustigung und Schnickschnack fehle, und kleinen und großen Kindern wird da zum Kauf geboten, was nur an Tand und Naschwerk harmlose Gemüter ergötzen kann: vom Nußkipfel bis zum vielbegehrten »Bamkraxler«. Südfrüchte, Lebzelten und Kokosnüsse, Fähnlein, Trompeten, Klarinetten und Trommeln, Puppen und Spielwaren, Zuckerln, Mandelbusserln und Johannisbrot, Windradeln und Kasperln, Hampelmänner und Holzpistolen, Heiligenbilder und papierbändergeschmückte Lanzen – diese, lauter Abkömmlinge von Parsivals heiligem Speer – künstliche Blumenstöckeln für den Altarschmuck und Kaffeehäferln, von denen jedes einen Namen trägt und ein zartes Angebinde für die Rosa und Mizzi, den Pepi, Karl oder Ferdinand darstellt. [...]

Aus der Kirche tönt frommer Gesang, während die Händ-

ler rund um das Gotteshaus mit lautem Ruf ihre Waren an-
preisen: Sechs Stück Orangen um a Sechserl! Lauter rote! –
Zehn Kreuzer die schöne Lanzen! – Mandeln, frisch ge-
brannte! Lauter süaße, guate! – So lockt es von allen Seiten.
Ein altes Weiblein bietet Glücksplaneten an, und eine
Horde Buben, die just erstandenen Osterratschen schwingend, tollt mit ohrenbetäubendem Krawall über den Platz.
[...] Da stellt unserer Erinnerung ein altes Bild sich dar, das
wir erst kürzlich in der Hand gehabt, ein Stich von Merian
aus seiner im Jahre 1647 erschienenen Österreichischen To-
pographie, das Schloß »Herrnals«! [...] Das Merkwürdige
an dem Bilde sind aber die Menschen, die es beleben. In
geschlossenem Zug strömen sie hinaus, zu Fuß und hoch zu
Roß. Stattliche Karossen sieht man, zweispännig und auch
vierspännig, die Insassen festlich geputzte Damen. Ein
stolz-froher Rhythmus schwingt sich durch die ganze Schar,
die in feiertägiger Kleidung dahinzieht. Man sieht federn-
geschmückte Hüte, spanische Halskrausen, wallende Män-
tel, kurz, Herren und Damen in vollem Staat. Auch über der
Als drüben, auf weniger gut gebahnten Wegen, den Weingärten entlang kommen sie in ganzen Schwärmen daher.
Und alle haben dasselbe Ziel, das Schloß von Hernals. Dort
saßen zuletzt die Herren Jörger v. Tollet und hielten pro-
testantische Prediger, und wenn man ihnen just die Kirche sperrte, so räumten sie den Saal ihres Schlosses der Andacht und frommen Erbauung ein. Da strömten die Wiener,
denen der evangelische Gottesdienst untersagt worden,
während er den Ständen auf ihren Schlössern lange Zeit
freigegeben blieb, in Scharen herbei, und die Chronisten
melden, daß oft an einem Tage zwanzigtausend, selbst drei-
ßig- und vierzigtausend und gar fünfzigtausend Menschen
zur Predigt dort hinauszogen. Wie unverläßlich solche Zif-
fern auch sein mögen, Merians Bild beweist uns glaubhaft
genug die starke Anziehungskraft des freien Gotteswortes.

196

Kirche und Betsaal erwiesen sich da häufig als zu klein, die Andächtigen alle zu fassen, so daß ein Fenster des Schlosses zur Kanzel werden mußte, von der herab der Prediger zu den im Freien Versammelten sprach.

Hermine Cloeter

XVIII. BEZIRK

Rede an Beethovens Grab
auf dem Währinger Friedhof

Indem wir hier an dem Grabe dieses Verblichenen stehen, sind wir gleichsam die Repräsentanten einer ganzen Nation, des deutschen gesamten Volkes, trauernd über den Fall der einen, hochgefeierten Hälfte dessen, was uns übrig blieb von dem dahingeschwundenen Glanz heimischer Kunst, vaterländischer Geistesblüte. Noch lebt zwar – und möge er lange leben! – der Held des Sanges in deutscher Sprach' und Zunge; aber der letzte Meister des tönenden Liedes, der Tonkunst holder Mund, der Erbe und Erweiterer von Händel und Bach, von Haydn und Mozarts unsterblichem Ruhme hat ausgelebt, und wir stehen weinend an den zerrissenen Saiten des verklungenen Spiels.

Des verklungenen Spiels! Laßt mich so ihn nennen! Denn ein Künstler war er, und was er war, war er nur durch die Kunst. Des Lebens Stacheln hatten ihn tief verwundet, und wie der Schiffbrüchige das Ufer umklammert, so floh er in deinen Arm, o du des Guten und Wahren gleich herrliche Schwester, des Leides Trösterin, von Oben stammende Kunst! Fest hielt er an dir, und selbst als die Pforte geschlossen war, durch die du eingetreten bei ihm, und sprachst zu ihm; als er blind geworden war für deine Züge, durch sein taubes Ohr, trug er noch immer dein Bild im Herzen, und als er starb, lags noch auf seiner Brust.

Ein Künstler war er, und wer steht auf neben ihm? Wie der Behemoth die Meere durchstürmt, durchflog er die Grenzen seiner Kunst. Vom Girren der Taube bis zum Rollen des Donners, von der spitzfindigsten Verwebung eigensinniger Kunstmittel, bis zu dem furchtbaren Punkte, wo

198

das Gebildete übergeht in die regellose Willkür streitender Naturgewalten, alles hatte er durchmessen, alles erfaßt. Der nach ihm kommt, wird nicht fortsetzen, er wird *anfangen* müssen, denn sein Vorgänger hörte nur auf, wo die Kunst aufhört. Adelaide und Leonore! Feier der Helden von Vittoria! und des Meßopfers gläubiges Lied! Kinder ihr der drei- und vier-geteilten Stimmen! Brausende Symphonie! »Freude schöner Götterfunken« du Schwanengesang! Muse des Liedes und des Saitenspiels! stellt euch rings um sein Grab, und bestreuts mit Lorbeern.

Ein Künstler war er, aber auch ein Mensch. Mensch in des Worts vollkommenster Bedeutung. Weil er von der Welt sich abschloß, nannten sie ihn *feindselig*, und weil er der Empfindung aus dem Wege ging, gefühllos. Ach, wer sich *hart* weiß, der flieht nicht! Gerade das *Übermaß* der Empfindung weicht der Empfindung aus! – Wenn er die Welt floh, so wars, weil er in den Tiefen seines liebenden Gemütes keine Waffe fand, sich ihr zu widersetzen; wenn er sich den Menschen entzog, so geschahs, nachdem er ihnen alles gegeben und nichts zurückempfangen hatte. Er blieb einsam, weil er kein Zweites fand. – Aber bis zum Tode bewahrte er ein menschliches Herz allen Menschen, ein väterliches den Seinen, Gut und Blut aller Welt!

So war er, so starb er, so wird er leben für alle Zeiten.

Ihr aber, die ihr unserm Geleite gefolgt bis hieher, gebietet eurem Schmerz! Nicht verloren habt ihr ihn, ihr habt ihn gewonnen. Erst wenn die Pforte des Lebens hinter uns sich schließt, springen auf die Pforten zum Tempel der Unsterblichkeit. Dort steht er nun bei den Großen aller Zeiten unantastbar, für immer. Darum scheidet, trauernd, aber gefaßt von seiner Ruhestätte, und wenn euch je im Leben wie der kommende Sturm die Gewalt seiner Schöpfungen übermannt, wenn eure Tränen fließen in der Mitte eines jetzt noch ungeborenen Geschlechts, so erinnert euch dieser

Stunde und denkt: wir waren dabei, als sie ihn begruben, und als er starb, haben wir geweint.

Franz Grillparzer

Der ehemalige Währinger Friedhof

Es war ein alter Friedhof, ein aufgelassener Friedhof, in dem schon seit einer Ewigkeit – seit 1874 – niemand mehr beigesetzt worden war. [...]

Einmal ist er ein sehr feiner Friedhof gewesen und hieß nobel »Allgemeiner Währinger Friedhof« zum Unterschied vom Währinger Ostfriedhof. Der Kaiser Joseph hat ihn angeschafft, denn er hat Schluß mit den Friedhöfen innerhalb des Linienwalls – des heutigen Gürtels – gemacht und die »Leichenhöfe«, wie man sie ämtlich nannte, ins freie Feld vor »der Lina« verlegt. Die Barockzeit hatte es ähnlich mit den Friedhöfen in der Inneren Stadt gehalten.

In den zwanziger Jahren dieses Jahrhunderts hat die Stadt Wien aus dem schönen, einsamen, traurigen Friedhof einen Dutzendpark gemacht. Mit sauberen Wegen, bequemen Bänken, Kinderspielplätzen; wie es sich eben für eine Großstadt, die etwas auf sich hält, gehört. Die Hochschule für Welthandel – ein etwas monströses Gebilde – blickt nun auf einen Park, wie man ihn aus tausenden von Amateuraufnahmen kennt, im Sommer wird sorgfältig aufgespritzt, der Rasen glänzt in schönem Grün und es liegen gar keine »Papierln« herum. Ein Muster von einem Park – nur ganz ohne Seele.

In einem Winkel hat man aus einer Anzahl schöner alter Grabsteine so etwas wie ein Freilichtmuseum gemacht und den füsilierten »Achtundvierzigern« hat man eine Art Hünengrab errichtet. Ähnlich wie einmal Turnvereine ihrer verstorbenen Mitglieder zu gedenken pflegten.

Siegfried Weyr

XIX. BEZIRK

Der See unter der Heiligenstädter Pfarrkirche

Der hl. Severin war es, der eine den heidnischen Bewohnern Heiligenstadts heilige Quelle, die große Verehrung bei ihnen genoß, verschütten ließ und den Opferstein, der neben ihr stand, umwarf. An derselben Stelle wurde eine Kirche erbaut, die heutige Heiligenstädter Pfarrkirche.

Doch erzählt sich das Volk noch, daß Severin wohl die Quelle verschütten konnte, daß sie aber unterirdisch weiter sprudle und so schon einen großen See unter der Kirche bilde, aus dem schwarze Fische mit feurigen Glotzaugen starren. Vor Zeiten führte sogar eine Tür hinter dem Hochaltar hinab zum See.

Einst fuhr eine böse, gottlose Frau während des Gottesdienstes zum Vergnügen auf dem See herum. Als sie aber den Nachen verlassen wollte, war dies unmöglich; sie war gebannt. Ihr fürchterlicher Schrei schreckte die Gläubigen und sie stiegen mit dem Priester in langer Prozession betend und singend zum See hinab, um den Fluch zu lösen. Es war umsonst. Sie war zu Stein erstarrt. Da wurde die Tür vermauert.

Der unheimliche See wird aber einst den Untergang der Kirche herbeiführen. Die Kanzel befand sich vor Erneuerung der Kirche an einer Stelle, wohin während des Vormittags kein Sonnenstrahl dringen konnte. An einem Pfingstsonntag aber wird bei der Predigt die Sonne dem Priester ins Gesicht scheinen. Ein Brausen und Rauschen dringt dann aus der Tiefe. Fluten brechen hervor und Kirche und Beter werden vom schwarzen See verschlungen.

Gustav Gugitz

Aus dem Leben des heiligen Severin

Zur Zeit, als Attila, der Hunnenkönig, gestorben war, befanden sich die Donauländer in einem Zustand dauernder Verwirrung. Damals kam der hochheilige Gottesdiener Severin aus dem Morgenland an die Grenze von Ufer-Norikum und Pannonien und verweilte in einer kleinen Stadt namens Asturis. Dort lebte er gemäß der Lehre des Evangeliums und der Apostel.

Eines Tages ging er wie gewöhnlich zur Kirche. Dort begann er den versammelten Gläubigen in aller Demut zu verkünden, sie sollten einen drohenden feindlichen Überfall durch Gebete, Fasten und Werke der Barmherzigkeit abwenden. Sie jedoch waren verstockten Herzens und glaubten ihm nicht. Der Diener Gottes kehrte zur Wohnung des Küsters, bei dem er Aufnahme gefunden hatte, zurück, gab Tag und Stunde der bevorstehenden Katastrophe bekannt und sprach: »Aus dieser verstockten Stadt, die rasch ihr Ende finden wird, gehe ich schleunig fort.« Von hier brach er zu der nächstgelegenen Stadt Comagenis auf. Diese wurde von Barbaren, die sich auf Grund eines Bündnisses mit den Romanen darin festgesetzt hatten, außerordentlich scharf bewacht. Trotzdem wurde der Diener Gottes eingelassen. Er betrat alsbald die Kirche und ermahnte alle, die auf ihre Errettung nicht mehr zu hoffen wagten, sich durch Gebete, Fasten und Almosen zu wappnen. Und als sie zweifelten, ob sie an die verheißene Rettung glauben sollten, kam ein alter Mann (es war der Küster, der den hohen Gast beherbergt hatte) und erzählte von der Vernichtung seiner Stadt. Er fügte hinzu, sie sei an dem Tage von den Barbaren verwüstet und zerstört worden, den ein frommer Gottesmann vorhergesagt hatte. Darauf fragten alle bekümmert: »Meinst du etwa denselben, der uns trotz der hoffnungslosen Lage die Hilfe Gottes verspricht?«

Als nun der Alte hernach in der Kirche den Diener Gottes erkannte, warf er sich ihm zu Füßen und sagte, ihm habe er es zu verdanken, wenn er nicht mit allen übrigen Bürgern seiner Stadt zugrunde gegangen sei.   *Eugippius*

Oskar Kokoschka: Hardtgasse 27

D*as zweite Ich* – Frühjahr 1914. Oskar Kokoschka und Alma Mahler, in drei Jahre währender Ekstase einander verbunden, gehen auseinander: Aus dem Rausch ist Katzenjammer geworden. Der Künstler, gerade 28 geworden, bewohnt ein Atelier mit Schlafkammer in Döbling, Hardtgasse 27. Sein Freund und Mentor Adolf Loos hat dem Wiener Nobelschneider und Tuchhändler Leopold Goldman nach dem heftig umstrittenen Geschäftshaus am Michaelerplatz nun auch eine Residenz gebaut, und dort, im Dachgeschoß des linken Flügels, nimmt OK Quartier. Es ist das berühmte »schwarze Atelier«.

Eines, das in diesen Tagen entsteht, wird später seinen Hauptwerken zugerechnet werden: »Die Windsbraut.« Zwei Liebende in einem Boot, das auf dem Weltmeer dahintreibt – Hymnus und Abgesang auf das »Alma-Erlebnis«. Breit fließende Farben – teils glutvoll, teils eisig – symbolisieren das dramatische Nebeneinander von Glückseligkeit und Verlorenheit. [...]

Kokoschka ist an diesem Abend in seinem »schwarzen Atelier« in der Hardtgasse nicht allein, sondern hat einen nachmals Hochberühmten bei sich zu Gast: Georg Trakl. Der Maler und der ein Jahr jüngere Dichter, der sich zu dieser Zeit, von einer Enttäuschung in die andere taumelnd, in den verschiedensten Brotberufen versucht, sind häufig zusammen. OK über jenen Abend: »Außer der großen Staffelei, auf der die ›Windsbraut‹ stand, war nur ein leeres Faß da, das statt eines Stuhls als Sitzgelegenheit diente. Ich gab Trakl Wein und arbeitete weiter an meinem Bild, er sah schweigend zu. Er war aus Salzburg gekommen, völlig durchnäßt vom Regen, denn er liebte es, lange Wege versonnen zu gehen, ohne Tag oder Nacht zu bemerken.«

Plötzlich habe der Dichter zu sprechen begonnen: »eine Stimme wie ein zweites Ich . . . Georg Trakl trug Trauer um seine verstorbene Zwillingsschwester, der er in mehr als brüderlicher Liebe verbunden gewesen ist. Und plötzlich hat er begonnen, ein Gedicht zu sagen. Wort für Wort, Reim für Reim hat er langsam vor sich hin gesprochen. Trakl hat das merkwürdige Gedicht ›Die Nacht‹ vor meinem Bild geformt, bis er es auswendig sagen konnte:

> . . . Über schwärzliche Klippen
> stürzt todestrunken
> die erglühende Windsbraut . . .«

Mit der »bleichen Hand« habe er auf die Staffelei gezeigt und das gerade fertiggewordene Bild »Die Windsbraut« genannt. Malerei und Dichtung in mystischer Vereinigung – eine viel zu schöne Episode, als daß es der nüchternen Wissenschaft gelingen wird (und zu gönnen ist), sie als eine der vielen Flunkereien des bekannt phantasiereichen Kokoschka zu entlarven.

Übrigens geht die Geschichte noch weiter. Kokoschka berichtet, daß er den Freund und Schicksalsgenossen (»wir waren beide Abtrünnige des bürgerlichen Lebens, ich hatte gerade das Elternhaus verlassen, und es gab Stürme um meine ersten Ausstellungen«) bei dieser Gelegenheit porträtiert hat: eine »flüchtige Zeichnung von ihm«. Die Kohleskizze (»Der Dichter Georg Trakl nach dem Gedächtnis«), zunächst im Besitz von Adolf Loos, befindet sich heute in der Sammlung Knize in den USA.

Dietmar Grieser

Theodor Herzls Begräbnis auf dem Döblinger Friedhof

Ich sah ihn dann noch mehrmals, aber von allen Begegnungen ist mir nur eine als wichtige erinnerlich und unvergeßlich, vielleicht, weil sie die letzte war. Ich war im Ausland gewesen – nicht anders als brieflich mit Wien in Verbindung –, endlich traf ich ihn eines Tages im Stadtpark. Er kam offenbar aus der Redaktion, ging sehr langsam und ein wenig in sich gebeugt; es war nicht mehr der alte, schwingende Schritt. Ich grüßte höflich und wollte vorüber, aber er kam rasch emporgestrafft auf mich zu, bot mir die Hand: »Warum verstecken Sie sich? Sie haben das gar nicht nötig.« Daß ich so oft ins Ausland flüchtete, rechnete er mir hoch an. »Es ist unser einziger Weg«, sagte er. »Alles, was ich weiß, habe ich im Ausland gelernt. Nur dort gewöhnt man sich, in Distanzen zu denken. Ich bin überzeugt, ich hätte hier nie den Mut zu jener ersten Konzeption gehabt, man hätte sie mir zerstört, solange sie noch im Keimen und Wachsen war. Aber Gott sei Dank, als ich sie herbrachte, war schon alles fertig, und sie konnten nicht mehr tun, als das Bein aufheben.« Er sprach dann sehr bitter über Wien; hier habe er die stärksten Hemmungen gefunden, und kämen nicht von außen, von Osten besonders und nun auch von Amerika, neue Impulse, er wäre schon müde geworden.

»Warum kommen Sie nie zu mir? Sie haben mich nie zu Hause besucht. Telephonieren Sie vorher an, ich mache mich schon frei.« Ich versprach es ihm, fest entschlossen, das Versprechen nicht zu halten, denn je mehr ich einen Menschen liebe, desto mehr ehre ich seine Zeit.

Aber ich bin dennoch zu ihm gekommen, und schon wenige Monate später. Die Krankheit, die ihn damals zu beugen begann, hatte ihn plötzlich gefällt, und nur zum Friedhof mehr konnte ich ihn begleiten. Ein sonderbarer Tag war es, ein Tag im Juli, unvergeßlich jedem, der ihn miterlebte. Denn plötzlich kamen auf allen Bahnhöfen der Stadt, mit jedem Zug, bei Tag und Nacht, aus allen Reichen und Ländern, Menschen gefahren, westliche, östliche, russische, türkische Juden, aus allen Provinzen und kleinen Städten stürmten sie plötzlich herbei, den Schreck der Nachricht noch im Gesicht; niemals spürte man deutlicher, was früher das Gestreite und Gerede unsichtbar gemacht, daß es der Führer einer großen Bewegung war, der hier zu Grabe getragen wurde. Es war ein endloser Zug. Mit einemmal merkte Wien, daß hier nicht nur ein Schriftsteller oder mittlerer Dichter gestorben war, sondern einer jener Gestalter von Ideen, wie sie in einem Land, in einem Volk nur in ungeheuren Intervallen sich sieghaft erheben. Am Friedhof entstand ein Tumult; zu viele strömten plötzlich zu seinem Sarg, weinend, heulend, schreiend in einer wild explodierenden Verzweiflung, es wurde ein Toben, ein Wüten fast; alle Ordnung war zerbrochen durch eine Art elementarer und ekstatischer Trauer, wie ich sie niemals vordem und nachher bei einem Begräbnis gesehen. Und an diesem ungeheuren, aus der Tiefe eines ganzen Millionenvolkes stoßhaft aufstürmenden Schmerz konnte ich zum erstenmal ermessen, wieviel Leidenschaft und Hoffnung dieser einzelne und einsame Mensch durch die Gewalt seines Gedankens in die Welt geworfen. *Stefan Zweig*

Sieveringer Exil: Leo Trotzki und Natalia Sedowa

Zu dem Glück, ein Kämpfer für den Sozialismus zu sein, gab mir das Schicksal das Glück, ihr Mann sein zu dürfen.« Leo Trotzki über seine Lebensgefährtin Natalia Sedowa in dem wenige Wochen vor seiner Ermordung abgeänderten

Testament. »In den nunmehr fast vierzig Jahren unseres gemeinsamen Lebensweges blieb sie eine unerschöpfliche Quelle der Liebe, der Großmut und der Zärtlichkeit. Sie erduldete große Leiden. Aber ich empfinde doch Erleichterung bei dem Gedanken, daß sie trotzdem Tage des Glücks genossen hat.«

Zu diesen »Tagen des Glücks« zählen vor allem jene sieben Jahre, die die beiden miteinander in Wien zugebracht haben. [...]

1903 trifft der [...] Dreiundzwanzigjährige in Paris ein. Und hier begegnet er der Frau seines Lebens ...

Natalia Sedowa ist Russin wie Alexandra Sokolowskaja. Und eine glühende Revolutionärin obendrein. Aber sie ist noch mehr: Die »linke« Aristokratin – Typ »reuiger Adel« – studiert Kunstgeschichte an der Sorbonne und führt ihren Freund in die Welt der Bilder und Skulpturen ein, nimmt ihn in den Louvre mit, gibt ihm französische Lyrik zu lesen, erschließt dem von Versammlung zu Versammlung eilenden Nur-Politiker ganz neue Perspektiven. Außerdem ist sie drei Jahre jünger als er, hat ein warmherziges, betont frauliches Naturell, Selbstbewußtsein und Attraktivität der äußeren Erscheinung in glücklicher Balance. [...]

Im Kreise der Pariser Rußlandflüchtlinge ist sie Mädchen für alles: In einer Kleinwohnung in der Rue Lalande bereitet sie für ihre Gesinnungsgenossen, die allesamt knapp bei Kasse sind, die Mahlzeiten zu. Trotzki imponiert ihr auf Anhieb: In ihrem Tagebuch, das sie führt, rühmt sie seine »geistige Beweglichkeit«, seine »Vitalität« und seinen »Schaffensdrang«. Sie besorgt ihm ein Zimmer in ihrer Pension, später beziehen die beiden ein gemeinsames Quartier im Emigrantenviertel bei der Rue Gassendi. [...]

1905 riskiert Trotzki die illegale Einreise nach St. Petersburg, seine Aktivitäten bringen ihn erneut vor Gericht, nun werden ihm alle Bürgerrechte aberkannt, es droht Verban-

nung auf Lebenszeit. Am 15. Jänner 1907 tritt er den Weg
nach Sibirien an. Doch der Bewachertrupp ist von Sympa-
thisanten durchsetzt, die sich bereitfinden, Post heimlich
weiterzuleiten, und so ist Natalia Sedowa über den Verbleib
des Geliebten genauestens im Bilde. Da Trotzki noch vor
dem Abtransport einen falschen Paß sowie Geld zugesteckt
erhält, gelingen ihm – quer durch die winterliche Tundra
und via Finnland – Flucht und Ausreise und schließlich
auch die Wiedervereinigung mit der treuen Gefährtin, die
ihm unterdessen einen Sohn geboren hat. [...]

1907 ist es soweit: Endlich kann man sich – für die bevorstehenden Exiljahre bis zum Ausbruch des Weltkriegs – ein
gemeinsames Nest einrichten. Es werden für die junge Familie, die sich noch in ihrem ersten Wiener Jahr um ein weiteres Kind, Sohn Sergej, vermehrt, die glücklichsten und
sorgenfreiesten Jahre...

Zuerst lassen sie sich am Stadtrand nieder. In Hütteldorf
finden sie ein Sommerhäuschen, in der Hüttelbergstraße
55. Trotzki ist begeistert, rühmt den Blick auf die umliegenden Hügel, die dunkelroten Herbstfarben der Bäume. [...]
Im Frühjahr dringt der Duft blühender Veilchen vom Garten in die Zimmer herein – es ist die Zeit, da Natalia das
zweite Mal niederkommt.

Nun allerdings, im April, hebt der Hausbesitzer – er heißt
Dr. Max Buxbaum und ist Arzt – den Mietzins aufs Dop-
pelte an, und die mittlerweile vierköpfige Familie muß sich
nach einem billigeren Qartier umsehen.

Sie finden es im »demokratischeren« Sievering: Rund um
die Weinberggasse, wo Firmen wie Gräf & Stift und Bens-
dorp ihre Betriebe haben, gibt es günstige Arbeiterwohnun-
gen. [...] Aufsehen erregt auch ihr Äußeres: Im Gegensatz
zur herrschenden Mode trägt er das Haar lang, sie kurz.

Die Adresse, an der »die komischen Russen« am längsten
verweilen, ist das Eckhaus Weinberggasse/Rodlergasse:

Bassenawohnungen mit Gangklosett. Die Trotzkis ziehen ins Souterrain, nebenan hat ein Schlosser seine Werkstatt. So schön es in Hütteldorf war: Dies hier ist das proletarische Milieu, das der »Revolutionär in Wartestellung« für seine Arbeit braucht. Unter seinem Pseudonym Antid Oto (»Gegengift«) verfaßt er Beiträge für eine Reihe liberaler Zeitungen: für den *Kiewskaja Mysl*, dessen Korrespondent er ist, sowie für eine Handvoll deutscher und belgischer Blätter. Vor dem Sozialdemokratischen Verein der russischen Kolonien Wiens hält er Vorträge.

Der Endzwanziger, dem manche seiner Weggenossen Dandytum und Arroganz vorgeworfen haben, erweist sich als vorbildlicher Ehemann und Vater: Er hilft im Haushalt mit, geht seiner jungen Frau bei der Erziehung der Kinder zur Hand und nimmt sich, als diese schulpflichtig werden, sogar die Zeit, mit ihnen die Hausaufgaben zu machen. Als er im Herbst 1908 auch Redaktion und Vertrieb der *Prawda* übernimmt, kommt es zu ersten finanziellen Engpässen: Das Auslandsporto für den Versand des vierzehntägig erscheinenden Blattes, das – teils über die galizische Grenze, teils übers Schwarze Meer – von Österreich nach Rußland geschmuggelt wird, geht dermaßen ins Geld, daß Natalia mehr als einmal um Stundung des Mietzinses betteln, Entbehrliches vom Hausrat ins Dorotheum tragen oder ihren Mann zu Notverkäufen aus seiner umfangreichen Bibliothek überreden muß. [...]

Am 2. August 1914 erklärt Deutschland Rußland den Krieg; zwei Tage später, frühmorgens um 6.10 Uhr, besteigen die Trotzkis auf dem Westbahnhof den Zug nach Zürich. Sein Archiv, seine Bibliothek, sogar die Manuskripte angefangener Arbeiten bleiben in Wien zurück.

Das Haus in Sievering, das den Mitinitiator der russischen Revolution und Gründer der Roten Armee etliche Jahre seines turbulenten Lebens beherbergt hat, ist erhal-

209

ten. Doch während sein Meidlinger »Gegenstück«, das Zinshaus in der Schönbrunner Schloßstraße, in dem Trotzkis Erzfeind Stalin einige Wochen des Jahres 1913 gelebt hat, noch immer mit einer Gedenktafel auftrumpft, fehlt hier selbst der kleinste Hinweis auf den einstigen Insassen.

Dietmar Grieser

Grinzos ING

Vor etlichen Jahren hat einmal jemand versucht, die Republik Grinzing auszurufen. Es ist aber nicht dazu gekommen, weil die Sowjetunion dagegen war, die Schutzmacht der Reaktion, die Feindin jeglicher Neuerung. Nun gibt es sie nicht mehr, und die Republik Grinzing noch immer nicht. Die eine ist dem opulenten Staatsverwesen anheimgefallen, die andere verharrt als Embryo im Bauch der Geschichte. Sie fristet ihr Leben als Absichtserklärung. In diesem Zustand aber soll sie, so sagt man, Touristen in hellen Scharen anlocken und als Geldmaschine funktionieren.

Grinzing ist ein Programmpunkt.

Grinzing ist eine Inszenierung.

Grinzing ist eine Einstiegsdroge.

Grinzing ist eine Geldmaschine.

Mit einem Wort, Grinzing ist einer der Versuche, die Verösterreicherung der Welt voranzutreiben; eine heimlich-unheimliche Ambition, die zumindest vielen Wienern innewohnt. Auch wenn sie sich manchmal dagegen mit Händen und Füßen wehren; die ihr Wesen grundlegende Maxime lautet:

Je zugereister, desto wienerischer.

So kommt es, daß japanische Stenotypistinnen, Eskimo-Dichter, russische Plutoniumhändler und Wildwestkapitalisten nach dem Genuß einiger Viertelliter Wein in einer

Grinzinger Heurigenschenke eine seltsame Verwandlung durchmachen, die zumindest bis zur Weiterreise anhält. Sie tappen unsicheren Schrittes durch die Stadt, ihren aufgerissenen Augen erscheint sie viel schöner als sie ist, und sie machen den Wienern viel mehr Komplimente als ihnen zustehen.

Wie kann ein Ort, den nur zwei spitze *i* vor der Unaussprechlichkeit *Grnzng* retten, solchen Zauber ausüben? Wie kommt ein solches Ortwort gar in Lieder und läßt sich singen?

»Ich muß wieder einmal
in *Grienzieng* sein,
beim Wein, beim Wein, beim Wein . . .«

Ja, so geht es: mit Dehnung der Vokale und dem sogenannten Wiener Tremolo, das dem Heurigengesang den unwiderstehlichen Schmelz verleiht. Diesen wider aller Erwartung sangbaren Namen verdankt der Ort einem Manne namens Grinzo, der, dank der Gewohnheit früherer Kaiser, Land zu verschenken, das ihnen nicht gehörte, zu einer Liegenschaft zwischen Wien und Kahlengebirge kam. Wie Grinzos *Ing* vorher, als keltisches Dorf oder als römische Siedlung geheißen hat, wissen wir nicht, aber die Relikte dieser fernen Epochen tauchen immer wieder mit erstaunlicher Überlebensfähigkeit aus der Brandung der Touristenscharen auf. Man braucht nur abzuwarten, bis sich die Devisenbringer verlaufen haben. Am hellichten Vormittag, das ist Grinzings Geisterstunde, kann man diesen Fossilen begegnen: Dem keltischen Hochleistungstrinker, der mit rotem Kopf auf ein Opfer seines sprungbereiten Jähzorns lauert; oder einem dekadenten Süffler, aus dessen leicht verquollenem, vormals edlem Römerkopf, letzte Fragen an das Schicksal tönen; oder einem bajuwarischen Saufaus, der die Kunst beherrscht, die ganze Welt zu umarmen, ohne dabei sein Glas wegzustellen.

Wer mehr Unterarten und Unarten des weinseligen Wiener Wesens kennenzulernen wünscht, muß sich ins feindliche Ausland, etwa nach Stammersdorf oder nach Ottakring begeben. Was allen diesen Heurigenorten und -vierteln gemeinsam ist? Sie haben sich gegen die Erosion durch die heranbrandende Großstadt erfolgreich gewehrt, indem sie sich selbst inszenierten: Rustikaler Restbestand ohne Stallgeruch, Biedermeier mit WC, durchdachte und durchtriebene Gastronomie. Eine angenehme und leicht konsumierbare Welt.

Zur Spezialität jener Inszenierung gehört, daß man erst einmal als Publikum hinkommt und sich sehr schnell in einen Darsteller oder Mitspieler verwandelt. Man singt und schunkelt, zwingt sich solange zur Heiterkeit, bis man wirklich heiter und natürlich auch angeheitert ist. Auch der Wiener, einschließlich der vorerwähnten Gespenster, verflüssigt sich hier zum Touristen. Sonst ein berüchtigter Tourist, ist er als daheimgebliebener Tourist oder quasi als Touristendarsteller durchaus in der Lage, einen gewissen Charme zu entwickeln. Nicht nur der Heurigenpapagallo zeigt sich hier von seiner besseren Seite.

Der Treibstoff dieser Inszenierung ist natürlich der Wein. Er ist selten ein echter Grinzinger, denn während in den letzten hundert Jahren der Weinverkauf ständig stieg, nahm die Weingartenfläche kontinuierlich ab. An den Hängen hinter dem Straßendorf kann also gar nicht soviel Wein wachsen, wie hier getrunken wird. Deshalb lassen sich die Wirte aus der Wachau, aus dem Weinviertel, von der Südbahngegend oder der Region Carnumtum zuliefern. Wie beim Publikum, das zum Mitspieler wird, ist es auch beim Wein: Wenn er hier getrunken wird, ist er nach dem zweiten Viertel ein echter Grinzinger.   *Herbert Berger*

XX. BEZIRK

Der Brigittenkirchtag in der Brigittenau

In Wien ist der Sonntag nach dem Vollmonde im Monat Juli jedes Jahres samt dem darauf folgenden Tage ein eigentliches Volksfest, wenn je ein Fest diesen Namen verdient hat. Das Volk besucht es und gibt es selbst; und wenn Vornehmere dabei erscheinen, so können sie es nur in ihrer Eigenschaft als Glieder des Volks. Da ist keine Möglichkeit der Absonderung; wenigstens vor einigen Jahren noch war keine.

An diesem Tage feiert die mit dem Augarten, der Leopoldstadt, dem Prater in ununterbrochener Lustreihe zusammenhängende Brigittenau ihre Kirchweihe. Von Brigittenkirchtag zu Brigittenkirchtag zählt seine guten Tage das arbeitende Volk. Lange erwartet, erscheint endlich das saturnalische Fest. Da entsteht Aufruhr in der gutmütig ruhigen Stadt. Eine wogende Menge erfüllt die Straßen. [...]

Endlich, wie wenn in dieser Welt jedes noch so hartnäckige Stehenbleiben doch nur ein unvermerktes Weiterrükken ist, erscheint auch diesem status quo ein Hoffnungsstrahl. Die ersten Bäume des Augartens und der Brigittenau werden sichtbar. Land! Land! Land! Alle Leiden sind vergessen. Die zu Wagen Gekommenen steigen aus und mischen sich unter die Fußgänger, Töne entfernter Tanzmusik schallen herüber, vom Jubel der neu Ankommenden beantwortet. Und so fort und immer weiter, bis endlich der breite Hafen der Lust sich auftut und Wald und Wiese, Musik und Tanz, Wein und Schmaus, Schattenspiel und Seiltänzer, Erleuchtung und Feuerwerk sich zu einem pays de cocagne, einem Eldorado, einem eigentlichen Schlaraffenlande vereinigen, das leider, oder glücklicherweise, wie man es nimmt, nur einen und den nächst darauffolgenden Tag dauert, dann aber verschwindet, wie der Traum einer Sommernacht, und nur in der Erinnerung zurückbleibt und allenfalls in der Hoffnung.

Ich versäume nicht leicht, diesem Feste beizuwohnen. Als ein leidenschaftlicher Liebhaber der Menschen, vorzüglich des Volkes, so daß mir selbst als dramatischen Dichter der rückhaltslose Ausbruch eines überfüllten Schauspielhauses immer zehnmal interessanter, ja belehrender war, als das zusammengeklügelte Urteil eines an Leib und Seele verkrüppelten, von dem Blut ausgesogener Autoren spinnenartig aufgeschwollenen literarischen Matadors; – als ein Liebhaber der Menschen, sage ich, besonders wenn sie in Massen für einige Zeit der einzelnen Zwecke vergessen und sich als Teile des Ganzen fühlen, in dem denn doch zuletzt das Göttliche liegt – als einem solchen ist mir jedes Volksfest ein eigentliches Seelenfest, eine Wallfahrt, eine Andacht. Wie aus einem aufgerollten, ungeheuren, dem Rahmen des Buches entsprungenen Plutarch, lese ich aus den heitern und heimlich bekümmerten Gesichtern, dem lebhaften oder gedrückten Gange, dem wechselseitigen Benehmen der Familienglieder, den einzelnen halb unwillkürlichen Äußerungen, mir die Biographien der unberühmten Menschen zusammen, und wahrlich! man kann die Berühmten nicht verstehen, wenn man die Obskuren nicht durchgefühlt hat. Von dem Wortwechsel weinerhitzter Kartenschieber spinnt sich ein unsichtbarer, aber ununterbrochener Faden bis zum Zwist der Göttersöhne, und in der jungen Magd, die halb wider Willen, dem drängenden Liebhaber seitab vom Gewühl der Tanzenden folgt, liegen als Embryo die Julien, die Didos und die Medeen.

Franz Grillparzer

XXI. BEZIRK

Der Eipeldauer in einer Hamlet-Aufführung

Der Wiener Schriftsteller Josef Richter gab von 1785 bis 1821 eine der beliebtesten Volkszeitschriften Österreichs heraus, die »Briefe eines eipeldauers an seinen Herrn Vetter in Kagran«. Nun ist aber das Wort eipeldauer eine moderne Dialektverballhornung des mittelalterlichen Namens »Alpiltowe«, wie die Leopoldau, eine der ursprünglichen Gemeinden des 21. Wiener Bezirks »Floridsdorf«, ursprünglich hieß. Der Kagraner Vetter entstammte dem 22. Bezirk. Der fiktive Floridsdorfer »Eipeldauer« zog alles auf seine Vorstadtperspektive herab, wie etwa eine Hamlet-Aufführung:

»Hernach hat mich der Wiener Herr Vetter in d' Komödie g' führt. Da hab' ich ein' Geist g' sehen, den hat einer erstechen woll'n. Hernach hat eine Gift g' nommen und ein' haben's hinter der spanischen Wand erstochen, und da hab'n d' Zuschauer bald g' lacht und bald g' weint und wie d' Komödie aus g' wesen, hab'ns den seh'n woll'n, der so viel Leut erstochen hat.«

Hierauf kommt der Eipeldauer mit dem Vetter ins Bierhaus, wo die Kritiker versammelt sind: »Da sind eine Menge Herrn herinng'ess'n, die hab'n über d' Komödie räsonniert. Dem ein hat der Geist zu große Schritt' g' macht; dem andern hat die Königin, die's Gift g' nommen hat, s' G' sicht zu wenig verzart. Aber einer hat der Kompagnie zeigen woll'n, wie einer sterben soll, der erstochen wird – und da ist er ausg' rutscht und mit'm Aessel auf d' Erd'n g' fall'n – ha! ha! das ist mir lieber als d' Komödie g' wes'n.«

Josef Richter

Der Glaube des Wieners

Zwar nicht wörtlich dem »Eipeldauer« in den Mund gelegt, aber durchaus in seinem Geiste ist auch Josef Richters Dialog vom Glauben des Wieners angelegt, von dem hier zwei kurze Auszüge folgen:

Weß Glaubens bist du?
Antwort: Ich bin ein Wiener

Frage: Weß Glaubens bist du?
Antwort: Ich bin ein Wiener.
F. Was ist ein Wiener?
A. Ein Wiener ist ein Mensch, der selbst nicht recht weis, was er ist.
F. Woran erkennt man den Wiener?
A. Den Wiener erkennt man, sobald er das Maul aufmacht.
F. Was muß jeder Wiener nothwendig wissen?
A. Die vom maennlichen Geschlechte muessen nothwendig wissen:

1) Wo man den besten Wein schenkt, und wo Kirchtag ist.
2) Was die Partie *Quarambol* kostet.
3) Wo die besten Kegelbahnen sind.
4) Welcher Hund in der Hetze am besten Solo faengt.
5) Welcher Fiakre am schnellsten faehrt.
6) Muß er wissen, als Accessist den Hofrath zu spielen.
7) In Gesellschaft den Kasperl zu machen.
8) Uiber galante Krankheiten zu scherzen.
9) Die Damen mit Zweydeutigkeiten zu unterhalten.
10) Endlich muß er die *Histoire scandaleuse,* und den Preiskourant von allen mitleidigen Schwestern wissen.

Die vom weiblichen Geschlechte muessen wissen:

1) Welche die herrschenden Moden sind.
2) Wie sie die Wachsamkeit ihrer Eltern und Maenner hintergehen koennen.
3) Wer die besten Deutschtaenzer sind.
4) Wo man das beste Gefrorne bekoemmt.
5) Die Kunst, sich um die Haelfte groesser zu machen, als sie von Natur sind.
6) Mehr auszugeben, als der Mann einnimmt.
7) Die Spiel- und Tanzregeln frueher als den Katechismus.
8) Muessen sie von allen Lustbarkeiten wissen.
9) Muessen sie die Verdienste ihres Liebhabers nach der Anzahl Flinserln zu berechnen wissen, die er auf der Weste hat.
10) Endlich muessen sie mit 12 Jahren mehr wissen, als im vorigen Jahrhundert ein Maedchen von 25 Jahren wußte. [...]

F. Wie viele Gebote haben die Wiener?
A. Die Wiener haben zehn Gebote.
F. Wie heissen sie?
A. Für die Männer heissen sie:
1) Du sollst deinen Balg über alles hochschaetzen.
2) Du sollst an Sonn- und Feyertagen dich lustig machen, und durchbringen, was du in der Woche verdienet hast.
3) Du sollst nebst deiner Gemahlin ein huebsches Stubenmaedchen, oder andern gesunden Dienstbothen halten.
4) Du sollst unsern Herr Gott einen guten Mann seyn lassen.
5) Du sollst tadeln, was du nicht verstehst.
6) Du sollst nicht denken.
7) Du sollst bey keinem Gewuerzgewoelb vorbeygehen, ohne Austern zu essen.

8) Du sollst deine reichen Schwaeger in Ehren halten,
auf daß es dir wohl ergehe.
9) Du sollst bey Leibe nicht zu viel arbeiten.
10) Du sollst auf alle Neuerungen schimpfen und
huebsch beim Alten bleiben. [...]

Josef Richter

Die Riesen vom Bisamberg

Nicht von, sondern über Menschen und Zustände in Floridsdorf oder genauer über den Floridsdorfer Ortsteil Jedlesee »berichtet« der skurril-phantastische, bedeutende Roman Hans Heinz Hahnl's »Die Riesen vom Bisamberg«, in dem es eingangs heißt:

Hat es die Bisambergriesen überhaupt gegeben? Zweifellos. Aber es geht einem bei ihnen, wie es einem immer geht. Wenn man nachforscht, bleibt von den Gewißheiten nicht mehr viel übrig. Was gesichert schien, erweist sich als Erfindung, Verballhornung eines Gerüchtes. Einer spricht es dem anderen nach. Auf den Spuren der Bisambergriesen geraten wir ins 19. Jahrhundert, in dem bekanntlich alles erfunden worden ist, von der Eisenbahn bis zum Transvestitentum, von der Singer-Nähmaschine bis zum Sadomasochismus und vor allem die neue, außerordentlich ansteckende Spielart der Ideologie, die Utopie. Es hat, wenn ich hier abkürzend die Struktur in groben Zügen vorwegnehmen darf, die 1,90 Meter großen Angehörigen des Garderegiments in Jedlesee gegeben, die damals gelegentlich scherzhaft »unsere Riesen vom Bisamberg« genannt wurden, von den Mädchen nördlich, aber auch südlich der Donau, die damit unerhörte Vorstellungen verbanden, es hat die 2,70 große Liebespuppe des Alois Brandscherer gegeben, des Sitzriesen, der sein Verlangen nach großen Frauen schließlich in einer aus verschiedenen Materialien gefertigten Gliederpuppe befriedigt hat, die später in einer Seitengasse der Leopoldstadt kommerziell gefertigt worden ist. Diese Bisambergriesen, die eigentlich Riesinnen waren, haben im Bewußtsein der Lebemännerwelt die uniformierten Bisambergriesen aus der Erzherzog-Johann-Salvator-Kaserne vertrieben.

Hans Heinz Hahnl

XXII. BEZIRK

Die UNO-City

Österreichs Gewaltwerk für die UNO

In vieler Hinsicht verdichtet sich der Eindruck, Österreich hole mit der feierlichen Inauguration der UNO-City die nie zustande gekommenen Feierlichkeiten zum 70. Thronjubiläum Kaiser Franz Josephs I. nach, deren Vorbereitung Robert Musil in seinem Roman »Der Mann ohne Eigenschaften« beschrieben hat. Viele der besten Kräfte des Landes sind auf dieses Ereignis konzentriert, das mit sich über mehrere Tage erstreckenden Festivitäten zelebriert wird. Den geistigen Rahmen bildet eine UNO-Konferenz über Wissenschaft und Technik im Dienste der Entwicklung. Die Konferenz kostet den Veranstalter an bloßen Organisationskosten umgerechnet neun Millionen Franken. Im Verlaufe dieses Ereignisses will Österreich der Welt das präsentieren, worin es mit gutem Recht als vorbildlich gelten kann, etwa seine Stärke im Anknüpfen von Beziehungen und seine ausgleichende Versöhnlichkeit. Analog, mit den zeitbezogenen Verschiebungen, war das Bestreben der »Parallel-Aktion«, die in Musils Roman die Feiern zum 70. Krönungstag des Kaisers vorbereiten wollte. Das Bedürfnis eines mystischen Verschmelzens mit dem Universum wird spürbar. [...]

Das Internationale Zentrum Wien, wie die offizielle Bezeichnung für die UNO-City im Donau-Park nun lautet, ist ein aus sechs Y-artigen Türmen und einem zentralen Rundbau bestehender Gebäudekomplex am linken Donauufer. Als Ergänzung zu diesem Internationalen Konferenzzentrum, das interne Meetings beherbergen wird, soll in unmittelbarer Nähe ein österreichisches Konferenzzentrum mit wesentlich höherem Fassungsvermögen entstehen. Der entsprechende Baubeschluß wurde vom österreichischen Ministerrat in den Sommerferien gefaßt. [...]

Der in diesen Tagen zu beziehende Amtssitz wurde für die beiden UNO-Sonderorganisationen IAEO und UNIDO errichtet. Ferner werden in den neuen Bürotürmen rund 150 Mitarbeiter des Hilfswerks für Palästinaflüchtlinge (UNRWA) untergebracht. Mit der Eröffnung werden überdies das Zentrum für soziale Entwicklung und humanitäre Angelegenheiten und die Abteilung für internationales Handelsrecht (Unicitral) aus New York sowie drei Einheiten, die sich mit Suchtgiftkontrolle und Suchtgiftmißbrauch befassen, und eine Abteilung für soziale Angelegenheiten aus Genf an die Donau disloziert. Alle diese Einheiten zusammen machen rund 200 Büroplätze aus. [...]

Die ästhetischen und politischen Auseinandersetzungen, Pressepolemiken und diplomatischen Demarchen sind heute vergessen. Geblieben sind gewisse Vorbehalte der Benützer, in erster Linie der schon länger in Wien wohnenden Beamten. Sie betreffen vornehmlich den Standort des Zentrums. Die Verlegung des angestammten Arbeitsplatzes aus dem Herzen der Stadt in die Nähe der Peripherie wird trotz modernster Büroeinrichtungen von vielen nicht als Aufstieg empfunden. Die Anzeichen dafür, daß im Donau-Park ein neuer Schwerpunkt urbanen Lebens entstehen werde, sind vorläufig noch spärlich. Obschon zum Gemeindegebiet gehörend, ist der Donau-Park ungleich weniger stark mit Wien verkettet als etwa das Quartier de la Défense mit Paris. Die Donau mit ihrem breiten Überschwemmungsgebiet wirkt trennend. [...]

Rudolf Stamm

XXIII. BEZIRK

Das Porträt:
Rainer Maria Rilke und Lou Albert-Lasard
in Rodaun

Rilke und »Lulu«, wie der Dichter die elf Jahre Jüngere nennt, sind seit achtzehn Monaten miteinander bekannt. Schon in Paris, wo er sich vor Kriegsausbruch eine Zeitlang aufhält, wird er auf sie aufmerksam. [...]

Wieder zurück in München, quartieren sich Rilke und Lou Albert-Lasard in einer Pension beim Odeonsplatz ein: die Flitterwochen. Sogar ans Heiraten denkt der Dichter, doch das redet ihm die Fürstin Thurn und Taxis rechtzeitig aus. Immerhin – die neue Liebschaft tut ihm gut. [...]

Mitte Mai kommt Lou Albert-Lasard in der Reichshaupt- und Residenzstadt an. Man ist »glücklich, einander wieder- zufinden«, verlebt schöne Stunden in Gesellschaft der Dichterfreunde Rudolf Kaßner, Stefan Zweig, Peter Alten- berg und Felix Braun, auch Helene von Nostitz ist da, im Kunsthistorischen Museum begeistert man sich an der Brueghel-Sammlung, und der Kunsthistoriker Oswald von Kutschera, ein Vetter Rilkes, zeigt ihnen »die Dinge außer- halb der landläufigen Programme«. Als sie der gesellschaft- liche Trubel zu ermüden beginnt und Rilke sich auf Lulus Bitten bereit zeigt, ihr für ein Porträt Modell zu sitzen, folgt das Paar einer Empfehlung des Kollegen Hofmannsthal, sich für einige Wochen in Rodaun niederzulassen: im Nebenhaus des Fuchs-Schlössels, das er selber seit seiner Eheschließung bewohnt. [...] In einem anmutigen Barockpavillon auf der gegenüberliegenden Straßenseite, den Hugo von Hof- mannsthal, zu seinem Besitz gehörig, den Freunden zur Verfügung stellt, richtet Lulu ihr Atelier ein. [...]

Rilke ist der prachtvolle Hofmannsthal-Sitz am Südwestrand von Wien bereits seit längerem vertraut: Schon im November 1907, von Hofmannsthal zur Mitarbeit am Lyrikteil der soeben gegründeten Zeitschrift *Morgen* aufgefordert, verbindet er seine Einladung, in der berühmten Buchhandlung Heller aus den gerade entstehenden *Aufzeichnungen* des *Malte Laurids Brigge* vorzulesen, mit einem Frühstück in Rodaun.

Aber was sind ihre Schrullen gegen die Großzügigkeit, mit der Gerty von Hofmannsthal Lou Albert-Lasard, die sich anschickt, ihre Arbeit am großen Rilke-Porträt aufzunehmen, jeden Wunsch von den Augen abliest! Die herrlichsten Brokatstoffe breitet sie vor ihr aus, die Künstlerin mag das ihr als »Kulisse« passend Erscheinende auswählen. Man entscheidet sich schließlich für »zwei wunderbare Gelb und lila Bauernzeug«, und Rilke kommentiert kapriziös: »Schwer, hinter solchem Hintergrund nicht zurückzubleiben.«

Hofmannsthal verfolgt den Entstehungsprozeß des Gemäldes mit größtem Eifer, in eine der Sitzungen platzt er mit dem Ausruf »Es ist besser als der Rilke!« hinein, und auch er selber zeigt Interesse, von der begabten Malerin verewigt zu werden. Was er wohl tun müßte, »um ein bißchen interessanter auszusehen?« erkundigt er sich kokett. Und Lulu gibt zur Antwort: »Nehmen Sie nur Ihren Schnurrbart weg.« Davon freilich mag Hofmannsthal nichts wissen: »Aber nein, der ist doch so hübsch banal.« [...]

Auch mit dem Rilke-Porträt kann Lou Albert-Lasard zufrieden sein. Jeder, der es zu sehen bekommt, überschüttet die Künstlerin mit Lob: Rudolf Kaßner, Stefan Zweig. Die Fürstin Thurn und Taxis reist eigens nach Wien an, um es zu begutachten, und Oskar Kokoschka, dem sich Rilke als Modell verweigert hat, zeigt unverhohlen seine Eifersucht. Nur er selber, der Geliebte, äußert sich vorsichtig: Erst nach seinem Tod – und nur auf Umwegen – wird Lou Albert-Lasard erfahren, daß es das einzige seiner Porträts ist, in dem Rilke sein Wesen wirklich treffend widergespiegelt findet. [...]   *Dietmar Grieser*

Hugo von Hofmannsthal: Ketzergasse 471

Im Sommer zieht das junge Paar im ehemaligen Fuchs-Schlössel ein – heute würde die Adresse Wien XXIII., Ketzergasse 471, lauten. Der Dichter bleibt hier bis zu seinem Tod im Sommer 1929, und in Rodaun kommen auch die drei Kinder zur Welt: Christiane, Franz und Raimund. Das Gästebuch aus den 28 Jahren, da der prachtvolle Besitz im Süden Wiens Hugo von Hofmannsthals Lebensmitte bildet, liest sich wie das Register zu einer europäischen Kulturgeschichte des frühen 20. Jahrhunderts. Rudolf Alexander Schröder und Rudolf Borchardt sind die ersten Besucher. Schröder zeichnet die Titelseite (und widmet dem Anwesen Jahre später seine Elegie »Der Landbau«). Stefan Georges Initialien folgt mit Respektabstand die Unterschrift seines jugendlichen Begleiters Friedrich Gundolf. Arthur Schnitzler und Rudolf Kassner, Harry Graf Kessler und Max Mell verkehren bei Hofmannsthals ebenso wie Carl J. Burkhardt, Leopold von Andrian und Grete Wiesenthal; auch die Namen Franz Werfel, Stefan Zweig, Felix Braun, Gerhart Hauptmann und Thomas Mann finden sich im »Fremdenbuch«. Weiters: Hermann Bahr, Felix Salten, Richard Beer-Hofmann, Jakob Wassermann, Graf Keyserling, Helene von Nostitz und Alexander von Zemlinsky. Alle anderen an Größe des Namenszuges drastisch übertreffend: Alma Mahler-Werfel. [...]

Herta Staub hat nicht zu hoch gegriffen, als sie das »Rodauner Haus« in ihrer gleichnamigen Studie einen »Sam-

224

melpunkt des geistigen Europas« jener Epoche genannt hat, und Reinhold Schneider meint in den »von Vergangenheiten überfüllten Räumen« das »Spectrum Austriae« wahrgenommen zu haben. [...]

Wie es in Rodaun zugegangen ist, hat niemand authentischer geschildert als Christiane Zimmer, das älteste und zuletzt verstorbene der Hofmannsthal-Kinder (die 1902 Geborene residierte abwechselnd in München und New York). Da sind die väterlichen Vorlesungen – aber nicht etwa eigene Texte, sondern Grillparzer und die Odyssee. Sodann die strengen »Ruhebestimmungen«, wenn »Papa« am Schreiben war: von der Unterdrückung geschwisterlichen Raufhandels bis zu vorsorglichem Abfangen unangenehmer Poststücke.

Oder sein erklärter Unwille, mit den Gästen immerfort über »Dichterisches« zu sprechen – etwa mit jenem befreundeten Bankdirektor, dessen Goethe-Tick Hofmannsthal so enervierte, daß er darüber bei Tisch seine Gabel verbog: »Papa sprach mit seinen Gästen viel lieber über *deren* Berufe, er bereitete sich regelrecht darauf vor. Gerade die einfachen Leute interessierten ihn am meisten: der Kohlenmann, der Bettler, die Bäuerin.«   *Dietmar Grieser*

ANHANG

Literarischer Spaziergang durch die Erinnerung

Obwohl ich seit rund drei Jahrzehnten nicht mehr in Österreich lebe und nur besuchsweise gelegentlich kurz nach Wien komme, ist mir die Erinnerung an diese Stadt in einer Weise gewärtig, daß ich nur die Augen zu schließen brauche, um ein Bild nach dem anderen heraufzubeschwören, wie sie das Mosaik unseres Inneren bilden. Zwar entsinne ich mich nur sehr dunkel meiner ersten Fahrt aus meiner Geburtsstadt Wiener Neustadt nach Wien, als ich dreijährig meiner Urgroßmutter dort einen Besuch abzustatten hatte, aber schon die erste eigene Fahrt als dreizehnjähriger Gymnasiast ist mir noch sehr lebendig. Ich fuhr damals mit dem »D-Wagen« vom Südbahnhof zur Hofburg. Aber nicht dem weiten, damals gerade sehr windigen Heldenplatz galt meine erste Liebe, sondern der engen Dorotheergasse, die vom Josefsplatz zum Graben führt. Sie wirkte – wie auch der Josefsplatz – so viel anheimelnder und geborgener, und es war vielleicht kein Zufall, daß sie für mich später in mehrfacher Weise schicksalhaft werden sollte. Um nur einer der allerwichtigsten Begegnungen zu gedenken, die ich viele Jahre später in der Dorotheergasse haben sollte: im Restaurant des Graben Hotels, dort begann die engste und tiefste Freundschaft meines Lebens mit dem Lyriker Ernst Schönwiese, mit dem ich in der Regel nach dem Essen auf einen besonders guten Kaffee ins Graben-Café ging, wo wir einmal in George Saiko hineinliefen.

Schönwiese verdanke ich auch meine zweite große Wiener Freundschaft mit Friedrich Torberg, der mich zu unserer ersten Zusammenkunft ins Café Museum beim Volkstheater bestellte, obwohl es damals das berühmte Café Herrenhof noch gab. Vielleicht wollte er mich zuerst kennenlernen oder ich besaß noch nicht die gebührende Würde für das Herrenhof. Ich weiß noch, wie er versuchte, sich so rasch als möglich ein genaueres Bild von mir zu machen und wie ich auf eine seiner Fragen erwiderte: »Ich mußte mir meinen Freud und Einstein nach der Schule selbst zusammenlesen.« Was er lakonisch kommentierte mit »Glückliche Kindheit«. Das Gedicht, das er viele Jahre später auf meinen fünfzigsten Geburtstag machte, gehört zu meinen zugleich heitersten und ergreifendsten Erinnerungen.

Das Gedicht wurde übrigens von Ernst Schönwiese bei einer Feier verlesen, die der PEN-Club für mich im Palais Palffy veranstaltete, gleich um die Ecke da, wo die Dorotheergasse in den Josefsplatz hinausmündet. Es nimmt wenig wunder, daß das Gedicht bei den anwesenden Autoren Szenenapplaus hervorrief. Zum ersten Mal bei einem derartigen Anlaß war meine damals neunjährige Tochter Sascha anwesend, die bei jener Gelegenheit ihren ersten Rosenstrauß erhielt. Da sie inzwischen bereits einen österreichischen Roman ins Amerikanische übersetzt hat, verdient sie, in diese literarischen Erinnerungen aufgenommen zu werden.

Mit der zweiten wichtigen Frau meines Lebens, mit meiner Mutter, pflegte ich Jahre vorher im sogenannten Textilviertel Stoffe für ihr Geschäft einzukaufen, ohne noch zu ahnen, daß jene Gegend am Rudolfskai und in der Gonzagagasse die Kulissen gestellt hatte, vor welcher Hermann Brochs Kindheit abgelaufen war.

Eine ganze Reihe von Erinnerungen würden zu weit führen – geographisch für den, der die entsprechenden Straßen und Plätze aufsuchen wollte – wie auch raummäßig. Da wären unter vielen anderen die Erinnerung an Gerhard Fritschs Wohnung am Laaerberg, an Heurigenabende mit György Sebestýen in Grinzing (die wir hier leider nicht abdrucken können) oder an das Begräbnis Herbert Eisenreichs auf dem Zentralfriedhof, jede Stelle viele Kilometer von der anderen entfernt. Besser komme ich zu meiner Dorotheergasse zurück.

So wichtig diese Gasse für mich aber auch war, bin ich doch kaum jemals in das Café Hawelka dort gekommen, in dem damals Doderer und mein Freund Peter von Tramin verkehrten. Denn die wirklich große Zeit der Literatur-Cafés, des Kramerschen Kaffeehauses in der Zeit des Josephinismus im Schlossergäßchen, des heute wieder neu aufgebauten Café Griensteidl im neunzehnten Jahrhundert auf dem Michaelerplatz und später, in unserem Jahrhundert, des Cafés Central in der Herrengasse und des Herrenhofs war mit der Machtergreifung Hitlers zu Ende gegangen, und es gab nur mehr unzulängliche, künstliche Wiedererweckungsversuche.

Wo die Dorotheergasse in den Josefsplatz einmündet, beginnt eine andere Kette von Erinnerungen, die bis in meine Studienzeit zurückreichen. Denn damals verbrachte ich einen beträchtlichen Teil meiner Zeit in der Nationalbibliothek, die damals noch den alten Lesesaal auf dem Josefsplatz benützte. Auch die Veranstaltungen im Palais Palffy auf diesem Platz bergen Erinnerungen. Einmal lief ich vor dem Tor des Palais in den in Paris zum Freund gewonnenen Manès Sperber hinein und auf meine Frage, was ihn nach Wien gebracht hätte, erwiderte er fast verschämt: »Ich bin nämlich jetzt ein Preisochse geworden. Jetzt krieg ich auch hier einen Preis.«

Wenn man am anderen Ende der Dorotheergasse am Graben herauskommt und zum Stephansplatz geht, gehen auf der rechten Seite die Spiegelgasse und die Seilerstätte ab. Hier befand sich jene der insgesamt achtzehn Wohnungen Grillparzers, in welcher er gleich zweimal und am weitaus längsten gewohnt hat: das erste Mal vier Jahre und das zweite Mal – bis zu seinem Tod – dreiundzwanzig Jahre. Damals lautete die Adresse Spiegelgasse 1097. Auch die wahrhaft große Frau und Autorin Marie von Ebner-Eschenbach hat hier gewohnt.

Geht man aber vom Stephansplatz nach links, so gelangt man in die Rotenturmstraße. Biegt man sodann von dieser nach rechts ab, so kommt man an die Stelle, wo einmal Fritz Wotrubas Galerie war. Ich erinnere mich der typisch wienerischen, an die Parallelaktion gemahnenden Sitzungen eines kleinen Komitees hier, dem ich angehörte und das damals, 1960, die offizielle Feier zu Musils achtzigstem Geburtstag vorbereiten sollte. Csokor war dabei und nicht zuletzt ein Hofrat der Kärntner Landesregierung, der den Zorn des wunderbar konsequenten und kompromißlosen Lyrikers Michael Guttenbrunners herausgefordert hatte, so daß wir fast mehr über Guttenbrunner als über Musil sprachen, wobei Schönwieses ausgleichender Geist immer wieder Frieden zu stiften verstand.

Geht man von der ehemaligen Wotruba-Galerie weiter nach dem Osten, so kommt man nach Überquerung des Rings in der Nähe des Hilton Hotels heraus. Hier erlebte ich im Jahr 1975 jenen Welt-Kongreß des Internationalen PEN, bei dem ich meine PEN-Kongreß-Feuertaufe erhielt und gemeinsam mit Dürrenmatt und Friedrich Heer ein Sonderprogramm zur Verteidigung Israels durchsetzte. Vor allem aber begann hier – und natürlich in einem Kaffeehaus des Hotel Hilton – meine Freundschaft mit H. G. Adler.

Es ist mir entfallen, wie es kam, aber ich sehe ganz deutlich das Bild vor mir, wie ich mit einem Taxi vom Hilton zum Rathaus fahre, um Freund Schönwiese zu suchen. Natürlich begann ich die Suche im Rathauskeller, wo ich ihn nicht fand, aber wo mir ein Bekannter sagte, er wäre wahrscheinlich bei einer Veranstaltung im Festsaal. Als ich so leise als möglich die Tür zum Festsaal öffnete, um mich lautlos hineinzuschleichen, stand gerade mir gegenüber auf einem Podium mein Freund Hochwälder und sprach gerade

232

die Worte: »Amerika ist in so vielem groß und vorbildlich, doch würde ich da nicht auf die Dauer leben wollen.« Da fiel sein Blick auf mich Wahlamerikaner, den er gerade ein paar Wochen vorher in Pennsylvanien besucht hatte, und er fügte schnell hinzu: »Aber in Rußland möchte ich nicht einmal begraben sein.«

Schönwiese fand ich zwar nicht, aber dafür ging ich mit Hochwälder gemeinsam weg, und wir suchten ein neues Restaurant, an dessen Lage er sich nur vage erinnerte. Wir kamen dabei an jenem Trakt der Hofburg vorbei, der heute dem Bundespräsidenten als Amtssitz dient, und gerade damals war sozusagen mein »Lieblings-Präsident« von allen vorherigen und nachfolgenden im Amt, Rudolf Kirchschläger. Er lud mich gelegentlich, wenn ich nach Wien kam und ihn besuchte, ins Sacher zum Abendessen ein und erzählte mir manchmal einen neuen jüdischen Witz, an dessen vollendeter literarischer Darbietung nicht einmal Torberg etwas auszusetzen gefunden hätte.

Leider ist Wien für mich nicht mehr das, was es einmal war. Die frühen Erinnerungen des Vierzehn- und Fünfzehnjährigen, der mit vor Aufregung rotem Kopf die Antiquariate absuchte und gelegentlich begeisterungstrunken und begleitet von einem Schulkameraden zu Burgtheateraufführungen fuhr, sind verblaßt und fast unwirklich geworden. Die lebendige Erinnerung an Wien ist für mich vor allem mit Ernst Schönwiese verbunden. Als er starb, im April 1991, kam ich zum Begräbnis auf dem Wiener Zentralfriedhof, wo er zwischen anderen Autoren ein Ehrengrab der Stadt Wien erhalten hat. Ich habe noch den sanften Klang des Aufschlagens meiner drei Rosen auf dem Sarg im Ohr.

Nach Ernst Schönwieses Tod ist Wien für mich zunächst kälter und fremder geworden. Lediglich, daß ich bei meinen jetzigen Besuchen Wiens in der Wohnung Quillos, meines Freundes Axel und seiner mutigen Frau Burgl Giese wohne, ist ein Lichtblick. Aber in der allerletzten Zeit hat Wien plötzlich neuen, sehr persönlichen Glanz für mich gewonnen. Da ist zunächst mein neuer Dichter-Freund Matthias Mander, der auf seine Weise Robert Musils Romankunst fortsetzt, da hat sich meine Tochter Sascha bei einem Studienaufenthalt in Wien verliebt, und ich hoffe, mit ihr dort sein zu können. Vor allem aber habe ich die wunderbarste Frau meines Lebens da kennengelernt, die noch in Wien lebt, jene Ilona Slawinski, welche die Aufnahmen der Wiener Jugendstil-Bauten für diesen Band gemacht hat. So hat die Stadt ihren alten Glanz für mich zurückgewonnen, der unvergänglich und unzerstörbar in jenen alten und neuen Szenen lebt, die mein Inneres bewahrt hat. Wie Ernst Schönwieses Freund, der feine Prager Erzähler Hermann Grab, den ich leider nicht mehr kennenlernen konnte, es einmal überaus prägnant ausgedrückt hat: »Es sind jene ›Momentaufnahmen‹, die unser Geist vielleicht recht wahllos produziert, deren Aneinanderreihung aber das Album ergibt, das wir gelegentlich durchblättern und das wir für unser Leben halten.«

Joseph P. Strelka

Editorische Notiz

Dieser kleine Auswahlband ist vor allem für den Touristen gedacht. Denn der wirkliche, gelernte Wiener weiß wesentlich mehr, als er hier findet, oder aber er interessiert sich überhaupt nicht dafür. Dabei ist es im Falle Wiens wohl noch schwerer als im Falle vieler anderer, selbst größter Städte, auch nur das Allerwesentlichste auf so engem Raum zu vereinigen. Je größer aber die Auswahlmöglichkeiten, desto größer die Sicherheit, daß fast jeder Leser etwas vermissen wird, was ihm besonders lieb oder wichtig ist. Um eine einigermaßen allgemein zufriedenstellende Auswahl zusammenzustellen, bedürfte es 27 Bände. Ich habe es mir ausgerechnet. Aber ob die auch wirklich gut verkäuflich wären?

Oftmals wurde älteren, gleichsam klassischen Äußerungen bei der Auswahl der Vorzug gegeben. Was etwa Grillparzer seinerzeit über das Burgtheater schrieb, scheint mir seltsamerweise weitgehend auch heute mutatis mutandis Gültigkeit zu haben.

Um den klugen und umsichtigen Anweisungen des Verlages über den Umfang des Büchleins nachzukommen, mußten dreierlei Arten von Kürzungen durchgeführt werden. Erstens wurde ein großer Teil des gesammelten Materials überhaupt weggelassen. Aber auch was den verbliebenen Rest betrifft, so wurden zweitens viele Texte notwendigerweise drastisch gekürzt, um die Möglichkeit einer größeren Vielfalt des Aufgenommenen zu erhalten. Schließlich und drittens wurden mitunter Bilder kommentarlos als zusätzliches Material eingefügt, das mit dem Text nicht in direktem Zusammenhang steht.

Es liegt in der Natur der Sache, daß in einem derartigen touristischen »Reiseführer« vor allem positive, oftmals höchste kulturelle Leistungen den Inhalt bieten, auch wenn des öfteren kritische Texte aufgenommen wurden. Sollte jemand vor allem die natürlich vorhandene, negative Seite ausführlich kennenlernen wollen, so sei er auf Gerhard Roths Buch »Eine Reise in das Innere von Wien« verwiesen, das mit Recht als ein Reiseführer durch die Abgründe der österreichischen Seele bezeichnet worden ist. Roths Buch allein zeigt gewiß so wenig das ganze Wien wie das vorliegende kleine Buch. Erst beide Hälften zusammen, die helle wie die dunkle, ergeben allenfalls einigermaßen die ganze Wirklichkeit. In den vorliegenden Seiten möge jedenfalls der Leser Genuß beim Kennenlernen der positiven wie der negativen Liebenswürdigkeiten Wiens und der Wiener empfinden.

Joseph P. Strelka

KULTURADRESSEN IN WIEN

Museen

Akademie der Bildenden Künste: Gemäldegalerie. I, Schillerplatz 3, Tel. 58816-0; Di, Do, Fr, 10-14, Mi 10-13 und 15-18, Sa, So 9-13 Uhr

Graphische Sammlung Albertina: I, Augustinerstraße 1, Tel. 53483-0; Mo, Di, Do 10-16, Mi 10-18, Fr 10-14, Sa, So 10-13 Uhr. Geschlossen Sa und So im Juli und August

Alpengarten im Oberen Belvedere: 3, Landstraßer Gürtel 1, Tel. 7983149; April bis Juni Mo-Fr 10-18, Sa, So 9-18 Uhr. Juli bis 15. August Mo-Fr 10-16, Sa, So 9-16 Uhr

Bauernfeld-Erinnerungsraum: 19, Döblinger Hauptstraße 96, Sa 15.30-18, So 10-12 Uhr

Beethoven-Gedenkstätten: 1, Mölker Bastei 8, Tel. 5358905; 19, Probusgasse 6, Tel. 3714085 und 19, Döblinger Hauptstraße 92, Tel. 3691424; täglich, außer Mo, 9-12.15 und 13-16.30 Uhr

Belvedere: siehe Österreichische Galerie

Bestattungsmuseum: 4, Goldeggasse 19, Tel. 50195-0; Besichtigung nach Voranmeldung Mo-Fr 12-15 Uhr

Botanischer Garten: 3, Rennweg 14, Tel. 79794; Mitte April bis Mitte Oktober täglich von 10 Uhr bis Dämmerung

Bundesmobiliensammlung: 7, Mariahilferstraße 88, Tel. 5234240 oder 49; Führungen zur vollen Stunde Di-Fr 9-16, Sa 9-12 Uhr

Burgkapelle: I, Hofburg. Schweizerhof; Führungen Mitte Jänner bis Mitte Dezember, Di, Do 14.30 und 15 Uhr. – Messe der Hofkapelle mit den Wiener Sängerknaben: Jänner bis Juni und Mitte September bis Dezember an Sonntagen und kirchlichen Feiertagen jeweils um 9.15 Uhr

Burgtheater: I, Dr. Karl Lueger Ring 2. Tel. 51444-0; Führungen: Juli, August Mo-Sa 13, 14, 15 Uhr; September, Mai, Juni Mo-Sa 16, So 15 Uhr; Oktober bis April Di, Do 16, So 15 Uhr

Heimito von Doderer Gedenkstätte: 9, Währinger Straße 43; Mi 9-11, So 10-12 Uhr

Erzbischöfliches Dom- und Diözesanmuseum: I, Stephansplatz 6, Durchgang, Tel. 51 55 24 29; Mi-Sa 10-18, So 10-16 Uhr

Ephesosmuseum: Neue Burg, I, Heldenplatz (Eingang hinter dem Prinz Eugen Denkmal), Tel. 5 21 77-0; Mo, Mi, Fr 9-15.30 Uhr

Feuerwehrmuseum: I, Am Hof 7, Tel. 53 1 99-0; Sa 10-12, So, Fei 9-12 Uhr. An Werktagen telefonische Voranmeldung

Fiakermuseum: 17, Veronikagasse 12, Tel. 40 1 06-0; jeden ersten Mi des Monats 10-12 Uhr oder nach telefon. Voranmeldung

Österreichisches Filmmuseum: I, Augustinerstraße 12, Tel. 5 33 70 54-0; Vorführung historischer Filme: Oktober bis Mai Mo-Sa 18 und 20 Uhr

Sigmund Freud-Haus: 9, Berggasse 19, Tel. 3 19 15 96; täglich 9-15 Uhr

Friedhof St.Marx. Mozart Grab: 3, Leberstraße 6-8; April und Oktober 7-17, Mai und September 7-18, Juni bis August 7-19, November bis März 7 Uhr bis Dunkelheit

Ernst Fuchs Privatmuseum: 14, Hüttelingstraße 26, Tel. 9 12 85 75; nach telefonischer Vereinbarung

Fußballmuseum im Praterstadion: 2, Meiereistraße, Tel. 7 28 08 54-0; Mo, Fr 10-13, Di, Do 14-18 Uhr. 1. Juli bis 15. August geschl.

Dokumentationszentrum des Bundes: I, Salztorgasse 6, Tel. 5 35 03 97; Mo 14-17, Do, Fr 9-12 und 14-17 Uhr

Gesellschafts- und Wirtschaftsmuseum: 5, Vogelsanggasse 36, Tel. 5 45 25 51-0; Mo-Do 12-18 Uhr

Geymüller-Schlössl (Uhrensammlung Sobek): 18, Pötzleinsdorferstraße 102, Tel. 47 93 1 39; Di, Mi 11-15.30, Mo, Do gegen Voranmeldung; Führung So 15 Uhr. November bis Ende Februar geschlossen

Wiener Glasmuseum (Lobmeyr): I, Kärntner Straße 26, Tel. 5 12 05 08-0; Mo-Fr 10-18, Sa 10-13 Uhr

Globenmuseum der Österr. Nationalbibliothek: I, Josefsplatz 1, Tel. 53 41 02 97; Mo-Mi, Fr 11-12, Do 14-15 Uhr

Glockenmuseum (Sammlung Ing. Pfundner): 10, Troststraße 38, Tel. 6 04 34 60; Mi 14-17 Uhr

Haus des Meeres, Vivarium Wien: 6, Esterhazypark, Tel. 5 87 14 17; täglich 9-18 Uhr

Haydn Museum: 6, Haydngasse 19, Tel. 5961307; täglich, außer Mo, 9-12.15 und 13-16.30 Uhr

Heeresgeschichtliches Museum: 3, Arsenal, Objekt 18, Tel. 7956104; täglich, außer Fr, 10-16 Uhr

Heizungsmuseum: 12, Längenfeldgasse 13-15, Stiege 2, Tel. 8174157; Di 13-18 Uhr und nach telefonischer Vereinbarung

Hermesvilla: 13, Lainzer Tiergarten (Zugang Hermesstraße), Tel. 8041324; Mi-So und Feiertags 9-16.30 Uhr

Herzgruft der Habsburger: 1, Augustinerstraße 3, Tel. 5330947-0; Mo, Di, Do 8-9.30, Mi 8-8.45, Fr 8-8.45 und 10-12 Uhr

Historisches Museum der Stadt Wien: 4, Karlsplatz, Tel. 5058747-0; täglich, außer Mo, 9-16.30 Uhr

Hofburg: Schauräume, Kaiserappartements: I, Michaelerplatz, Tel. 5321680; Mo-Sa 8.30-12 und 12.30-16, So 8.30-12, 13 Uhr

Ehemal. Hoftafel und Silberkammer: I, Michaelerplatz, Hofburg, Tel. 5321680; Di-Fr und So 9-13 Uhr

Islamisches Zentrum (Moschee): 21, Hubertusdamm 17, Tel. 2701384-0; Mo-Do 13-17 Uhr

Jüdisches Museum: I, Dorotheergasse 11, Tel. 5350431; So-Do 10-17 Uhr

Kaisergruft (Kapuzinergruft): I, Neuer Markt, Tel. 51268 5312; täglich 9.30-16 Uhr

Kirche am Steinhof: 14, Baumgartner Höhe 1, Tel. 1060-0; Führungen Sa 15 Uhr

Kirche zur Heiligsten Dreifaltigkeit (Wotruba): 23, Maurer Lange-Gasse 137, Tel. 8886147; Sa 14-20, So 9-17 Uhr; April bis September Mo-Fr 14-18 Uhr; Oktober und März Di-Fr 14-17 Uhr; November bis Februar Di-Fr 14.30-16.30 Uhr

Kriminalmuseum: 2, Große Sperlgassse 24, Tel. 2144678; Di-So 10-17 Uhr

Kunst Haus Wien: 3, Untere Weißgerberstraße 13, Tel. 7120495; täglich 9-19 Uhr

Kunsthistorisches Museum: I, Maria Theresienplatz, Tel. 52177; Hauptgebäude: Gemäldegalerie Di-So 10-18, Di, Fr 19-21 Uhr

Modemuseum Hetzendorf: Schloß Hetzendorf, Tel. 8021657; Di-So 9-12.15 und 13-16.30 Uhr

Mozart Wohnung: I, Domgasse 5, Tel. 5 13 62 94; täglich, außer Mo, 9-12.15 und 13-16.30 Uhr

Museum des Instituts für Geschichte der Medizin: 9, Währinger Straße 25/1, Tel. 4 08 79 00; Mo-Fr 9-15 Uhr

Dokumentations-Archiv des österr. Widerstandes: Altes Rathaus, I, Wipplingerstraße 8, Stiege 3, Tel. 5 34 36-0; Mo, Mi, Do 9-17 Uhr

Museum für angewandte Kunst: I, Stubenring 5, Tel. 7 11 36-0; Mi-Mo 11-18, Do 11-21 Uhr

Museum der Gold- und Silberschmiede: 7, Zieglergasse 24, Tel. 5 23 40 96; Mi 15-18 Uhr

Museum für Völkerkunde: Neue Burg, I, Heldenplatz (Eingang beim Burgring), Tel. 5 34 30-0; Mo, Do, Fr, Sa 10-13, Mi 10-17, So 9-13 Uhr

Museum für Volkskunde: 8, Laudongasse 15-19, Tel. 4 06 89 05; nur Sonderausstellungen

Museum moderner Kunst im Palais Liechtenstein: 9, Fürstengasse 1, Tel. 3 17 69 00-0; täglich, außer Di, 10-18 Uhr. Sonderausstellungen im Museum des 20. Jahrhunderts: 3, Schweizergarten, Tel. 78 25 50; täglich, außer Mi, 10-18 Uhr

Naturhistorisches Museum: I, Maria Theresienplatz, Tel. 5 21 77; täglich, außer Di, 9-18 Uhr

Neidhart-Fresken: I, Tuchlauben 19, Tel. 6 38 04 52; täglich, außer Mo, 9-12.15 und 13-16.30 Uhr

Niederösterreichisches Landesmuseum: I, Herrengasse 9, Tel. 5 31 10-32 34; Di-Fr 9-17, Sa 9-14, So 9-12 Uhr

Olympia- und Sportmuseum: 13, Eduard Kleingasse 2, Tel. 8 77 62 59; Mi-Sa 10-16 Uhr

Österreichische Galerie: Tel. 7 95 57. *1. Museum mittelalterlicher österr. Kunst und österreichisches Barockmuseum:* Unteres Belvedere, Rennweg 6 a; *2. Galerie der österr. und internationalen Kunst des 19. und 20. Jh.:* Oberes Belvedere, Prinz Eugenstraße 27; beide: Di-So 10-17 Uhr; *3. Gustinus Ambrosi Museum:* 2, Scherzergasse 1 a, Tel. 2 16 40 22; Fr und So 10-16 Uhr

Österreichische Nationalbibliothek: Prunksaal, I, Josefsplatz 2, Tel. 5 34 1 00; Mo-Sa 10.30-12 Uhr; Mai bis Oktober Mo-Sa 10-16, So 10-13 Uhr

Parlament: I, Dr. Karl Renner Ring 3, Tel. 40110-211; Führungen Mo-Fr 11 Uhr (außer an Sitzungstagen); Juli und August Mo-Fr 11, 13, 14, 15 Uhr

Pathologisch-Anatomisches Bundesmuseum: 9, Alserstraße 4, Spitalgasse 2, Tel. 4068672; Do 8-11 Uhr; jeden 1. Sa im Monat 11-14 Uhr. Im August geschlossen

Phonomuseum: 6, Mollardgasse 8, Tel. 9348423; Mi 18-20, So 10-12 Uhr

Planetarium: 2, Prater Hauptallee (beim Riesenrad), Tel. 249432-0

Puppen- und Spielzeug-Museum: I, Schulhof 4, I. Stock, Tel. 5356860

Rathaus: I, Friedrich Schmidtplatz, Tel. 4000-81824; Führungen Mo-Fr 13 Uhr (außer an Sitzungstagen)

Römische Ruinen unter dem Hohen Markt: I, Hoher Markt 3, Tel. 5355606; täglich, außer Mo, 9-12.15 und 13-16.30 Uhr

Sammlung Religiöse Volkskunst: I, Johannesgasse 8, Tel. 5121337; Mi 9-16, So 9-13 Uhr

Weltliche und Geistliche Schatzkammer: I, Hofburg, Schweizerhof, Tel. 5337931; Mo, Mi-So 10-18 Uhr

Schatzkammer des Deutschen Ordens: I, Singerstraße 7, Tel. 5121065-6; Mai bis Okt. Mo, Do, Sa, So 10-12, Mi, Fr, Sa 15-17 Uhr; Nov. bis April Mo, Do, Sa 10-12, Mi, Fr, Sa 15-17 Uhr

Schloß Schönbrunn: 13, Schönbrunner Schloßstraße, Tel. 81113-238; Schauräume nur mit Führung; April bis Juni und Oktober täglich 8.30-17 Uhr; Juli bis September täglich 8.30-17.30 Uhr; November bis März täglich 9-16 Uhr

Gloriette: Mai bis Oktober täglich 8-18 Uhr

Palmenhaus (Eingang Hietzinger Tor): Tel. 8775087-406; Mai bis September täglich 9.30-18 Uhr; Oktober bis April täglich 9.30-17 Uhr

Schmetterlingshaus (im Sonnenuhrhaus): Tel. 8775087-406 Mai bis Oktober täglich 10-17 Uhr; November bis April täglich 10.30-17.30 Uhr

Park: täglich von 6 Uhr bis zum Einbruch der Dunkelheit

Schubert-Museum (Geburtshaus): 9, Nußdorfer Straße 54, Tel. 3459924; täglich, außer Mo, 9-12.15 und 13-16.30 Uhr

Schubert-Sterbezimmer: 4, Kettenbrückengase 6, Tel. 5739072; täglich, außer Mo, 9-12.15 und 13-16.30 Uhr

Secession: I, Friedrichstraße 12, Tel. 5875307; Beethovenfries von Gustav Klimt, Wechselausstellungen zeigten. Kunst, Di-Fr 10-18, So und Fr 10-16 Uhr

Spanische Reitschule: I, Hofburg, Josefsplatz, Tel. 5339031-0; Vorführungen und Morgenarbeit unregelmäßig zugänglich

Staatsoper: I, Opernring 2, Tel. 51444-0; Führungen Juli und August täglich 10, 11, 13, 14, 15 Uhr; September bis Juni auf Anfrage

Stadtbahn-Hofpavillon Hietzing: 13, Schönbrunner Schloßstraße (nächst U-Bahn Station Hietzing); Di-So 9-12 und 13-16.30 Uhr

Stephansdom: I, Stephansplatz, Tel. 51552-530; Führungen Mo-Sa 10.30, 15 Uhr, So und Fei 15 Uhr; Abendführungen Juni bis September Sa 19 Uhr; Juli und August auch Fr 19 Uhr
Katakomben: täglich 10-11, 13 und 14-16.30 Uhr
Pummerin, Nordturm (Schnellaufzug): täglich 9-17.30 Uhr
Turmbesteigung (Südturm): März bis Oktober täglich 9-17.30 Uhr; November bis 6. Jänner und Februar täglich 9-17.30 Uhr

Adalbert Stifter Museum: I, Mölker Bastei 8; täglich, außer Mo, 9-12.15 und 13-16.30 Uhr

Wiener Straßenbahnmuseum: 3, Erdbergerstraße 109, Tel. 7121201-0; 4. Mai bis 6. Oktober Sa, So, Fei 9-16 Uhr; Fahrten mit historischem Wagen: 4. Mai bis 6. Oktober Sa 13.10, So u. Fei 10 und 13.10 Uhr ab Karlsplatz. Auskunft Tel. 5873186

Johann Strauß Wohnung: 2, Praterstraße 54, Tel. 2140 12 21; täglich, außer Mo, 9-12.15 und 13-16.30 Uhr

Tabakmuseum: 7, Messepalast (Eingang Mariahilferstraße 2), Tel. 5261716; Di 10-19, Mi-Fr 10-15, Sa, So 9-13 Uhr

Theatermuseum: I, Lobkowitzplatz 2, Tel. 5128800; Di-So 10-17 Uhr
Theatermuseum: Gedenkräume, I, Hanuschgasse 3, Tel. 5122427; Besichtigungen Di-So 11 und 15 Uhr

Tiergarten Schönbrunn: 13, Schönbrunner Schloßpark, Tel. 8771236-0; täglich 9 Uhr bis Einbruch der Dunkelheit, spätestens 18 Uhr

Uhrenmuseum der Stadt Wien: I, Schulhof 2, Tel. 5332265; täglich, außer Mo, 9-16.30 Uhr

Urania-Sternwarte: I, Uraniastraße 1, Tel. 7126191-0; Führungen bei klarem Himmel Mi, Fr, Sa 20 Uhr (April bis September 21 Uhr), So 11 Uhr

Virgilkapelle und Sammlungen historischer Keramik: I, Stephansplatz (U-Bahn Station), Tel. 5135842; täglich, außer Mo, 9-12.15 und 13-16.30 Uhr

Wagenburg: 13, Schloß Schönbrunn (Seitentrakt rechts), Tel. 8773244; Mai bis September Di-So 10-17 Uhr; Oktober bis April Di-So 10-16 Uhr

Otto Wagner Archiv: 7, Döblergasse 4, Tel. 5232233; Mo-Fr 9-12 Uhr (Juli bis September auf Anfrage)

Weinbaumuseum im Döblinger Bezirksmuseum: 19, Döblinger Hauptstraße 96, Tel. 3686546; Sa 15.30-18, So 10-12 Uhr

Zentralfriedhof: 11, Simmeringer Hauptstraße 234, Tel. 76041-0; Ehrengräber von Beethoven, Mozart, Schubert, Brahms, Strauß, Schönberg, Stolz, auch von bedeutenden österreichischen Autoren und bildenden Künstlern. November bis Februar 8-17 Uhr; 8.-17. März, April, September, Oktober täglich 7-18 Uhr; Mai bis August täglich 7-19 Uhr

Zirkus- und Clown-Museum: 2, Karmelitergasse 9, Tel. 211 06-29; Mi 17.30-19, So 10-12 Uhr

Theater

Burgtheater: 1, Dr. Karl Lueger Ring 2, Tel. 51444-0
Akademietheater: 3, Lisztstraße 1, Tel. 51444-0
Staatsoper: I, Opernring 2, Tel. 51444-0
Volksoper: 9, Währingerstraße 78, Tel. 51444-0
Theater in der Josefstadt: 8, Josefstädterstraße 26, Tel. 4027631-0
Kammerspiele: 1, Rotenturmstraße 20, Tel. 5332833-0
Volkstheater: 7, Neustiftgasse 1, Tel. 5233501-0
Akzent: 4, Theresianumgasse 18, Tel. 50165-0
Ateliertheater am Naschmarkt: 6, Linke Wienzeile 4, Tel. 5878214
Drachengasse 2 Theater: 1, Fleischmarkt 22/43-44, Tel. 5131444
Ensemble: I, Petersplatz 1, Tel. 5332039
Experiment: 9, Liechtensteinerstraße 132, Tel. 3194108
Graumann Theater: I, Wipplingerstraße 24, Tel. 5351245-0

Gruppe 80: 6, Gumpendorferstraße 67, Tel. 5 86 52 22
International Theatre: 9, Porzellangasse 8, Tel. 3 10 89 97
Kammeroper: I, Fleischmarkt 24, Tel. 5 13 60 72
Kleine Komödie: I, Walfischgasse 4, Tel. 5 12 42 80
Komödie am Kai: I, Franz Josefs Kai 29, Tel. 5 33 24 34-0
Märchenbühne Der Apfelbaum: 7, Burggasse 28-32, Tel. 93 17 29
Odeon Serapionstheater: 2, Taborstraße 10, Tel. 2 14 55 62-0
Raimundtheater: 6, Wallgasse 18-20, Tel. 5 99 77-0
Das Schauspielhaus: 9, Porzellangasse 19, Tel. 3 17 06 16
Thaliatheater: 19, Heiligenstädter Straße 131-135, Tel. 3 18 94 48
Theater am Schwedenplatz: I, Franz Josefs Kai 21, Tel. 5 35 79 14
Theater an der Wien: 6, Linke Wienzeile 6, Tel. 5 88 30-0
Theater beim Auersperg: 8, Auerspergstraße 17, Tel. 40 60 70 07
Theater Brett: 6, Münzwardeingasse 2, Tel. 5 87 06 63
Theater im Zentrum: I, Liliengasse 3, Tel. 5 12 41 01
Die Tribüne: I, Dr. Karl Lueger Ring 4, Tel. 5 33 84 85
Tschauner BetriebsgesmbH: 16, Marolinterg. 43, Tel. 9 14 54 14
Viennas English Theatre: 8, Josefsgasse 12, Tel. 40 21 2 60

Bibliotheken

Österreichische Nationalbibliothek: I, Heldenplatz, Tel. 5 34 10
Universitätsbibliothek Wien: I, Dr. Karl Lueger Ring 1, Tel. 4 01 03/
23 72
Bibliothek und Kupferstichkabinett der Akademie der Bildenden Künste:
I, Schillerplatz 3, Tel. 5 88 16-0
Bibliothek der Hochschule für Angewandte Kunst: I, Oskar Kokoschka
Platz 2, Tel. 7 12 33 17
Bibliothek der Hochschule für Musik und Darstellende Kunst: 3, Lo-
thringer Straße 18, Tel. 5 88 06-0
Bibliothek der Österreichischen Akademie der Wissenschaften: I, Dr.
Ignaz Seipel Platz 2, Tel. 5 15 81-0
Bibliothek des österreichischen Archäologischen Instituts: 19, Fr. Klein-
gasse 1, Tel. 3 17 69 48
Bibliothek des Österreichischen Instituts für Geschichtsforschung: I, Dr.
Karl Lueger Ring 1, Tel. 4 01 03

Bibliothek des Österreichischen Museums für Angewandte Kunst: I, Stubenring 5, Tel. 71136-0

Bibliothek des Österreichischen Staatsarchivs: 3, Nottendorfergasse 2, Tel. 79540-0

Niederösterreichische Landesbibliothek: I, Teinfaltstraße 8, Tel. 53110-0

Wiener Stadt- und Landesbibliothek: I, Rathaus, Tel. 4000-09

Bibliothek der Kammer für Arbeiter und Angestellte für Wien: 4, Prinz Eugenstraße 20, Tel. 50165-0

Haus des Buches: Hauptbücherei der Städtischen Büchereien, 8, Skodagasse 20, Tel. 40124-0

Pädagogische Zentralbücherei der Stadt Wien: 7, Burggasse 14-16, Tel. 523622-0

Bibliothek des Österreichischen Ost- und Südosteuropa-Instituts: I, Augustinerstraße 12, Tel. 5124328

Amerikahaus Library: I, Friedrich Schmidtplatz 2, Tel. 4053033

British Council Library: I, Schenkenstraße 4, Tel. 533 2616-0

Französisches Kulturinstitut: Bibliothek: 9, Währinger Straße 30, Tel. 3196503-0

Italienisches Kulturinstitut: Bibliothek: 3, Ungargasse 43, Tel. 7133454

Konzertsäle

Bösendorfersaal: 4, Graf Starhemberg Gasse 14, Tel. 5046651-0

Konzerthaussaal: 3, Lothringer Straße 20, Tel. 7124686-0

Musikvereinssaal: I, Bösendorferstraße 12, Tel. 5058681-0 oder 5058190-0

Palais Auersperg: 8, Auerspergstraße 1, Tel. 40107-0

Autoren- und Quellenverzeichnis

Altenberg, Peter

Im Graben-Hotel in der Dorotheergasse, S. 99-101; aus: Peter Altenberg oder Das Genie ohne Fähigkeiten. Herausgegeben von Ernst Randak, Stiasny Verlag, Graz und Wien 1961.

Bahr, Hermann

Otto Wagner, S. 186-188; aus: Alfred Zohner (Hg.), Kunst des Tages. Luckmann Verlag, Wien 1946. Abdruck mit freundlicher Genehmigung des H. Bauer-Verlages, Wien.

Bauernfeld, Eduard von

Künstler in Alt-Wien, S. 45-46; aus: Aus Alt- und Neu-Wien. In: Ausgewählte Werke in vier Bänden. Max Hesse Verlag, Leipzig o. J.

Berger, Herbert

Grinzos ING, S. 210-212; Erstveröffentlichung. Abdruck mit freundlicher Genehmigung des Autors.

Bisanz-Prakken, Marian

April-Juni 1902: Die XIV. Ausstellung der Wiener Secession und der Beethovenfries von Gustav Klimt, S. 96-98; aus: Traum und Wirklichkeit in Wien 1870-1930. Katalog der 93. Sonderausstellung des Historischen Museums der Stadt Wien. Eigenverlag des Museums 1985. (Text durch geringfügige Änderungen aktualisiert.) Abdruck mit freundlicher Genehmigung der Autorin.

Blümml, Emil Karl, und Gugitz, Gustav

Pestzeit und Türkenbesetzung des 3. Bezirks, S. 124-125; Die Schmauswaberl, S. 149-150; aus: Altwienerisches. Verlag Ed. Strache, Wien-Prag-Leipzig 1921. Abdruck mit freundlicher Genehmigung der Brüder Hollinek & Co. GmbH, Wien.

Broch, Hermann

Zur Geistigkeit und Sozialstruktur Wiens, S. 10-12; aus Hofmannsthal und seine Zeit. In: Kommentierte Werkausgabe. Herausgegeben von Paul Michael Lützeler. Band 9. Schriften zur Literatur 1. Kritik © Suhrkamp Verlag Frankfurt am Main 1975.

Cloeter, Hermine

Das ehemalige »Freihaus«, S. 132-134; Theresianum und Favorita, S. 137-138; Fastenzeit in Hernals, S. 195-197; aus: Häuser und Menschen von Wien. Kunstverlag Anton Schroll & Co., Wien 1916.

Dor, Milo, und Federmann, Reinhard

Menschenraub im Wien der Nachkriegszeit, S. 65-68; aus: Internationale Zone. Roman. Copyright 1994 Picus Verlag GmbH, Wien.

Eisenreich, Herbert

Judenmißhandlung auf dem Heldenplatz: 1938, S. 61-63; aus: Die abgelegte Zeit. Roman. Edition Atelier, Wien 1985.

Eugippius

Aus dem Leben des heiligen Severin, S. 202-203; aus: Das Gute Wort. Österreichischer Bundesverlag, Wien o. J.

Eutropius

Kaiser Marcus Aurelius, S. 29-30; Kaiser Probus läßt in Pannonien Weinpflanzungen anlegen, S. 31; aus: Wien Chronik. Herausgegeben von Jost Perfahl. Verlag das Berglandbuch, Salzburg o. J. © by F. A. Herbig Verlagsbuchhandlung GmbH, München.

Feige, Johann Constantin

Des »lieben Augustin«, Wiener Straßensängers und Sackpfeifers Erlebnis im Pestjahr 1679, S. 38-39; aus: Adlers-Krafft/ Oder/Europaeischer Heldenkern. Wien 1685.

Freud, Sigmund

Zwei Briefe Sigmund Freuds aus der Berggasse 19, S. 163-165; aus: Briefe 1873-1939. Herausgegeben von Ernst und Lucie Freud. © Sigmund Freud Copyrights Ltd., London 1960. © S. Fischer Verlag GmbH, Frankfurt am Main 1968, 1980.

Giese, Alexander

Quillo und die Molotows. Eine wahre Begebenheit aus der Wohllebengasse, S. 134-136; aus: Quillo und die Molotows. © Alexander Giese.

Grieser, Dietmar

Franz Grillparzers Amt: Johannesgasse 6, S. 84-87; Fritz von Herzmanovsky-Orlando: Wehrgasse 22, S. 141-142; Jossif Stalin: Schönbrunner Schloßstraße 30, S. 176-178; Egon Schiele und Edith Harms: Hietzinger Hauptstraße 114, S. 180-182;

247

Alban Berg: Trauttmansdorffgasse 27, S. 182-183; Alja Rachmanova: Milchfrau in Ottakring, S. 192-194; Oskar Kokoschka: Hardtgasse 27, S. 203-204; Hugo von Hofmannsthal: Ketzergasse 471, S. 224-225; aus: Wiener Adressen. Insel Verlag Frankfurt am Main 1989. © Verlag Niederösterreichisches Pressehaus, St. Pölten und Wien.

Der Kuß: Gustav Klimt und Alma Maria Schindler, S. 150-153; Hermann Brochs Zimmer in der Peregringasse 1, S. 166-168; Sieveringer Exil: Leo Trotzki und Natalia Sedowa, S. 206-210; Das Porträt: Rainer Maria Rilke und Lou Albert-Lasard in Rodaun, S. 222-224; aus: Eine Liebe in Wien, Verlag Niederösterreichisches Pressehaus, St. Pölten und Wien 1989.

Grillparzer, Franz

Über das Hofburgtheater, S. 87-90; Rede an Beethovens Grab auf dem Währinger Friedhof, S. 198-200; Der Brigittenkirchtag in der Brigittenau, S. 213-214; aus: Sämtliche Werke. Herausgegeben von Peter Frank und Karl Pörnbacher. Band III. Carl Hanser Verlag, München 1964.

Gugitz, Gustav

Das letzte Viertel, S. 39; Die weiße Frau im Schottenkloster, S. 79; Die Bärenmühle: Operngasse 18, S. 138-139; Die Spinnerin am Kreuz, S. 171-172; Maria Hietzing, S. 179; Der See unter der Heiligenstädter Pfarrkirche, S. 201; aus: Die Sagen und Legenden der Stadt Wien. Verlag Brüder Hollinek, Wien o. J.

Guglia, Eugen

Penzing, S. 184-185; aus: Alois Trost (Hg.), Alt-Wiener Kalender auf das Jahr 1932. Wiener Drucke 1932.

Hahnl, Hans Heinz

Die Riesen vom Bisamberg, S. 218-219; aus: Die Riesen vom Bisamberg. Roman. Europa Verlag Wien, München, Zürich 1974. Abdruck mit freundlicher Genehmigung des Autors.

Haushofer, Marlen

Das Heeresgeschichtliche Museum im »Arsenal«, S. 170-171; aus: Die Mansarde. © 1984 Claassen Verlag, Düsseldorf.

Herzmanovsky-Orlando, Fritz von

Die »alte Hex« von der Laimgrub'n, S. 145-146; aus: Der Gaulschreck im Rosennetz. Herausgegeben von Friedrich Torberg.

© by Langen Müller in der F. A. Herbig Verlagsbuchhandlung, München.

Hevesi, Ludwig

Eine Wiener Figur: Anton Bruckner, S. 47-48; aus: Alfred Zohner (Hg.), Kunst des Tages. Luckmann Verlag, Wien 1946.

Ein Wiener Stil, S. 51-52; aus: Jugend in Wien. Katalog einer Ausstellung des Deutschen Literaturarchivs in Marbach, 1974.

Hofmannsthal, Hugo von

Worte zum Gedächtnis des Prinzen Eugen, S. 40-41; aus: Gesammelte Werke in zehn Einzelbänden. Herausgegeben von Bernd Schoeller. Reden und Aufsätze II. 1914-1924. © Fischer Taschenbuch Verlag GmbH, Frankfurt am Main 1979.

Kalbeck, Florian

Hitler auf dem Wiener Heldenplatz am 15. März 1938, S. 59-61; aus: Das Haus der Schwestern Linsky. Edition Atelier, Wien 1990.

Klinger, Kurt

Sommerliche Wiedergeburt Wiens, S. 25-26; aus: Erinnerung an Gärten. Stationen und Reisen. Otto Müller Verlag, Salzburg und Wien 1989.

Kramert, Klemens, und Winter, Ernst Karl

Severin in Wien: Der Heilige zwischen Ost und West, S. 31-32; aus: St. Severin. Bernina Verlag, Klosterneuburg 1957.

Kraus, Karl

Von den Sehenswürdigkeiten Wiens, S. 20-21; aus: Schriften, Band 2: Die chinesische Mauer. Herausgegeben von Christian Wagenknecht. © Suhrkamp Verlag Frankfurt am Main 1987.

Zum Begräbnis des »größten Wieners« Johann Strauß, S. 49; aus: Die Fackel Nr. 7 (Anfang Juni 1899), S. 1f. Abdruck mit freundlicher Genehmigung des Suhrkamp Verlags Frankfurt am Main.

Gustav Mahler in Wien: Mahler-Haus Mariannengasse 26, S. 165; aus: Jugend in Wien, Katalog einer Ausstellung des Deutschen Literaturarchivs in Marbach, 1974.

Kuh, Anton

Beamtenstreik, S. 22-25; aus: Luftlinien. Feuilletons, Essays und Publizistik. Herausgegeben von Ruth Greuner, 4. Auflage 1991, Verlag Kremayr & Scheriau, Wien.

Der Zusammenbruch der alten Monarchie, S. 53-56; Zum Girardi-Denkmal in der Parkanlage Friedrichstraße-Operngasse, S. 101-102; aus: Der unsterbliche Österreicher. Verlag Knorr & Hirth, München 1931. © Thomas Sessler Verlag GmbH Wien, München.

Lützeler, Paul Michael
Hermann Broch vor seiner Flucht aus Wien, S. 113; aus: Hermann Broch. Eine Biographie. © Suhrkamp Verlag Frankfurt am Main 1985.

Mander, Matthias
Über das Riesenrad und den Wurstelprater. Die Romanfigur Urbane Vorhofer monologisiert, S. 120-121; aus: Der Sog. Roman. Verlag Styria, Graz 1989.

Martin, Gunther
Die immerwährende Saison, S. 63-64; aus: Zu Gast in Wien. Verlag für Jugend und Volk, Wien, München.

Müller-Guttenbrunn, Adam
Im römischen Wien, S. 75-76; aus: Altwiener Wanderungen. Skizzen. Wien 1914.

Musil, Robert
Das Johann Strauß Denkmal im Volksgarten, S. 107; Wohnhaus in der Rasumofskygasse 20 (jetzt Musil-Museum), S. 127; Franz Schubert: Nußdorferstraße 54, S. 163; aus: Gesammelte Werke. Copyright © 1978 by Rowohlt Verlag GmbH, Reinbek.

Nedo, Michael
Zum Bau des Wittgensteinhauses in der Kundmanngasse, S. 130-131; aus: Traum und Wirklichkeit in Wien 1870-1930. Katalog der 93. Sonderausstellung des Historischen Museums der Stadt Wien. Eigenverlag des Museums 1985. Abdruck mit freundlicher Genehmigung des Autors.

Nestroy, Johann
Der stille Beobachter, S. 90-91; »Es is kein' Ordnung mehr jetzt in die Stern'«. Couplet in: Der böse Geist Lumpazivagabundus. Dritter Akt, S. 242-243; aus: Komödien. Ausgabe in drei Bänden. Herausgegeben von Franz H. Mautner. Insel Verlag Frankfurt am Main 1970.

Nissen, Georg Nikolaus von

Mozart bleibt bei Joseph II. in Wien, S. 43-45; aus: Biographie W. A. Mozarts. Leipzig 1828.

Piccolomini, Enea Silvio

Brief über die Stadt Wien, S. 35-37; aus: Brief aus Wien. In: Otto Rommel (Hg.), Wiener Renaissance, Bellaria Verlag, Wien o. J. [1946].

Pichler, Karoline

Meine »Mutter«-Sprachen, S. 42-43; aus: Denkwürdigkeiten aus meinem Leben. A. Pichlers Witwe, Wien 1844.

Polgar, Alfred

Theorie des Café Central, S. 56-59; Wien, I. Stallburggasse 2, S. 108-109; Das neue Theater in der Josefstadt, S. 154-155; aus: Kleine Schriften. Copyright © 1982-1986 by Rowohlt Verlag GmbH, Reinbek.

Raimund, Ferdinand

Danksagung Raimunds nach der Aufführung seines Stücks »Die gefesselte Phanthasie« im Theater an der Wien, S. 144-145; aus: Sämtliche Werke. Herausgegeben von Eduard Castle. Hesse & Becker Verlag, Leipzig o. J.

Richter, Josef

Der Eipeldauer in einer Hamlet-Aufführung, S. 215; aus: . . . bekannt als Eipeldauer. Auswahl. Wien 1959. Der Glaube des Wieners, S. 216-218; aus: Joachim Schondorff (Hg.), Aufklärung auf Wienerisch. Paul Zsolnay Verlag, Wien/Hamburg 1980.

Robbins Landon, H. C.

Zu Haydns Oratorium »Die Schöpfung«: Haydngasse 7, S. 146-148; aus: Das kleine Haydnbuch. © 1962 Residenz Verlag, Salzburg und Wien.

Roda Roda

Das verhinderte Duell, S. 50; aus: Roda Rodas Roman. © Paul Zsolnay Verlag GmbH, Wien/Hamburg 1958.

Roth, Gerhard

Schichten der Geschichte, S. 29; aus: Eine Reise in das Innere von Wien. © S. Fischer Verlag GmbH, Frankfurt am Main 1991.

Roth, Joseph

Konzert im Volksgarten, S. 105-106; Die westlichen Ghettos: Wien, S. 121-123; aus: Werke. Band 2. © 1990 by Verlag Kiepenheuer & Witsch Köln und Verlag Allert de Lange Amsterdam.

Saiko, George

Der »Heiligenkreuzerhof«: Schönlaterngasse 5, S. 94-96; aus: Die Erzählungen. © 1990 Residenz Verlag, Salzburg und Wien.

Salten, Felix

Café Griensteidl am Michaelerplatz, S. 93-94; aus: Jugend in Wien. Katalog einer Ausstellung des Deutschen Literaturarchivs in Marbach, 1974. Abdruck mit freundlicher Genehmigung von Dr. Veit Wyler und Lea Wyler.

Samek, Oskar

Rede am Grab zur ersten Wiederkehr des Todestages von Karl Kraus am 12. Juni 1937 auf dem Wiener Zentralfriedhof, Wiener Zeitung, 13. Juni 1927, S. 173-174.

Sextus Aurelius Victor

Marcus Aurelius in Wien gestorben, S. 30; aus: Wien Chronik. Herausgegeben von Jost Perfahl. Verlag Das Berglandbuch, Salzburg o. J.

Stamm, Rudolf

Die UNO-City, S. 220-221; aus: Neue Zürcher Zeitung vom 23. August 1979.

Stebich, Max

Das Lindenwunder von St. Stephan, S. 33-35; aus: Donausagen. Julius Breitschopf Verlag, Wien, München, Zürich o. J.

Stifter, Adalbert

Vom Sankt Stephansturme, S. 80-84; Der Prater, S. 117-120; aus: Werke in zwei Bänden. Verlag Das Berglandbuch, Salzburg o. J.

Stoessl, Otto

Harsche Kritik der Wiener, S. 16-17; aus: Morgenrot. Roman. Verlag Georg Müller, München 1912. Abdruck mit freundlicher Genehmigung von Rudolfine Stoessl.

Spanische Reitschule, S. 103-105; aus: Arcadia. Saturn Verlag, Wien 1933. Abdruck mit freundlicher Genehmigung von Rudolfine Stoessl.

»Bestätigung« der Zwölftonmusik für Johann Körrer, eine
Schlüsselfigur für ihren Begründer Joseph Matthias Hauer: Jo-
sefstädterstraße 74, S. 157-159; aus: Sonnenmelodie. Aus dem
Leben des Josef Matthias Hauer. Roman. Verlag Styria, Graz,
Wien, Köln 1977.

Tabarelli, Hans
Kaiser Marc Aurels letzte Tage, S. 77-78; aus: Das Gute Wort.
Österreichischer Bundesverlag, Wien o. J.

Torberg, Friedrich
Der Journalist Karl Tschuppik und General Ludendorff zum
Ersten Weltkrieg, S. 52-53; Zwischenfall im Café Herrenhof, S.
58; Requiem für einen Oberkellner, S. 69-71; Der Stammgast,
S. 110; Schriftsteller im Café Herrenhof, S. 111-112; Urbis
Conditor – Der Stadtzuckerbäcker, S. 113-116; aus: Die Tante
Jolesch oder der Untergang des Abendlandes in Anekdoten. ©
by Langen Müller in der F. A. Herbig Verlagsbuchhandlung,
München.

Trauttmansdorff, Karl E.
Von der Frühzeit der Wiener Walzerseligkeit, S. 12-16; Erstveröffentlichung. Abdruck mit freundlicher Genehmigung des Autors.

Wagner, Renate
August Sicard von Sicardsburg und Eduard van der Nüll: die
Erbauer der Staatsoper, S. 91-93; aus: Walter Pollak (Hg.), Tau-
send Jahre Österreich. Band II. Verlag für Jugend und Volk,
Wien und München 1973.

Wagner, Sylvester
Der Hausmeister, S. 17-20; aus: Alfred Zohner (Hg.), Kunst
des Tages. Luckmann Verlag, Wien 1946.

Walther von der Vogelweide
Walther von der Vogelweide in und über Wien, S. 32-33; aus:
Sprüche. Lieder. Der Leich. Herausgegeben von Paul Stapf.
Tempel Klassiker Verlag, Darmstadt o. J.

Weyr, Siegfried
Prinz Eugen läßt das Belvedere erbauen; S. 125-127; Torso eines Torsos: Der Arenbergpark, S. 128-130; Verzauberter Märchengarten: Liechtensteinpark zwischen Feuermauern, S. 160;

Alte Welt auf der Rossauerlände und am Franz-Joseph-Kai –
spurlos verschwunden, S. 161-162; Schönbrunn und Schönbrunnerisch, S. 175-176; Die Schmelz, ganz und gar verzaubert, S. 189-191; Der ehemalige Währinger Friedhof, S. 200;
aus: Von Lampelbrunn bis Hohenwarth. Schönborn Verlag,
Wien o. J. Abdruck mit freundlicher Genehmigung von Thomas Weyr.

Wied, Martina

Darstellung Georg Jägers, einer Schlüsselfigur für Hugo Wolf:
Siebenbrunnengasse 15, S. 140-141; aus: Kellingrath. Öster-
reichische Verlagsanstalt, Innsbruck 1950. © Agens-Werk, Geyer
& Reisser, Druck- und Verlagsgesellschaft m.b.H., Wien.

Zweig, Stefan

Wien: übernational und kunstfreudig, S. 9-10; Erste eigene
Wohnung in Wien: Kochgasse 8, S. 155-157; Theodor Herzls
Begräbnis auf dem Döblinger Friedhof, S. 205-206; aus: Die
Welt von Gestern. Erinnerungen eines Europäers. © Bermann-
Fischer Verlag A. B., Stockholm 1944. Abdruck mit Genehmi-
gung der S. Fischer Verlag GmbH, Frankfurt am Main.

Anonym

Wie Mariahilf entstand, S. 143-144; Favoritens Entstehung, S.
169-170; aus: Stadt Chronik Wien. Verlag Christian Brandstät-
ter, Wien, München 1887.

Schikaneders Besuch in der Rauhensteingasse: Die Geburtsstunde der »Zauberflöte«, S. 79-80; Wiener Monatsschrift für
Theater und Musik, September 1857.

BILDQUELLENVERZEICHNIS

The Image Bank, Frankfurt am Main: Abb. 6 (Hans Wolf), 7
(Herb Hartmann)

Peter Mertz, Innsbruck: Abb. 5

Österreich Werbung, Wien: Abb. 1 (Wiesenhofer), 2 (Ed. Hand-
berg), 3 (Koller), 4 (Koller), 8, 9, 10, 13, 14, 15 (Knorr)

Ilona Slawinski, Wien: Abb. 11, 12, 13, 16

Tony Stone, München: Umschlagfoto

INHALT

WIEN UND DIE WIENER

Wien: übernational und kunstfreudig.
Stefan Zweig 9
Zur Geistigkeit und Sozialstruktur Wiens.
Hermann Broch 10
Von der Frühzeit der Wiener Walzerseligkeit.
Karl E. Trauttmansdorff 12
Harsche Kritik der Wiener. *Otto Stoessl* 16
Der Hausmeister. *Sylvester Wagner* 17
Von den Sehenswürdigkeiten Wiens. *Karl Kraus* . . . 20
Beamtenstreik. *Anton Kuh* 22
Sommerliche Wiedergeburt Wiens. *Kurt Klinger* 25

ZUR GESCHICHTE
UND LEGENDE WIENS

Schichten der Geschichte. *Gerhard Roth* 29
Die Römer in Wien
    Kaiser Marcus Aurelius. *Eutropius* 29
    Marcus Aurelius in Wien gestorben.
    Sextus Aurelius Victor 30
    Kaiser Probus läßt in Pannonien Weinpflanzungen
    anlegen. *Eutropius* 31
Severin in Wien: Der Heilige zwischen Ost und
    West. *Klemens Kramert und Ernst Karl Winter* 31
Walther von der Vogelweide in und über Wien.
    Walther von der Vogelweide 32
Das Lindenwunder von St. Stephan. *Max Stebich* . . . 33
Brief über die Stadt Wien. *Enea Silvio Piccolomini* . . . 35

Des »lieben Augustin«, Wiener Straßensängers und
  Sackpfeifers Erlebnis im Pestjahr 1789.
  Johann Constantin Feige 38
Das letzte Viertel. *Gustav Gugitz* 39
Worte zum Gedächtnis des Prinzen Eugen.
  Hugo von Hofmannsthal 40
Meine »Mutter«-Sprachen. *Karoline Pichler* 42
Mozart bleibt bei Joseph II. in Wien.
  Georg Nikolaus von Nissen 43
Künstler in Alt-Wien. *Eduard von Bauernfeld* 45
Eine Wiener Figur: Anton Bruckner. *Ludwig Hevesi* . 47
Zum Begräbnis des »größten Wieners« Johann Strauß.
  Karl Kraus 49
Das verhinderte Duell. *Roda Roda* 50
Ein Wiener Stil. *Ludwig Hevesi* 51
Der Journalist Karl Tschuppik und General Luden-
  dorff zum Ersten Weltkrieg. *Friedrich Torberg* 52
Der Zusammenbruch der alten Monarchie. *Anton Kuh* 53
Theorie des Café Central. *Alfred Polgar* 56
Zwischenfall im Café Herrenhof. *Friedrich Torberg* . . 58
Hitler auf dem Wiener Heldenplatz
  am 15. März 1938. *Florian Kalbeck* 59
Judenmißhandlung auf dem Heldenplatz: 1938.
  Herbert Eisenreich 61
Die immerwährende Saison. *Gunther Martin* 63
Menschenraub im Wien der Nachkriegszeit.
  Milo Dor und Reinhard Federmann 65
Requiem für einen Oberkellner. *Friedrich Torberg* . . . 69

RUNDGANG DURCH DIE BEZIRKE

I. BEZIRK

Im römischen Wien. *Adam Müller-Guttenbrunn* 75

Kaiser Marc Aurels letzte Tage. *Hans Tabarelli* 77

Die weiße Frau im Schottenkloster.
Gustav Gugitz 79

Schikaneders Besuch in der Rauhensteingasse:
Die Geburtsstunde der »Zauberflöte«.
Wiener Monatsschrift für Theater und Musik 79

Vom Sankt Stephansturme. *Adalbert Stifter* 80

Franz Grillparzers Amt: Johannesgasse 6.
Dietmar Grieser 84

Über das Hofburgtheater. *Franz Grillparzer* 87

Der stille Beobachter. *Johann Nestroy* 90

Die Erbauer der Staatsoper. *Renate Wagner* 91

Café Griensteidl am Michaelerplatz. *Felix Salten* . . . 93

Der »Heiligenkreuzerhof«: Schönlaterngasse 5.
George Saiko 94

April-Juni 1902: Die XIV. Ausstellung der Wiener
Secession und der Beethovenfries von Gustav Klimt.
Martin Bisanz-Prakken 96

Im Graben-Hotel in der Dorotheergasse.
Peter Altenberg 99

Zum Girardi-Denkmal in der Parkanlage Friedrichstraße-Operngasse. *Anton Kuh* 101

Spanische Reitschule. *Otto Stoessl* 103

Konzert im Volksgarten. *Joseph Roth* 105

Das Johann Strauß Denkmal im Volksgarten.
Robert Musil 107

Wien, I. Stallburggasse 2. *Alfred Polgar* 108

Der Stammgast. *Friedrich Torberg* 110

Schriftsteller im Café Herrenhof. *Friedrich Torberg* . . 111

Hermann Broch vor seiner Flucht aus Wien.
Paul Michael Lützeler 113
Urbis Conditor – Der Stadtzuckerbäcker.
Friedrich Torberg 113

II. BEZIRK
Der Prater. *Adalbert Stifter* 117
Über das Riesenrad und den Wurstelprater.
Matthias Mander 121
Die westlichen Gettos: Wien. *Joseph Roth* 122

III. BEZIRK
Pestzeit und Türkenbesetzung des 3. Bezirks.
Emil Karl Blümml und Gustav Gugitz 124
Prinz Eugen läßt das Belvedere erbauen.
Siegfried Weyr 125
Wohnhaus in der Rasumofskygasse 20 (jetzt Musil-
Museum). *Robert Musil* 127
Torso eines Torsos: Der Arenbergpark.
Siegfried Weyr 128
Zum Bau des Wittgensteinhauses in der Kundmann-
gasse. *Michael Nedo* 130

IV. BEZIRK
Das ehemalige »Freihaus«. *Hermine Cloeter* 132
Quillo und die Molotows. *Alexander Giese* 134
Theresianum und Favorita. *Hermine Cloeter* 137
Die Bärenmühle: Operngasse 18. *Gustav Gugitz* 138

V. BEZIRK
Darstellung Georg Jägers, einer Schlüsselfigur
für Hugo Wolf. *Martina Wied* 140
Fritz von Herzmanovsky-Orlando: Wehrgasse 22.
Dietmar Grieser 141

VI. BEZIRK

Wie Mariahilf entstand. *Stadt Chronik Wien* 143
Danksagung Raimunds nach der Aufführung
   seines Stücks »Die gefesselte Phantasie«.
   Ferdinand Raimund 144
Die »alte Hex« von der Laimgrub'n.
   Fritz von Herzmanovsky-Orlando 145
Zu Haydns Oratorium »Die Schöpfung«:
   Haydngasse 7. *H. C. Robbins Landon* 147

VII. BEZIRK

Die Schmauswaberl. *Emil Karl Blümml und*
   Gustav Gugitz 149
Der Kuß: Gustav Klimt und Alma Maria Schindler.
   Dietmar Grieser 150

VIII. BEZIRK

Das neue Theater in der Josefstadt. *Alfred Polgar* . . . 154
Erste eigene Wohnung in Wien: Kochgasse 8.
   Stefan Zweig 155
»Bestätigung« der Zwölftonmusik für Johann Körrer,
   eine Schlüsselfigur für ihren Begründer Joseph
   Matthias Hauer. *Otto Stoessl* 157

IX. BEZIRK

Verzauberter Märchengarten: Liechtensteinpark
   zwischen Feuermauern. *Siegfried Weyr* 160
Alte Welt auf der Rossauerlände und am Franz-
   Josephs-Kai – spurlos verschwunden. *Siegfried Weyr* 161
Franz Schubert: Nußdorferstraße 54. *Robert Musil* . . 163
Zwei Briefe Sigmund Freuds aus der Berggasse 19.
   Sigmund Freud 163
Gustav Mahler in Wien: Mahler-Haus Mariannen-
   gasse 26. *Karl Kraus* 165

Hermann Brochs Zimmer in der Peregringasse 1.
Dietmar Grieser 166

X. BEZIRK
Favoritens Entstehung. *Stadt Chronik Wien* 169
Das Heeresgeschichtliche Museum im »Arsenal«.
Marlen Haushofer 170
Die Spinnerin am Kreuz. *Gustav Gugitz* 171

XI. BEZIRK
Rede am Grab zur ersten Wiederkehr des Todestages
von Karl Kraus am 12. Juni 1937 auf dem Wiener
Zentralfriedhof. *Oskar Samek* 173

XII. BEZIRK
Schönbrunn und Schönbrunnerisch. *Siegfried Weyr* . . 175
Jossif Stalin: Schönbrunner Schloßstraße 30.
Dietmar Grieser 177

XIII. BEZIRK
Maria Hietzing. *Gustav Gugitz* 179
Egon Schiele und Edith Harms: Hietzinger Haupt-
straße 114. *Dietmar Grieser* 180
Alban Berg: Trauttmansdorffgasse 27.
Dietmar Grieser 182

XIV. BEZIRK
Penzing. *Eugen Guglias* 184
Otto Wagner. *Hermann Bahr* 186

XV. BEZIRK
Die Schmelz, ganz und gar verzaubert. *Siegfried Weyr* . 189

XVI. BEZIRK
Alja Rachmanova: Milchfrau in Ottakring.
Dietmar Grieser 192

XVII. BEZIRK
Fastenzeit in Hernals. *Hermine Cloeter* 195

XVIII. BEZIRK
Rede an Beethovens Grab auf dem Währinger Fried-
hof. *Franz Grillparzer* 198
Der ehemalige Währinger Friedhof. *Siegfried Weyr* . . . 200

XIX. BEZIRK
Der See unter der Heiligenstädter Pfarrkirche.
Gustav Gugitz 201
Aus dem Leben des heiligen Severin . *Eugippius* . . . 202
Oskar Kokoschka: Hardtgasse 27. *Dietmar Grieser* . . . 203
Theodor Herzls Begräbnis auf dem Döblinger Fried-
hof. *Stefan Zweig* 205
Sieveringer Exil: Leo Trotzki und Natalia Sedowa.
Dietmar Grieser 206
Grinzos ING. *Herbert Berger* 210

XX. BEZIRK
Der Brigittenkirchtag in der Brigittenau.
Franz Grillparzer 213

XXI. BEZIRK
Der Eipeldauer in einer Hamlet-Aufführung.
Josef Richter 215
Der Glaube des Wieners. *Josef Richter* 216
Die Riesen vom Bisamberg. *Hans Heinz Hahnl* 218

XXII. BEZIRK
Die UNO-City. *Rudolf Stamm* 220

XXIII. BEZIRK
Das Porträt: Rainer Maria Rilke und Lou Albert-
  Lasard in Rodaun. *Dietmar Grieser* 222
Hugo von Hofmannsthal: Ketzergasse 471.
  Dietmar Grieser 224

ANHANG

Literarischer Spaziergang durch die Erinnerung 229
Editorische Notiz 235
Kulturadressen in Wien 237
Autoren- und Quellenverzeichnis 247
Bildquellenverzeichnis 255

Literatur und Reisen
im insel taschenbuch

Alt-Prager Geschichten. Gesammelt von Peter Demetz. Mit Illustrationen von Hugo Steiner-Prag. it 613

Alt-Wiener Geschichten. Gesammelt von Joseph Peter Strelka. Mit sechs farbigen Abbildungen. it 784

Ernst Batta: Römische Paläste und Villen. Annäherung an eine Stadt. Mit zahlreichen Abbildungen. it 1324

Bodensee. Reisebuch. Herausgegeben von Dominik Jost. Mit zahlreichen Abbildungen. it 1490

Bonn. Ein Städte-Lesebuch. Herausgegeben von Doris Maurer und Arnold E. Maurer. Mit zahlreichen Abbildungen. it 1224

Dresden. Ein Reiselesebuch. Herausgegeben von Katrin Nitzschke. Unter Mitarbeit von Reinhard Eigenwill. Mit zahlreichen Abbildungen. it 1365

Flandern. Ein literarisches Landschaftsbild. Herausgegeben von Werner Jost und Joost de Geest. it 1254

Florenz. Lesarten einer Stadt. Herausgegeben von Andreas Beyer. Mit zahlreichen Illustrationen. it 633

Florida. Reisebuch. Herausgegeben von Katharina Frühe und Franz Josef Görtz. Mit zahlreichen Abbildungen. it 1492

Theodor Fontane: Jenseit des Tweed. Bilder und Briefe aus Schottland. Mit zahlreichen Abbildungen und einem Nachwort herausgegeben von Otto Drude. it 1066

– Ein Sommer in London. Mit einem Nachwort von Harald Raykowski. it 1723

Georg Forster: Reise um die Welt. Herausgegeben und mit einem Nachwort von Gerhard Steiner. it 757

Johann Wolfgang Goethe: Italienische Reise. Mit vierzig Zeichnungen des Autors. Herausgegeben und mit einem Nachwort versehen von Christoph Michel. it 175

– Tagebuch der Italienischen Reise 1786. Notizen und Briefe aus Italien. Mit Skizzen und Zeichnungen des Autors. Herausgegeben und erläutert von Christoph Michel. it 176

– Kampagne in Frankreich 1792. Belagerung von Mainz. Herausgegeben von Jörg Drews. Mit zeitgenössischen Abbildungen. it 1525

Walter Haubrich / Eva Karnofsky: Die großen Städte Lateinamerikas. Sechzehn Städtebilder. Von Walter Haubrich und Eva Karnofsky. Mit farbigen Fotografien. it 1601

Hamburg. Ein Städte-Lesebuch. Herausgegeben von Eckart Kleßmann. it 1312

Literatur und Reisen
im insel taschenbuch

Victor Hehn: Olive, Wein und Feige. Kulturhistorische Skizzen. Herausgegeben von Klaus von See unter Mitwirkung von Gabriele Seidel-Leimbach. Mit farbigen Abbildungen. it 1427

Heidelberg-Lesebuch. Stadt-Bilder von 1800 bis heute. Herausgegeben von Michael Buselmeier. it 913

Heinrich Heine: Italien. Mit farbigen Illustrationen von Paul Scheurich. it 1072

Hermann Hesse: Luftreisen. Berichte und Gedichte. Herausgegeben und mit einem Nachwort versehen von Volker Michels. Mit zahlreichen Abbildungen. it 1604

– Tessin. Betrachtungen, Gedichte und Aquarelle des Autors. Herausgegeben von Volker Michels. it 1494

Mit Hermann Hesse durch Italien. Ein Reisebegleiter durch Oberitalien. Mit farbigen Fotografien. Herausgegeben von Volker Michels. it 1120

Mit Hermann Hesse reisen. Betrachtungen und Gedichte. Herausgegeben von Volker Michels. it 1242

Erhart Kästner: Griechische Inseln. Aufzeichnungen aus dem Jahre 1944. Mit einem Nachwort von Heinrich Gremmels. it 118

– Kreta. Aufzeichnungen aus dem Jahre 1943. Mit einem Nachwort von Heinrich Gremmels. it 117

– Ölberge, Weinberge. Ein Griechenland-Buch. Mit Zeichnungen von Helmut Kaulbach. it 55

– Die Stundentrommel vom heiligen Berg Athos. it 56

Harald Keller: Die Kunstlandschaften Italiens. Toskana. Florenz. Umbrien. Rom. Lombardei. Emilia. Venedig. Zwei Bände in Kassette. Mit zahlreichen Abbildungen. it 1576

London. Eine europäische Metropole in Texten und Bildern. Herausgegeben von Norbert Kohl. it 322

Doris Maurer / Arnold E. Maurer: Literarischer Führer durch Italien. Ein Insel-Reiselexikon. Mit zahlreichen Abbildungen, Karten und Registern. it 1071

Reisen durch Europa. Andere Wege zu Kunst und Kultur. Von Günter Metken. Mit zahlreichen Fotografien. it 1572

Mit Rilke durch das alte Prag. Herausgegeben von Hartmut Binder. Mit zahlreichen Abbildungen. it 1489

Michel de Montaigne: Tagebuch einer Reise durch Italien. Aus dem Französischen von Otto Flake. it 1074

Moskau. Ein literarischer Führer. Von Sigrun Bielfeldt. Mit zahlreichen Abbildungen. it 1382

158/2/3.95

Literatur und Reisen
im insel taschenbuch

München. Ein Lesebuch. Herausgegeben von Reinhard Bauer und Ernst Piper. Mit zahlreichen Abbildungen. it 827

Paris. Deutsche Republikaner reisen. Herausgegeben von Karsten Witte. it 389

Ernst Penzoldt: Sommer auf Sylt. Liebeserklärungen an eine Insel. Mit farbigen Zeichnungen des Verfassers. Herausgegeben von Volker Michels. it 1424

Potsdam. Ein Reisebuch. Herausgegeben von Doris Maurer und Arnold E. Maurer. Mit farbigen Abbildungen. it 1432

Prag. Ein Lesebuch. Herausgegeben von Jana Halamičková. Mit zahlreichen Abbildungen. it 994

Reisen durch Deutschland. Von Gustav Faber. Mit farbigen Fotografien. it 1195

Reisen mit Mark Twain. Für Reiselustige ausgewählt und zusammengestellt von Norbert Kohl. it 1594

Rom. Ein Städte-Lesebuch. Herausgegeben von Michael Worbs. it 921

Salzburg. Ein Städte-Lesebuch. Herausgegeben von Adolf Haslinger. Mit zahlreichen Abbildungen. it 1326

Schwarzwald und Oberrhein. Literarischer Führer. Herausgegeben von Hans Bender und Fred Oberhauser. Mit zahlreichen Abbildungen. it 1330

Sommerliebe. Zärtliche Geschichten. Für den Reisekoffer gepackt von Franz-Heinrich Hackel. it 1596

Südtirol. Ein literarisches Landschaftsbild. Herausgegeben von Dominik Jost. it 1317

Toskana. Ein literarisches Landschaftsbild. Herausgegeben von Andreas Beyer. Mit Fotografien von Loretto Buti. it 926

Trier. Deutschlands älteste Stadt. Reisebuch. Herausgegeben von Michael Schroeder. Mit zahlreichen Fotografien. it 1574

Tübingen. Ein Städte-Lesebuch. Herausgegeben von Gert Ueding. Mit zahlreichen Abbildungen. it 1246

Umbrien. Reisebuch. Herausgegeben von Isolde Renner. Mit zahlreichen Abbildungen. it 1491

Venedig. Herausgegeben von Doris Maurer und Arnold E. Maurer. Mit zahlreichen Abbildungen. it 626

Venedig. Literarischer Führer. Herausgegeben von Doris Maurer und Arnold E. Maurer. Mit farbigen Abbildungen. it 1413

Warum in die Ferne? Das Lesebuch vom Daheimbleiben. Eingerichtet von Hans Christian Kosler. it 1332

Die Welt der Museen. Herausgegeben von Joachim Rönneper. it 1493

Literatur und Reisen
im insel taschenbuch

Wien. Reisebuch. Herausgegeben von Joseph Peter Strelka. Mit far-
  bigen Fotografien. it 1573
Wien im Gedicht. Herausgegeben von Gerhard C. Krischker. it 1488
– Wiener Adressen. Ein kulturhistorischer Wegweiser von Dietmar
  Grieser. it 1203

Kunst-Monographien
im insel taschenbuch

Oskar Bätschmann: Edouard Manet. Der Tod des Maximilian. Eine Kunst-Monographie. Mit Abbildungen und einer farbigen Klapptafel. it 1482

Gottfried Boehm: Paul Cézanne. Montagne Sainte-Victoire. Eine Kunst-Monographie. Mit Abbildungen und einer farbigen Klapptafel. it 826

Roland Bothner: Auguste Rodin. Die Bürger von Calais. Eine Kunst-Monographie. Mit Abbildungen und einer farbigen Klapptafel. it 1483

Joachim Heusinger von Waldegg: Fernand Léger. La Ville. Eine Kunst-Monographie. Mit farbigen Abbildungen und einer farbigen Klapptafel. it 1705

Richard Hoppe-Sailer: Paul Klee. Ad Parnassum. Eine Kunst-Monographie. Mit Abbildungen und einer farbigen Klapptafel. it 1485

Max Imdahl: Picassos Guernica. Eine Kunst-Monographie. Mit Abbildungen und einer Klapptafel. it 806

Heinz Jatho: Max Beckmann. Das Schauspieler-Triptychon. Eine Kunst-Monographie. Mit Abbildungen und einer farbigen Klapptafel. it 1134

Hiltrud Kier: Architektur der 50er Jahre. Bauten des Gerling-Konzerns in Köln. Eine Kunst-Monographie. Mit Abbildungen und einer farbigen Klapptafel. it 1617

Christa Lichtenstern: Henry Moore. Liegende. Zweiteilig Liegende I – Landschaft und Figur. Eine Kunstmonographie. Mit Abbildungen und einer farbigen Klapptafel. it 1612

Michael Lüthy: Andy Warhol. Thirty Are Better Than One. Eine Kunst-Monographie. Mit Abbildungen und einer farbigen Klapptafel. it 1759

Friedhelm Mennekes: Arnulf Rainer. Weinkreuz. Eine Kunst-Monographie. Mit Abbildungen und einer farbigen Klapptafel. it 1569

Axel Müller: René Magritte. Die Beschaffenheit des Menschen I. Eine Kunst-Monographie. Mit Abbildungen und einer farbigen Klapptafel. it 1202

Thomas Röske: Ernst Ludwig Kirchner. Tanz zwischen den Frauen. Eine Kunst-Monographie. Mit Abbildungen und einer farbigen Klapptafel. it 1564

Wieland Schmied: Giorgio de Chirico. Die beunruhigenden Musen. Eine Kunst-Monographie. Mit Abbildungen und einer farbigen Klapptafel. it 1484

Kunst-Monographien
im insel taschenbuch

Christoph Schreier: Wassily Kandinsky. Bild mit schwarzem Bogen. Eine Kunst-Monographie. Mit Abbildungen und einer farbigen Klapptafel. it 1355

Katrin Simons: El Lissitzky. Proun 23 N oder Der Umstieg von der Malerei zur Gestaltung. Eine Kunst-Monographie. Mit Abbildungen und einer farbigen Klapptafel. it 1376

Gundolf Winter: Paul Gauguin: Jakobs Kampf mit dem Engel oder Vision nach der Predigt. Eine Kunst-Monographie. Mit Abbildungen und einer farbigen Klapptafel. it 1387